꽃삽

꽃삽

이해인 지음

샘터

책을 다시 만들며

1994년에 초판을 냈다가 만 9년 만에 새 단장을 하는 《꽃삽》은 많은 독자들의 사랑을 받아 그동안 받은 편지만으로도 책이 몇 권 될 정도입니다.

첫 산문집 《두레박》 이후, 8년 만에 펴냈던 《꽃삽》에는 수도원의 일상과 자연, 기도와 명상이 담백하게 그려져 있는데 시를 통해서는 잘 알 수 없던 우리의 구체적인 일상을 엿볼 수 있는 점을 독자들은 무엇보다 좋아한 것 같습니다.

'꽃삽'은 필자가 월간 『샘터』에 몇 년 간 연재했던 칼럼의 제목이기도 한데 매우 상징적인 의미가 있다고 봅니다. 조그만 꽃삽을 들고 나가 작은 꽃밭을 손질할 적마다 우리의 삶도 날마다 새롭게 꽃삽을 들고 '하루'라는 정원을 손질하는 것으로 여겨졌습니다.

《꽃삽》에 담긴 글꽃들이 독자들의 마음속에서 작지만 아름다운 꽃씨 하나 틔울 수 있다면 얼마나 기쁠까요? 아름답고 정겨운 머리글로 책을 더욱 빛내주신 박완서 선생님, 초판을 새롭게 구성하여 곱게 꾸며주신 샘터 여러분 그리고 《향기로 말을 거는 꽃처럼》에 이어 벌써 두번째로 아름다운 그림으로 책을 빛내주신 화가 하정민님께도 깊은 감사의 마음을 기도로 대신합니다.

2003년 가을
부산 광안리 성베네딕도 수녀원에서
이해인 수녀

■ 추천사
내가 수녀님을 사랑하는 까닭은

박완서 (소설가)

구약에서 〈아가〉를 처음 읽고 신선한 충격을 받았었다. 거룩한 책에 그런 관능적인 연애시가 포함돼 있다는 게 신기하면서도 선남선녀 사이의 사랑의 열락을 노래하는 것과 하느님의 창조의 뜻을 찬미하는 것을 다름 아닌 것으로 본 것 같아 성경을 보다 인간적인 책으로 친근하게 느낄 수가 있었다. 〈아가〉보다는 시편이 아름답다고 말하는 사람도 많은데 나는 원수라는 말이 너무 많이 나와서 좀 무섭게 여기고 있었다.

이해인 수녀님의 시를 처음 읽었을 때 〈아가〉를 연상했다. 그 수녀님의 시를 관능적인 연애시로 읽었다는 뜻이 아니라 수녀님이나 수녀원에 대한 나의 고정관념과 너무 맞지가 않았기 때문이었다. 내가 생각해 온 수녀원이란 속세를 향해 문을 잠근 경직되고 폐쇄적인 세계였고, 수녀님들이란 말못할 사정이 있어 그런 억압과 단절을 자청한 이들이었다. 내 안에서 관념화된 수녀원은 창도 없고 웃음도 없는 어둑시근한 침묵의 세계였다. 그 안에 시를 쓸 자유가 있다는 것도 이상한데 수녀님의 시는 세상을 향해 활짝 열린 창처럼 자연뿐 아니라 인간사의 온갖 미묘한 기미까지를 때로는 섬세하게 때로는 활달하게 끌어안고 있었다. 나는 어느 틈에 수녀님의 글이 실린 잡지만 봐도 어여쁜 창이 달린 집을 보는 것처럼 슬그머니 즐거워지기 시작했다.

그러나 수녀님을 처음 뵌 것은 수녀님을 좋아하게 되고 나서도 훨씬 후였다. 아마 세계성체대회가 서울에서 열리기 전 그 준비기간 동안이었을 것이다. 수녀님도 성체대회 홍보를 위해 부산 본원에서 서울 명동성당에 와 계셨고 나에게 홍보 책자에 실을 글을 청탁하셨다. 나는 내가 좋아하는 수녀님이 원고청탁을 한 것만 고마워서 쾌히 승낙을 했지만 남편의 병세가 걷잡을 수 없이 위중해질 때였다. 나는 마감 날짜를 지키지 못했고 몇 번 독촉을 받았다. 결국은 입원실에서 원고지를 펴놓고 일을 하지 않을 수가 없었다. 글 쓰는 일을 업으로 가졌다는 게 참담하게 느껴졌다. 그 원고를 그냥 부쳤으면 좋았을 것을, 원고 말미에 병실에서 얼마나 어렵게 그걸 썼다는 걸 밝혔다. 마감을 못 지킨 데 대한 변명 겸 위로받고 싶다는 속셈도 있었을 것이다. 아닌게아니라 즉각 문병을 와주셔서 처음으로 수녀님을 뵙게 되었다. 수녀님이 나무랄 데 없이 단아한 미인이라는 게 다시 한번 나를 놀라게 했다. 저 미모에 저 재주에 왜 수녀가 되었을까? 그때나 이때나 못 말리게 속물스러운 나는 고작 그런 생각이나 했었을 것이다.

그 후 나에겐 수녀님에게 의지하고 위로받아야 할 일이 연달아 생겼다. 수녀님의 배려로 부산에 있는 분도 수녀원에 묵을 때였다. 수녀님하고 같이 수녀원 뒷산이나 광안리 바닷가를 산책하기도 하고, 수녀원과 관계를 맺고 있는 노인들이나 장애인들을 방문하면서 나는 어렴풋하게나마 마음의 평화가 돌아오는 기적을 느낄 수가 있었다. 수녀님은 평범한 자연 속에 숨어 있는 작은 아름다움을 발견해내는 데 천부적인 감수성을 지니고 있었다. 나 혼자 거닐 때 평범한 동산이던 게 수녀님하고 같이 보면 놀랍도록 새롭게 보였다. 자연 속에 미운 거나 불필요한 건 하나도 없고, 어제와 같은 것 또한 없다는 것을 수녀님은 혼자만 느끼기 아까운 듯 힘 안들이고 옆의 사람에게 옮아 붙게 만들었다. 수녀님의 자연과의 깊은 교감은 아무의 눈에도 잘 안 띄는 봄까치꽃을 라일락과 동등하게 만들었고, 요요한 동백꽃도 민들레와 조화를 비춰주었다.

수녀님의 수필을 읽는다는 것은 수녀님과 함께 들꽃이 피어나는 숨결에 귀기울이는 기쁨이고, 보잘것없어 뵈는 사람들 속에서 위대함을 발견하는 놀라움이다. 수녀님과 수녀님의 글을 더불어 좋아하게 되면서 저만한 미모, 저만한 재주를 타고났으면서 왜 수녀가 되었을까 하는 나의 속물스러운 의문도 저절로 풀리게 되었다. 수녀님은 총명한 분이다. 자신이 남보다 출중하게 태어났다는 걸 몰랐을 리가 없고, 따라서 마음만 먹으면 얼마든지 남보다 화려하고 특출나게 살 수도 있다는 걸 느꼈을 것이다. 그러나 순진무구한 나이에 이미 주님의 눈에 든 수녀님은 세상 사람들이 부러워하는 삶을 살기보다는 주님 보시기에 아름다운 삶을 살고자 했을 것이다. 수녀원이란 햇빛이 충만하고, 꽃 피고, 새가 울고, 바람 불고, 누구나 빈부귀천을 의식하지 않고 손님 노릇을 할 수 있는 곳이지만 결단코 교만만은 용서하지 않는 곳이다. 아무리 눈 밝은 사람도 만약 세속의 눈으로 수녀원에서 원장님을 찾는다면 실패하고 말리라. 가장 원장님답지 않아 뵈는 분이 원장님이시니까. 수녀님 또한 다만 수도자로서의 소임을 다하느라 늘 바쁘고 씩씩하여 글을 쓸 시간이 따로 있을 것 같지가 않다. 나는 시인입네, 그걸

불만스러워하는 티 같은 것은 더군다나 눈 씻고 찾아보려 해도 없다. 그러나 그렇게 시인인 척 나대지 않음으로 얼마나 시인다운 내적 자유를 획득하고 있나를 그의 글은 여실히 보여준다. 수녀님의 시인으로서의 삶과 시인으로서의 수녀님의 삶을 글이나 모습으로 가까이 대할 때마다 작은 것, 숨겨진 것의 아름다움에 눈뜨는 기쁨과 함께 안배의 신비 같은 게 느껴져 숙연해진다.

수녀님이 좋아하는 사람에게 잘 보내는 꽃씨 선물처럼 이 책이 독자의 가슴에서 다양하게 피어나길 빈다. 〈1994〉

차례

책을 다시 만들며 · 5
추천사 내가 수녀님을 사랑하는 까닭은 · 6

꽃씨 하나 **창을 사랑하며**

창을 사랑하며 · 18 새에 대한 명상 · 22 일상의 언덕길에서 · 27 아름다운 순간들 · 31 가지런히 놓인 신발 · 35 작은 것의 아름다움 · 39 어느 날의 단상들 · 42 음악의 향기 속에 · 49 고마움 새롭히기 · 54 기쁨의 순례자로 살며 · 56 선물 이야기 · 60

꽃씨 둘 **봄이 오면 나는**

봄이 오면 나는 · 68 여름이 오면 · 71 새해를 맞으며 —기도 일기 1 · 74 봄이 오는 길목에서 —기도 일기 2 · 77 한송이 꽃이렀더니 —기도일기 3 · 81 솔방울 예찬 · 87 밭 가까이 살며 · 91 추억을 선물하는 여행길 · 96

꽃씨 셋 그 사람의 향기

작은 고모 이야기 · 104 어머니의 꽃편지 · 109 산으로 솟고 강으로 흐르는 그리움 · 113 낙엽은 나에게 · 117 수첩 속의 향기 · 123 겸허함의 향기로 · 127 몽당 빗자루처럼 · 130 우리 동네 작은 이야기 · 134 추억의 성탄 카드 · 138 이별의 층계에서 · 140 슬픔을 나누며 · 145 떠난 이들의 편지 · 148 천리향 노래 · 151

꽃씨 넷 작지만 좋은 몫

고독을 위한 의자 · 158 심부름의 기쁨 · 162 기쁨의 샘에서 기쁨을 길며 · 167 약점을 자랑하는 용기 · 173 작지만 좋은 몫을 · 177 마음을 다스리는 노력 · 180 사랑의 빵을 먹으며 · 183 배추를 씻으며 · 189 작은 일에 충실한 삶을 · 191 사랑의 작은 길 · 196 함께 사는 기쁨 속에 · 199 한 톨의 사랑이 되어 · 202 생명을 나누는 기쁨 · 206 새 달력을 걸고 · 209 새 옷을 입은 나무처럼 · 212 우리 밥, 우리 쌀 · 218

꽃씨 다섯 책을 읽는 기쁨

책과의 여행 · 228 책을 읽는 기쁨 · 233 책의 향기 · 239 메모하는 기쁨 속에서 · 243 나의 애송시 · 247 시와 함께 걷는 길 · 251 우리의 말이 향기로 우려면 · 254 복음적인 말씨 · 258 잘 준비된 말을 · 261 섣달이면 켜지는 마음의 꽃등 · 264

꽃씨 여섯 십대들을 위하여

우정일기 · 270 우정일기 · 273 외로움을 사랑하자 · 276 그 이름만 들어도 즐거운 친구 · 280 작은 감사 · 283 봄마다 새로운 꽃씨를 뿌리며 · 286 사물을 소중히 여기는 마음 · 289 새 학기를 맞는 십대들에게 · 292

꽃씨 일곱 **바다가 보이는 수녀원에서**

새해 첫날의 엽서 · 298 3월의 꽃바람 속에 · 302 오빠에게 · 307 '바다' 아저씨께 · 313 조용한 행복 속에 · 316 선생님의 독자로서 · 319 겨울 엽서 · 326 달빛 아래서 · 329 글 욕심도 버려야만 · 332 잘 듣는 삶을 · 335 시를 나누는 기쁨으로 · 340 자신의 바로 그 자리가 · 344 콜베 신부님을 기리며 · 347

창을 사랑하며

요즘도 청소 시간이면 우리 예비수녀들이 열심히 유리창을 닦는 걸 본다. 그 예비수녀의 모습에서 나의 옛 모습을 떠올리며 빙그레 웃어 본다.
'나도 저렇게 유리를 열심히 닦으며 시상을 떠올리던 시절이 있었지.'
'…기쁨을 데려다 꽃피워 주는 / 창은 고운 새 키우는 숲 / 창 속의 숲 마을은 꺼지지 않는 불빛으로 밝아오는 고향… / 창은 나의 창은 오늘도 자꾸 피리를 분다 / 갑자기 꽃밭이 되어 나를 데리러 오면 / 나는 작아서 행복한 여왕이 된다……'
어린 지원자 시절, 내가 제일 처음 써 본 글도 창에 대한 것이었다. 유난히 유리창이 많은 수도원에 사는 일이 나는 참 좋다. 세상과 수도원을 이어주는 역할을 하는 것 같은 창……. 그래서 나는 곧잘 글 쓰는 작업을 창에 비유하곤 한다. 여기에 실린 글들은 내 마음에 달아둔 사색의 창에 비친 일상의 아름다운 순간들을 틈틈이 적어둔 것이다. 요즘 내가 부쩍 즐겨 마시는 녹차와 같은 일상의 시간들은 모두가 새롭고 고마운 선물이 된다.

해인글방의 소품들

차를 마시며

친구가 선물로 보내준
차茶를 마시려다
깨알같이 적힌
설명문을 읽어 봅니다

'그대가 늘 친절하고, 자비롭고
협조적이며 말에 진실하다면
천사의 행동을 하는 것입니다'
하마터면 놓칠 뻔한 이 말을
몇 번이고 되새기며
나는 천사가 될 궁리를 합니다
이 세상 사람들 모두가
천사가 되는 꿈을 꿉니다

날개 없이도 마음먹으면
천사가 될 수 있어 기쁘다고
가슴속에선 자꾸 웃음이 차오르고
'차를 마시면 마음이 맑아진대.
몸에도 좋대. 오래 살아주렴' 하는
친구의 다정한 목소리가
찻잔에 내려앉아
꽃으로 피어나는 아침을
기도처럼 마시는 삶의 고마움이여

창을 사랑하며

'창을 사랑하는 것은
태양을 사랑한다는 말보다
눈부시지 않아 좋다
……
창을 닦는 시간은
또 노래도 부를 수 있는 시간
창을 맑고 깨끗이 지킴으로
눈들을 착하게 뜨는 버릇을 기르고……'

김현승 시인의 〈창〉이란 시를 나는 종종 창에 기대어 읊어 본다. 내가 수녀원에 와서 제일 처음 쓴 시의 몇 구절도 다시 읊어 본다.

'창은 움직이는 것들을 불러 세우고
서서히 길을 연다
꿈꾸게 한다

기쁨을 데려다 꽃피워주는
창은 고운 새 키우는 숲
창 밖의 숲마을은
꺼지지 않는 불빛으로 밝아오는 고향
갑자기 꽃밭이 되어
나를 부르러 오면
나는 작아서 행복한 여왕이 된다
창은 나의 창은
오늘도 자꾸 피리를 분다
끝없이 나를 데리고 간다

글로 다 적어두진 못했지만 창을 통해 나는 얼마나 많은 것을 꿈꾸고 생각했던가. 창은 늘 많은 상상을 가능케 한다.

*

멋진 그림이 새겨진 색유리창도 아름답지만 아무 장식이나 무늬가 없는 투명한 유리창도 아름답다. 이른 새벽 성당에 앉아 서서히 밝아오는 햇빛과 나뭇잎의 초록으로 빛나는 창을 바라보며 기도할 수 있는 고마움과 기쁨이여.

*

창이 있음으로 아픈 이들도 병석에서 사계절의 변화를 바라볼 수 있고, 창이 있음으로 나도 매일 식당에서까지 산을 내다볼 수 있으며, 멀리 있는 바다를 가까이 끌어다 가슴에 담을 수도 있으니 얼마나 고마운가. 해질 무렵, 마음을 비우고 창가에 서면 혼자라도 쓸쓸하지 않다. 창가에서 바라보는 하늘의 별은 또 얼마나 아름다운가. 하루 중의 어느 시간을 우리는 창가에서 기도하며, 누군가의 맑은 창으로 열려야 하리라.

*

비 오는 날, 바람 부는 날, 유리창은 묘한 음악 소리를 내며 창 밖의 세계로 나를 초대한다. 누군가 문 밖에서 울고 있음을 깨우쳐준다. 흰 눈 펑펑 쏟아지는 겨울날, 창은 눈꽃 성에꽃 가득 낀 모습으로 나를 아름다운 동화의 나라로 데려간다. 눈雪나라의 하느님을 만나게 한다.

*

버스나 기차를 탔을 때, 어쩌다 창가에 앉게 되면 여행이 더욱 즐거워진다. 차창으로 보이는 산, 들, 강, 집, 사람들 모두가 새롭고 반갑고 정답다. 살아 있는 사람만이 창 밖의 풍경을 바라보며 즐거워할 수 있음도 더욱 새롭게 느껴본다.

*

오늘은 창가에서 한 장의 엽서를 쓴다.

-이 세상에 없는 벗 요한에게

어려서부터 유리창이 많은 집에 살고 싶은 꿈을 나는 수녀원에 와서 이루었지요. 창을 통해 나에겐 날마다 새 하늘 새 땅이 열렸답니다.

좁은 감방에서 넓은 창문을 그리워하는 그대의 편지를 받던 날, 나는 유리창 대신 푸른 시를 적어보냈고, 사형수인 그대는 기쁨의 창 하나를 마음에 달았다고 했습니다. '죽어서도 기도만은 멈추지 않겠다'고, 내게 늘 핏빛 짙은 사랑을 고백하던 그대는 이제 마지막 흰옷을 입고 창문이 필요 없는 나라로 떠나고 말았지만, 창가에 서면 그대의 목쉰 소리가 가까이 들려옵니다.

오늘도 창을 통해 하늘과 햇빛과 바람을 그리워하는 그대의 남은 동료들을 기억하며 내 마음의 창을 오래오래 열어둡니다. 그대가 그토록 애송하던 나의 시 〈장미의 기도〉를 6월의 하늘로 띄워 올립니다. 장미의 계절에 먼 나라로 떠난 그대를 기억하며…….

피게 하소서, 주님
당신이 주신 땅에 가시덤불 헤치며
피 흘리는 당신을 닮게 하소서
내 뾰족한 가시들이
남에게 큰 아픔 되지 않게 하시며
나를 위한 고뇌 속에
성숙하는 기쁨을 알게 하소서
……
오직 당신 한 분 위해
마음 가다듬는 슬기를
깨우치게 하소서
죽어서 다시 피는 목숨이게 하소서

〈1993〉

새에 대한 명상

새는 언제나 내 그리움의 대상이다. 강이나 바닷가의 모래밭에 찍힌 물새들의 가늘고 조그만 발자국들을 보면 그 자리에 새가 없어도 반갑고, 지금쯤은 그 새가 어디에 가 있는지 궁금해지는 마음이다.

어떤 분의 수필에서 '하늘을 날아다니는 새들이 어디에 쉴 곳이나 제대로 있는지 측은히 여겨진다'는 구절을 읽고 나도 모르게 눈물을 흘린 적이 있다. 새들은 항상 자유의 상징으로 부각되지만 새들 하나하나는 자유로운 그만큼의 고독을 안고 사는 게 아닌가 생각해 본다. 나도 마음이 울적해지거나 이기적인 욕심이나 미움, 절망의 어둠 속에 갇혀 있다고 생각될 때 문득 하늘의 새들을 그리며 기도하면 밝아지는 기분이 되곤 한다. 얼마 전에 세상을 떠난 '귀천歸天'의 시인 천상병님의 새에 대한 연작시들을 요즈음 자주 읽어본다.

저것은 무너진 시계視界 위에
슬머시 깃을 펴고
피빛깔의 햇살을 쪼으며

불현듯이 왔다 사라지지 않는가
바람은 소리 없이 이는데
이 하늘, 저 하늘의
순수 균형을
그토록 간신히 지탱하는
새 한 마리

새는 언제나 명랑하고 즐겁다
하늘 밑이 새의 나라고
어디서나 거리낌없다
자유롭고 기쁜 것이다
…새의 지저귐은
삶의 환희요 기쁨이다
우리도 아무쪼록 새처럼
명랑하고 즐거워하자

*

새에 대해 시를 쓰기도 쉽지 않지만 새처럼 자유롭고 고독하게 살기도 쉽지 않은 듯하다.

세계의 새들이 종류별로 다 모여 있다는 싱가포르 어디의 '새들의 공원'이라도 한번 가서 많은 새들을 실컷 바라볼 수 있으면 좋겠다. 앗씨시의 성 프란치스코처럼 새들과 대화도 하고, 함께 놀 수 있으면 얼마나 좋을까?

*

오늘은 하루 종일 비가 많이 내리고 있다. 귀 있는 사람은 바쁜 중에도 모르는 척할 수 없을 정도로 열심히 노래하던 고운 새들은 이 비 오는 날, 모두 어디에 숨어 있을까? 깊은 밤에도 문득 새소리에 잠을 깰 때가 있다. 밤의 적막을 가르고 숲속에서 들려오는 새소리를 들으면 마음이 맑고 숙연해진다. '새야, 나도 지금 깨어서 네 소리를 듣고 있단다. 살아 있음의 기쁨을 너는 그렇게 참지 못하고 노래하는 거지?' 라고 속삭이며 나는 다시 잠을 청하곤 한다.

*

수많은 새들 중에 내가 이름을 알고 있는 것은 몇 개나 될까? 몇 년 전 여름, 내가 송광사의 불일암에 들렀을 때 법정 스님께서 "수녀님은 그래 시를 쓴다고 하면서 기껏 아는 게 뻐꾹새 소리밖에 없느냐?"고 핀잔을 주시며 쏙독새, 머슴새 등 숲에서 들려오는 새소리마다 이름을 구별해서 가르쳐주시던 기억이 새롭다. 요즘 우리 수녀원 언덕길에서 자주 마주치는 가슴이 노란 새의 이름이 궁금해서 나는 아예 가장 큰 조류사전을 빌려다가 찾아보기도 하지만 그 작은 새의 이름은 꼬까참새 같기도 하고, 검은머리촉새 같기도 하고 확실히는 몰라도 참새과라는 것쯤은 알겠다.

까마귀과, 찌르레기과, 꾀꼬리과, 종다리과, 할미새과, 제비과, 두견이과, 동박새과, 비둘기과, 휘파람새과, 두루미과, 뜸부기과 등등 종류도 너무 많고, 각 과科에 속하는 새들의 이름은 또 얼마나 많은지 일일이 기억할 수조차 없다.

그리고 보니 나는 꽃이나 나무 이름에 비해 새 이름은 조금밖에 몰라 새들에게 미안하고 부끄럽다. 새들과 더 친해지려면 그 이름을 알아 불러주고 각각의 특성을 더 구체적으로 알아서 아껴주면 좋을 텐데……. 그러나 우리가 가까이 가려면 이내 저만치 달아나 버리고 마는 새는 그 겉모습보다 그냥 소리로 친해지고, 적당한 거리를 사이에 두고 사랑하는 것이 더 좋은 일인지도 모르겠다.

*

늘 잔걱정이 많고, 잊어도 좋을 일을 쉽게 털어 버리지 못하는 소심한 성격의 내가 어느 날, 본인은 생각지도 않는 어떤 일에 대해 불쑥 사과하는 말을 건넸을 때 좋은 친구 K는 날더러 "그렇게 콩새 같은 가슴으로 어떻게 사니? 좀더 대범해져야지" 하며 웃었다. 그 후로 나는 '콩새'라는 이름이 예쁘고 사랑스러워 그냥 '콩새 수녀'가 되기로 마음먹었다.

*

어린 시절 나는 '새'라는 발음을 제대로 못하고 '세'라고 하여 언니, 오빠로부터 놀림을 받곤 했는데 이제는 자신 있게 '새'라고 발음할 수 있다.

꿈 많은 소녀 시절, 어떤 소년이 내게 보낸 첫 연서戀書에서 나를 곧 날아가 버릴 한 마리의 파랑새에 비유해서 쓴 몇 줄의 글도 자세한 내용은 잊었으나 기억에 남는다. 그러고 보니 나는 세상 어디에도 머무르지 못하고 수녀원이라는 큰 숲으로 날아와 새로운 비상을 꿈꾸며 사는 한 마리 새가 되었구나.

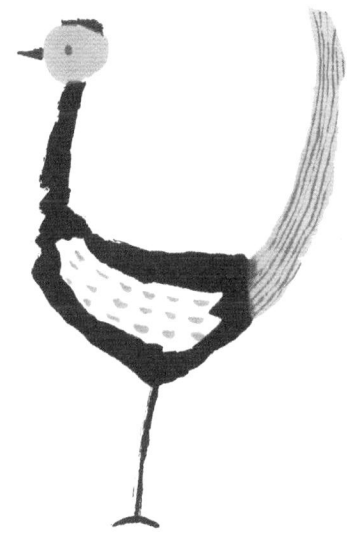

*

　이왕이면 높이 나는 새가 되어야겠다. 필요한 곳이면 어디든지 자유롭게 날아다니고, 사람과 사람 사이에 희망과 사랑의 다리를 놓아주며, 기쁜 소식을 전하는 심부름꾼으로서 '수녀새'가 되고 싶다.
　희랍 신화에 나오는 헤르메스Hermes가 날개 달린 모자를 쓰고, 날개 달린 샌들을 신고 제우스神의 심부름을 다니는 사자使者였듯이 나도 하느님과 인간의 사랑받는 사자가 되고 싶다. 비록 헤르메스처럼 나는 날개도 없고 그만큼 민첩할 수도 없지만 마음으로야 얼마든지 날아다닐 수 있지 않은가?

*

　더구나 지금 내가 하는 소임은 각종 심부름을 도맡아야 하는 비서실 일이어서 나의 정신은 매일매일 새처럼, 헤르메스처럼 바쁘게 날아다니지 않으면 안된다. 그냥 우두커니 앉아 있기만 해서는 안되고 끊임없이 창의적이며 좋은 생각을 떠올려야 하는 명상의 새, 땅에서의 일을 잘하기 위해 하늘로의 비상을 서슴지 않는 기쁨의 새, 생명의 새가 되어야 하는 것이다.

〈1994〉

일상의 언덕길에서

잔잔한 일상日常의 삶들이 모여서 한 사람의 일생이 된다. 내게 있어 일상의 소임과 기도, 사람들과의 만남, 기쁨, 슬픔, 좌절의 체험 등은 모두 소중하다. 늘 같은 얼굴이어도 반가운 일상의 언덕길에서의 수도원 자매들과의 인연을 새롭게 감사하며 오늘을 산다.

*

며칠 전엔 파 모종을 했는데 우리가 비스듬히 눕혀 놓은 파들이 비를 맞고 똑바로 일어서 있는 모습이 신기하다. 오늘 저녁엔 여럿이 둘러앉아 토란 줄기를 많이 다듬었다. 요즘은 호박잎, 머위잎, 옥수수가 자주 식탁에 나와 반갑다. 밭 냄새, 흙 냄새가 나는 식탁에서는 마음도 더 푸르고 우리의 이야기도 더 소박해진다.

*

우리 장독대의 1백 개도 넘는 항아리들이 비에 씻겨 더욱 윤이 나고 깨끗하다. 1980년대에서 1990년대까지 연도에 따라 된장, 간장, 고추장, 젓갈류 등의 각기 다른 이름표를 달고 있는 크고 작은 항아리들. 우리는 매일 그 안에 들어 있는 기다림의 시간들을 음식에 녹여서 먹는 것일 테지. 딸들이 수녀원에 오는 것을 반대하던 엄마들의 경직된 얼굴에도 빙긋이 웃음꽃을 피우게 하는 장소가 곧 장독대인 걸 보면, 항아리들은 그 자체만으로도 아름다운 힘과 정을 지녔다. '항아리'라는 우리말은 또 얼마나 고운가?

*

한 사람이 민감하게 깨어 있음으로 하여 많은 이를 유익하게 할 수 있듯이, 한 사람이 부주의하거나 깨어 있지 못함으로 많은 이들을 불행하게 할 수 있음을 자주 보게 된다. 세상에서도, 수도원 안에서도 자기 임무에 충실히 깨어 있기 위해서는 이기적이며 옹졸한 사심私心을 버리지 않으면 안 된다. 때로는 내가 좋아하는 것, 좋아하는 사람들도 잠시 잊고 맡은 일에만 최선을 다하는 것도 사심을 줄여가는 좋은 방법이다.

*

글벗들이 늘어갈수록 글빛 또한 늘어간다. 많은 사람들을 만나다 보면 어떤 사람은 시와 같고, 어떤 사람은 수필 같고, 어떤 사람은 소설이나 동화, 또는 평론, 희곡 같기도 하고—조금씩 다른 분위기 속에서의 독특한 향기가 있다. 사람과의 만남이 각기 다른 한권의 책을 읽는 것 같은 느낌이 요즘은 더 자주 들고, 때로는 제대로 해독을 못해 빚어지는 갈등과 오해 앞에서 적이 낭황하기도 한다.

'바람 불면 나무는 살랑살랑
언제나 바람만 불면 한들한들
나무는 멋있게 춤추는데

'우리는 박수 한 번 안 하지'

내가 아는 인혁이라는 어린이의 글을 읽은 후부터 나는 바람에 흔들리는 나뭇잎을 볼 때마다 마음으로나마 박수를 보내기로 했다. 한여름, 바람 한 점 없어 꼼짝 않는 나뭇잎새들을 보면 얼마나 답답했는지. 바람에 한들대는 나뭇잎처럼 나도 즐겁게 살아야겠다.

*

'온종일 남을 위해 빛을 내고도
해논 일 적다고
조렇게 조렇게 얼굴을 붉혀요
겸손한 해님은'

연변 시인 김학송 님의 〈저녁노을〉이란 동시를 읽어본다. 《백두산폭포》라는 시집을 고국에서 내게 되었다며 퍽도 기뻐하는 시인의 때묻지 않은 모습이 순박하고 순수하다. 수녀원의 꽃과 나무들을 보고도 그는 "엄청납니다!" "대단합니다!" "감흥이 큽니다!" 등등 감탄사의 연발이었고, 바다를 보며 너무 기뻐 어쩔 줄 몰라했다. 그의 말대로 그는 '핏줄 속에서 소리치는 고국에 대한 그리움과 연모의 정'을 고국의 푸른 바다에 가득히 풀어놓고 싶었으리라.

*

주일은 정말 좋다. 엿새 동안 열심히 일한 후의 휴식과 사색이 마련될 수 있는 날. 평소에 무심히 지나쳤던 자연과 사물과 사람을 제대로 유심히 바라보며 마음의 문을 열 수 있는 여백이 있는 날.

*

　간밤엔 소나무 사이로 보이는 둥근 달을 가슴에 안았고, 오늘 아침엔 바다 위로 떠오르는 둥근 해님과 오래도록 눈인사를 나누었다. 해와 달이 뜨고 지는 동안 나도 매일 뜨고 지다가 어느 날은 지상에서 작별을 고하고 영원히 사라지는 날도 오겠지? 이제 바람은 가을을 묻혀오기 시작한다. 가을이란 단어만 들어도 가슴이 뛰는 나. 더도 말고, 덜도 말고 있는 그대로의 단순성의 용기로 매일을 살자. 사계절 내내 평상심平常心을 지녀야겠지만 가을엔 항상 마음이 출렁이고, 어디든지 설렘으로 떠다니는 흰 구름이 된다.　　　　　　　　　　　　　　　　　　　　　　〈1994〉

아름다운 순간들

　살아 있는 동안 우리는 각자의 삶에서 경험하게 되는 다양한 아름다움의 순간들을 깊이 음미하지도 못한 채 그냥그냥 지나쳐버릴 때가 많은 것 같다. 사람마다 자기가 체험하는 크고 작은 아름다운 이야기들을 적어 두는 수첩이라도 있으면 어떨까. 직접 간접으로 보고 듣게 되는 이웃의 어떤 표정, 말씨, 마음씨, 자연의 한 장면이 잊을 수 없는 아름다움으로 삶의 한순간을 밝혀줄 수 있고, 어려움을 이겨내는 힘이 될 수 있음은 얼마나 기쁘고 고마운 일인가. 아름다움을 느끼고, 발견하고, 맛들일 수 있는 사람만이 아름다움의 힘을 더욱 깊이 알아듣게 되겠지.

*

　밤새 심한 태풍이 불던 다음 날. 정원의 수많은 백합들이 거의 다 못쓰게 되었으리라 생각하고 아침에 창을 열었을 때, 얼굴 하나 안 상하고 웃어주던 그 하얀 꽃들의 얼굴, 그 고운 모습을 잊을 수 없다. "정말 신기하지요?" 우리는 몇 번이나 수녀원 안뜰에 나가 태풍에도 잘 견디어낸 꽃들을 들여다보며 기뻐했다.

*

점심식사 후에 잠시 다녀온 오늘의 바다 빛깔은 특이한 아름다움을 느끼게 했다. 함께 산책을 나간 분으로부터 "엄마, 파도는 모래를 사랑하기 때문에 자꾸만 밀려오는 거지?" 했다는 어느 어린이의 표현이 기억에 남는다는 말을 전해 듣고, 어린이야말로 천재적인 시인이라는 생각이 더욱 새롭다.

*

오늘 산책길에서 마주친 한 마리 고운 새의 이름을 찾아야겠다. 인기척에 놀라 금방 도망갈지 모르니 좀더 우리 수녀원 산길에서 놀다 갈 수 있도록 다른 길로 돌아가자며 내 팔을 잡아끌던 동료 수녀의 그 마음씨가 아름답게 느껴졌다. 가늘고 여린 그의 음성이 내 안에 고운 새의 발자국처럼 찍혀 있다.

*

며칠 전에 경은이가 가져온 분홍갑사 주머니 안의 나팔꽃씨를 머리맡에 두고 자니 내 침대가 꽃밭이 되는 것만 같다. 종이봉투나 비닐봉지에 넣지 않고 일부러 헝겊주머니를 만들어 꽃씨를 넣어 보낸 사람의 그 마음은 얼마나 아름다운지!

*

비 오는 날의 여행길에서 돌아온 어느 저녁, 나는 잔뜩 흙 묻은 신발을 미처 닦을 틈도 없이 아침을 맞이했는데 누군가 깨끗이 닦아 놓은 것이 눈에 띄었다. 속으로 짐작되는 이가 있어 대뜸 "이 신발 수녀님이 닦았지요?" 했더니 아무 대답도 없이 씨익 웃기만 하던 그 젊은 후배 수녀의 은은한 아름다움이 한촉의 난蘭의 향기로 내게 머문다.

*

　임종이 가까울 만큼 위독한 상태에서도 가벼운 병으로 옆 침대에 입원해 있는 나를 더욱 걱정하며 지켜봐 주시던 그 사랑 많은 노老 수녀님의 모습을 잊을 수 없다. 수녀님의 묘지에 오를 때마다 그분처럼 제대로 사랑하지 못하는 내 모습이 무척 부끄럽다. '풀은 무덤 위에 아름답게 자라난 머리카락인 듯도 하다'는 휘트먼의 〈풀잎〉의 한 구절을 뇌어 보는 수녀원 묘지 위에서의 쓸쓸한 아름다움.

*

수녀들이 각자의 일터에서 체험한 것들을 이야기하며 서로 기도를 부탁하는 모습은 아름답다. "신생아실에서 일하면요, 아기들의 울음소리에서 생명을 느껴요. 그런데 부모가 사이좋고 정상적인 관계인 아기들은 울음소리도 너무 크고 우렁찬 데 비해서 미혼모의 아기들은 울음소리부터가 너무 작고 힘이 없어 불쌍해요" 하며 눈물을 글썽이는 수녀도 있고, "염소를 키워 보면 얼마나 귀여운지 몰라요. 이번에 또 새끼를 낳았는데 구경하러 오세요" 하는 이도 있고, "오늘 먹은 호박은 제가 농사지은 것입니다. 올해는 호박이 몇 백 개인지 알고 싶지 않아요?" 하는 이도 있고 "몹시 편찮으신 할머니를 위해 기도해 주세요" 하는 양로원의 수녀, "가출한 우리 반 학생을 위해 기도해 주세요" 하는 교사 수녀 등등 소임의 종류만큼 이야기도 다양하다.

수녀들 각자가 표현하는 기쁨, 슬픔, 근심은 어느새 우리 모두의 관심사가 되니 우리의 '기도의 일' 또한 끝이 없다.

※

손님이 자주 드나드는 객실에 다 쓰고 난 잉크병을 씻어 그 안에 하얀 자갈을 깔고 살짝 꽂아 놓은 들꽃 한 송이를 보고 또 보며 기뻐하는 나를 보고, 객실 담당자로서의 흐뭇한 보람을 환한 웃음으로 표현하는 듯한 어느 예비수녀의 그 모습이 작은 들꽃처럼 순수하고 아름답다. 〈1993〉

가지런히 놓인 신발

 '추억은 우리의 교양 있는 분별력으로 정도가 알맞아야 한다. 감사와 기쁨으로 추억을 간직하는 것과 거기에 묶인 채로 남아 있는 것 사이에는 삶과 죽음만한 차이가 있다. 우리가 추억을 감사하게 간직하면 우리는 앞으로 나아간다. 그러나 그것을 움켜쥐고 여전히 무엇을 구하면 우리는 비현실과 신경쇠약에 빠지게 되고 당장에 사람들은 우리의 인격을 의심하게 된다.'

 10년도 더 된 나의 옛 노트에서 발견한 '유진 프라이스Eugene Price'의 이 말이 오늘따라 더 가까이 들린다.

 나이들수록 사람은 자기도 모르게 추억의 노예가 되기 쉽고, 추억을 밑거름으로 전진하기보다는 그대로 그 안에 갇혀 비현실적이 될 때가 많은 것 같다. 앞으로 나아가기 위한 추억이야말로 아름답고 소중한 것이라면 추억을 잘 가꾸고 다스리는 일 또한 그리 만만치 않다.

*

 매일 오후 두 시경이면 어김없이 자전거를 타고 우리 수녀원에 오는 집배원 아저씨를 위해 벌써 몇 년째 한결같은 정성으로 간식을 준비하며, 그분을 가족처럼 친절하게 맞아주시는 단아한 칠순 수녀님의 모습은 늘 아름답고 따뜻하다. 땅에 떨어진 동백꽃잎들을 객실의 유리접시나 재떨이에 띄워 놓기도 하고, 솔방울이나 낙엽들을 주워다 장식할 줄도 아시는 다정하고 해맑은 할머니 수녀님은 모든 손님들을 늘 기쁘게 하시니 우리 객실의 '고운 해님' 임에 틀림없다.

*

아침에 일어나서 신발을 신으려고 현관에 나가면 누군가 어느새 내가 신는 쪽으로 가지런히 돌려놓은 정성에 고마움을 느끼며 나도 다른 이의 신발을 돌려놓게 된다.

'따뜻이 안아줄 줄 안다. 내 발을
너는 보잘것도 없이
추운 뜨락에서 잠들지만
나의 무딘 발이 네게로 불쑥 찾아들었을 땐
너는 어김없이 그랬다
어머니가 안아주시듯
그렇게 내 발을 포옥 껴안았다.'

권영상 님의 〈신발〉이란 동시를 외우며 신발을 신노라면 한결 더 정답고 따뜻해 보이는 한 켤레의 나의 신발.

*

오늘은 미국 켄터키, 트라피스트 수도원의 하롤도Harold 수사님의 글을

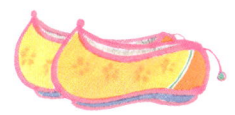

받았다. 하얀 수도복에 검은 성의를 걸쳐 펭귄새의 모습을 연상케도 했던 그분이 지난겨울, 여행 중에 잠시 한국에 들렀을 때 나는 통도사의 어느 암자로 그를 안내했었는데 그곳 ㅂ스님의 환대가 너무 인상적이어서 잊혀지지 않는다고 했다. 눈이 푸른 외국인과 말이 통하지 않는데도 그 스님은 처음 보는 손님의 마음을 다 헤아리는 듯했다. 손님이 작은 찻잔을 만지작거리며 신기해하자 즉시 고운 한지에 그것을 선물로 싸 주었고, 사진을 찍고 싶은데 필름이 없어 안타까워하는 것을 알아채고는 즉시 방에 들어가 스님의 카메라 안에 들어 있는 필름을 꺼내 '다행히 아직 쓰지 않았다'며 건네주었다.

손님맞이를 그저 적당히, 소극적으로 하지 않고 마음과 정성을 다해 하는 ㅂ스님의 모습에서 나는 늘 '깨어 살아 열려 있는' 구도자의 민감성을 읽었다.

*

만 25년 만에 만난 나의 초등학교 동창생이 대뜸 "얘, 난 먼 나라에서도 네가 쓴 글을 종종 읽어보았는데 전부 다 내가 쓴 것으로 착각이 들곤 한단다. 괜찮지?" 하며 어릴 때와 변함없이 밝고 맑게 웃는 모습이 아름답고 다정했다. '너도 다 잊어버렸지?―별을 보며 주고받던 고운 이야기 깨어 보니 꿈이었구나―이건 네가 초등학교 때 내게 적어주었던 최초의 글이야' 하며 반가움에 눈물 글썽이던 벗 현숙. 내게는 필요도 없는 알록달록한 고운 돌멩이 액세서리(팔찌)를 상징적으로 받으라며 떼를 쓰던 친구. 내가 즐겨 싸 가던 도시락 반찬 중 감자볶음은 자기가 더 많이 먹었다면서 깔깔대던 그의 상냥한 웃음과 목소리에서 나는 초록으로 찰랑이는 동심의 노래를 들었다. 어릴 적 동무들에 대한 나의 그리움이 치자꽃처럼 향기롭게 피어나는 소리를 들었다.

*

오늘 아침, 미사 때 들은 ㅌ수녀님의 플루트 연주는 아름다웠다. 오늘처럼 비 오는 여름날은 목관악기 소리를 들으며 명상에 잠기어도 좋고, 요한 스트라우스의 왈츠곡을 들으며 춤추는 마음이 되어도 좋으리라. 형편상 자주 듣는 편이 못되지만 아름다운 음악은 그대로 아름다운 기도이다.

〈1993〉

작은 것의 아름다움

생일을 맞는 이에게 주려고 오늘은 분꽃씨를 따서 고운 봉지에 담아두었다. 우리가 서로 꽃씨를 선물로 주고받고, 꽃이 피고 나면 그 꽃에 대해 이야기할 수 있음은 얼마나 아름답고 기쁜 일인지!

지난봄에 내가 선물로 받아 뿌린 나팔꽃씨에서 꽃잎이 비로드처럼 부드러운 붉은 꽃, 보라색 꽃이 끊임없이 피어올라 날마다 새로운 아침을 열고 있다.

*

기차 안에서 바라보는 우리나라 산천은 아무리 보아도 싫증나지 않는다. 여행은 역시 기차 여행이 제일 좋은 것 같다. '…나는 가고 있다. 모든 고요한 시골 지방들을 통과하며…' '신神이여, 나를 여기까지 싣고 온 이 기차를 축복하소서'라고 노래했던 조이스 킬머Joyce Kilmer의 시구詩句가 문득 떠오르던 날. 그러고 보니 나는 수없이 기차를 타고 다니면서도 나를 싣고 다닌 기차에 대해 별로 고마운 마음을 갖고 있지 않았던 것 같아 기차역에서 내리며 조금 부끄러웠다.

*

오늘은 B수녀님을 따라 잠시 자갈치 시장엘 다녀왔다. 오랜만에 가서 본 억센 사투리의 생선장수 아줌마들, 아직 바다를 그리워하는 듯 펄펄 살아 뛰는 많은 종류의 생선들, 장을 보러 나온 이들의 건강한 웃음과 목소리들에서 내가 느끼는 삶의 진한 향기와 진지함 같은 것.

나처럼 너무 고요한 수도원 분위기 속에서만 살다보면 이 세상 많은 사람들이 흘리는 뜨거운 땀과 눈물, 깊디깊은 고뇌를 잊어버리고 '자기' 안으로만 감겨 가는 달팽이 같은 삶을 살기 쉽다. 그러기에 가끔은 일부러라도 시장터에 나가보고, 만원전철을 타보며 인간의 냄새를 가까이 맡음으로써 '세상을 떠났지만 세상을 위한 기도를 결코 잊지 않는' 수도자로서의 몫을 더 잘할 수 있을 것 같은 생각이 든다.

*

목소리도 무척 아름답지만 생긴 모습 또한 아름다운 미국의 소프라노 가수 캐스린 배틀Kathleen Battle의 독창회를 비디오 영상으로 보았는데, 그의 노래하는 표정, 걸음걸이, 청중에게 답하는 웃음과 인사법 등이 너무도 훌륭했다. 노래마다에 혼이 살아 숨쉬는 것 같은 그의 음성과 아름다운 모습에 매료되어 며칠 동안 내내 그의 생각이 떠나지 않았다. 많은 이에게 기쁨을 안겨주는 그의 오늘이 있기까지의 숨은 노력, 숨은 아픔도 떠올려 보았다. 아름다움의 힘, 아름다움의 여운, 아름다움의 공유共有.

우리가 미처 눈이 뜨이지 못해 발견 못하는, 묻혀 있는 아름다움도 세상엔 너무 많은 것 같다. 이기심과 욕심을 덜어내고 조금만 더 여유를 지니면 아주 작은 것에서도 아름다움과 기쁨을 발견할 수 있을 텐데…….

*

오늘은 바람이 많이 분다. 조카 향이가 어느 날 적어 보낸 바람에 대한 고운 생각을 다시 읽어본다.

'모양도 없고, 냄새도 없고, 색깔도 없으니 분명 '없는' 것인데, 우리는 바람이 존재함을 안다. 마주한 친구의 얼굴 사이로, 빛나는 노을 사이로, 해 뜨는 아침 사이로… 바람은 우리들 세계의 공간이란 공간은 모두 메우며 빈자리에서 빈자리로 날아다닌다. 바람소리를 들으면 누구나 시인이 된다. 우리의 마음은 아름다운 애수에 흠뻑 젖는다. 때로는 나뭇가지를 잡아 흔들며, 때로는 텅 빈 운동장을 돌며, 바람은 끊임없이 자신의 존재를 우리에게 이야기한다. 이 아름다운 바람을 볼 수 있으려면 오히려 눈을 감아야 함을 우리에게 끊임없이 속삭이고 있다.'

*

소설가 박완서 선생님의 어린 손녀인 지상이가 엄마, 이모와 같이 우리 수녀원에 놀러왔는데, 유난히 바다를 좋아하는 만 네 살 된 어린 소녀와 대화가 되어 기뻤다. 내가 아끼는 커다란 소라 껍데기를 주며 파도소리가 들리느냐고 했더니 너무 잘 들린다던 그 애의 맑은 눈빛이 잊혀지지 않는다.

이번 여름, 큰 파도에 휩쓸려 목숨을 잃은 일곱 명의 젊은 수녀들을 생각하며 "난 요새 파도가 미워졌어" 하고 말했더니 "응, 그래? 난 파도가 좋은데, 안 미운데……" 하며 밝게 웃던 아이. 어린이의 천진함 앞에선 누구라도 착한 마음이 될 수밖에 없다. 〈1993〉

어느 날의 단상들

새에게 | 살아갈수록 가볍고 싶은데 살아갈수록 내가 무겁구나. 얼굴은 숨기고서 노래로만 노래로만 말을 하는 작은 새야, 아직도 사랑과 눈물이 부족해서 나는 너처럼 빼어난 시인일 수가 없나 보다.
내가 미련해서 놓쳐버린 시어들도 네가 대신 노래로 불러 주겠지? 나도 언젠가는 너처럼 가벼울 수 있도록 숨어서 숨어서 기도해 주겠니?

사과 | 까만 씨앗에 박혀 있는 햇빛과 바람의 언어를 캐고 싶어. 가슴에 묻어오는 흙내음을 맡고 싶어. 사과는 언제 만나도 싫증나지 않는 기쁨의 둥근 얼굴. 사과를 보면 정다운 친구 하나 꼭 부르고 싶어. 발갛게 물든 추억의 고운 껍질을 까듯, 잘 익은 사과를 깎아 친구에게 건네주고 싶어. 언제 먹어도 물리지 않는 사근사근하고 신선한 행복의 맛.

집 | 세월이 가도 마음은 늙지 않아 그대로인 집. 집은 낡았어도 정은 새롭네. 대문을 열면 아버지의 기침소리가 들리고, 빨래를 너는 어머니의 하얀 무명 앞치마에 머무는 햇살.

어린 동생의 웃음소리가 채송화로 피어나고, 시를 읽는 언니의 목소리가 도라지 꽃빛으로 살아오는 꽃밭에 가벼운 시처럼 내려앉는 한 마리의 흰 나비.
팽이를 치는 오빠 옆에서 고무줄놀이를 하던 단발머리의 나, 그리고 오래 잊고 있던 나의 노랫소리도 들려오는 우리 집 앞마당.
팽이처럼 돌아가는 어제의 기억과 고무줄처럼 팽팽한 오늘의 시간이 서로 손을 잡고 새로운 기쁨을 탄생시키네.

베개 | 밤마다 나의 꿈을 눕히는 엄마의 무릎 같은 베개. 아무에게도 이야기 못한 내 은밀한 기쁨과 고뇌의 무게를 참을성 있게 받쳐주는 푹신한 쉼터. 베갯잇의 꽃무늬도 꽃밭으로 춤추며 살아오는 밤. 작은 베개 하나로 온 세상을 베듯 눈을 감으면 환히 열리는 시의 나라.

무명성 | 이름 없는 풀, 이름 없는 새, 이름 없는 순교자. 이름이 없음으로 하여 왠지 더욱 가깝고 순결하게 느껴지는 것들.
사람들 사이, 사물들 사이 뽐내는 이름들이 하도 많아, 더욱 돋보이는 하얀 무명성. 세상이라는 이 큰 산에서 이름이 있어도 없는 것처럼 담담할 순 없는 것일까. 바위틈에 숨어 핀 이름 없는 들꽃처럼 그렇게 조용히 비켜 살 수는 정말 없는 것일까.

꽃멀미 | 사람들을 너무 많이 만나면 말에 취해서 멀미가 나고, 꽃들을 너무 많이 대하면 향기에 취해서 멀미가 나지.

살아 있는 것은 아픈 것, 아름다운 것은 어지러운 것. 너무 많아도 싫지 않은 꽃을 보면서 나는 더욱 사람들을 사랑하기 시작하지. 사람들에게도 꽃처럼 향기가 있다는 걸 새롭게 배우기 시작하지.

마른 꽃 | 장미꽃, 안개꽃, 냉이꽃, 제비꽃, 아카시아꽃, 민들레꽃—말린 꽃들이 가득한 나의 방에선 언제나 마른 향기가 나고, 유년의 추억을 풀꽃반지처럼 끼고 사는 나는 꽃잎마다 어린 사랑과 이별의 이야길 들으며 마른 향내 나는 기도의 숲으로 들어간다. 눈물도 말라서 꽃이 되는 은혜로움이여.

빈방에서 | 내가 입다 걸어·둔 한 벌의 허름한 옷. 몸과 삶이 빠져나와 쓸쓸하구나.
이 지상에서의 나의 날개에 묻어 있는 온갖 고뇌와 그리움의 때는 빨지 않아도 정답구나. 오래 걸어 둔 한 벌의 옷이 비어 있듯, 내가 비어 있으므로 편안하구나.

해바라기꽃 | 눈부셔라. 날마다 그리움에 키만 크고, 할 말을 다 못해 씨알로 영글어 가는 그토록 많은 분량의 안타까움.
사랑하는 사람들은 언제라도 해바라기꽃이 됨을 해 아래 서서 오래도록 생각해 보네.

해질 무렵 | 나를 만나고 돌아서는 어머니의 뒷모습에서 내가 느꼈던 쓸쓸한 평온함 같은 것.

해질 무렵이 되면 삶은 하나의 이별이라는 생각을 지우지 못하네.
철이 든다는 것은 그만큼 눈물이 없어진다는 뜻일까. 그만큼 이별을 두려워하지 않는다는 뜻일까.
해가 떠나면서 내게 보내준 그 마지막 눈빛을 못내 잊지 못하네. 나는 다시 철이 들고 싶다는 생각을 하며 눈물을 가라앉히네.

고추를 찧으며 | 해 아래 불타던 붉은 고추를 절구에 찧으며 사랑을 찧는 연습을 하네. 나를 보네. 눈물나도록 아프게 익혀서 매운 속마음. 부서지기 어려워 망설이는 걸까. 피를 토하는 절규. 그래도 참아야 하네. 사랑은 고추처럼 참 독하기도 하지. 모질기도 하지.

나와의 싸움 | 엉겅퀴처럼 뻣뻣하게 잘도 뻗어가는 고집과 오만의 가시. 쑥처럼 흔하게 아무데서나 잘도 돋는 이기심과 허영심의 잎새. 모조리 다 뽑아낼 순 없어도 언제 한번 깨끗하게 지워버릴 수 있을까. 나 아닌 누구도 어쩌지 못하는 나와의 싸움에서 언제 한번 그럴 듯하게 나를 이겨볼 수 있을까.

아무래도 나는 | 누구를 사랑한다 하면서도 결국은 이렇듯 나 자신만 챙겼음을 다시 알았을 때 나는 참 외롭다. 많은 이유로 아프고 괴로워하는 많은 사람들 곁을 몸으로뿐 아니라 마음으로 비껴 가는 나 자신을 다시 발견했을 때, 나는 참 부끄럽다. '아무래도 나는 가망이 없구나' 한숨 쉬며 다시는 시를 쓰지 않겠다는 슬픈 결심을 해본다. 지키지도 못할······.

하루의 문을 닫으며 | 길을 가다가 내게 길을 물었던 어느 이웃의 둥근 얼굴이 보이는 것 같다.

오늘 아침, 전철에서 내게 자리를 양보했던 어느 이웃의 서늘한 눈매가 보이는 것 같다.

저녁이 되어, 하나 둘 불이 켜지는 이웃의 창마다 나는 기쁨의 종을 달아주는 님프가 되고 싶다. 집집마다 들어가 슬픔을 기쁨으로, 절망을 희망으로 바꾸어 놓고 몰래 빠져나와 하늘의 별을 보고 깔깔 웃어도 보는 반딧불 요정이고 싶다. 멀리 있어도 집채로 내게 가까이 오는 수많은 이웃의 불켜진 창을 보며 내 마음의 창에도 오색찬란하게 타오르는 고마움의 불빛, 함께 있음의 복됨이여.

어느 날의 일기 | 나이를 먹을수록 걱정되는 일이야. 사랑하는 이들과 갑자기 헤어지는 일. 그날그날의 책임을 한 톨도 소홀히 하지 않는 일.

보이는 사람과의 약속, 보이지 않는 하느님과의 약속을 충실히 지키는 일, 그리고 내 삶의 끝날에 마침표를 잘 찍는 일―깊이 생각할수록 조심스러운 일이야.

폭포 앞에서 | 수천 번 수만 번 소용돌이치던 내 그리움의 물살도 당신 앞에 오면 아무것도 아니었습니다.

위에서 아래로 뛰어 내리는 물의 힘에 놀라듯 오늘도 감당 못할 당신의 큰 사랑에 놀라 침묵의 바위를 깨고 힘차게 부서지는 이 마음의 물살이여, 하얀 기도여······.

고독에게 | 눈 내리는 벌판에 쏟아져 내리는 겨울 햇빛처럼 눈부시게 다가온 너.

너와 더불어 수십 년을 살면서 네 높은 생각에 미치지 못해 나는 쓸쓸할 때가 많았지. 네가 없었다면 매일 새벽, 나를 부르시는 그분의 어진 음성을 나는 듣지 못했을 거야.

사랑 싸움 그치고 난 뒤의 화해의 눈물이 얼마나 아름다운 기도인가를, 죽을 때는 누구나 혼자 떠난다는 비애의 경건한 마음을 받아들이지 못했을 거야.

나는 아직도 철이 덜 들었다고 생각되지만 고독이여,

너와 함께 썰매를 타며 겨울을 이겨내는 기쁨이 있단다. 〈1990〉

음악의 향기 속에

　매일 미사 때마다 성가를 부르고, 일을 하면서도 가끔은 좋아하는 음악을 들을 수 있으니 내 나름대로는 음악의 향기 속에 산다며 자랑하곤 한다. 특히 주일이나 축일 미사에 우리가 함께 부르는 그레고리안 성가의 아름다움. 단조로운 것 같으면서도 지루하지 않고 끊일 듯 이어지는 잔잔한 그 음률은 바다보다는 호수를, 폭풍보다는 미풍을 연상케 한다. 오늘은 더욱 정성껏 노래를 부르며 나의 삶도 하나의 그레고리안 성가처럼 은은하고, 이웃에게 평화를 주는 것이길 진심으로 기도했다.

*

　슬플 때는 눈물로, 기쁠 때는 미소로, 외로울 때는 조용한 위안으로 음악은 사람을 사로잡는 큰 힘이 있나 보다. 나도 먼 나라에서 〈가고파〉라는 노래를 여럿이 부르다가 울던 일, 산山 노래를 듣다가 산이 그리워 울던 일이 문득 생각난다. 요즘도 어떤 곡을 듣다가 자신도 모르게 눈물이 나는 걸 보면 음악은 영혼을 건드리는 신神의 선물이라는 생각이 새롭다. 칼릴 지브란의 말대로 '오, 음악. 그대의 심연에 우리의 마음과 영혼을 가라앉히고/그대는 우리에게 귀로 보기를 가르쳤으며 마음으로 듣기를 가르쳤다' 라고

나도 고백하고 싶구나.

*

좋은 음악을 들을 땐
너도 나도 말이 필요 없지
한 잔의 차茶를 사이에 두고
강江으로 흐르는 음악은
곧 기도가 되지
사랑으로 듣고, 사랑으로 이해하면
사랑의 문이 열리지
낯선 사람들도
음악을 사이에 두고
이내 친구가 되는
음악으로 가득 찬 집
여기서 우리는 음악의 향기 날리며
고운 마음으로 하나가 되지

광주에서 사이좋게 고전음악실을 꾸려가는 두 처녀에게 나는 이런 메모를 적어 보냈다.

*

수도원의 종소리, 기도소리가 내겐 늘 음악으로 살아온다. 나뭇잎을 스치는 바람소리, 새소리, 시냇물소리도 그대로 고운 음악이며, 아기의 천진한 웃음소리, 서로 사랑하는 이들끼리 조용히 속삭이는 사랑의 음성 역시 아름다운 음악이다. 나는 오늘 파도가 밀려오는 바다의 음악을 들었다.

> 잠에서 깨어나라
> 멈추지 말고 흘러가라
> 좁은 마음 넓혀서
> 네 마음과 마음 사이로
> 사랑이 파도치게 하라
> 푸르디푸른 음악으로 출렁이며 자꾸만 일어서려고 했던 나의 아침 바다여

*

봄에는 플루트나 피아노 곡을, 여름엔 클래식기타 곡을, 가을엔 바이올린 곡을, 겨울엔 첼로 곡을 들으면 어떨까? '수녀님, 얼마나 더 피아노 앞에서 울면 좋은 피아니스트가 될까요? 넉넉한, 맘껏 나눌 수 있는 음악을 하고 싶습니다.' 오늘은 파리에서 음악을 공부하는 은주의 편지를 읽으며 쇼팽의 전주곡을 마우리치오 폴리니Maurizio Pollini의 피아노 연주로 들었다. 음악에 투신한 사람의 고운 사색이 엿보이는 편지의 다음 구절을 나는 몇 번이고 되풀이해 읽었다.

'…제가 비워 두었던 방은 먼지투성이였습니다. 3개월 동안 치지 않았던 피아노는 소리도 멍해져 있었고, 음音들도 서로 들리지 않아서인지 삐걱거렸습니다. 그런데 조율사 아저씨를 거치지 않고서도 며칠 제가 그 위에서 연습을 하고 나면 소리도 다시 제가 원하는 소리가 되어 나오고, 도와 레 사이도 더 친해져서 서로 음들을 맞추어 가는 겁니다. 신기하죠? 악기도 살아 있는 생물처럼 사랑받고 그를 향해 기대를 가져주면 반응을 보인답니다.'

홀로 듣는 음악도 아름답지만

함께 듣는 음악도 아름답다

홀로 부르는 노래도 즐겁지만

함께 부르는 노래도 즐겁다

음악을 듣거나 노래를 부르는 것은 지상에 사는 동안 우리가 누릴 수 있는 가장 행복한 특권임에 틀림없다. 시와 기도와 음악 사이에서 별처럼 떠올랐다 스러지는 나의 고마운 하루여! 어둠 속에서도 빛이 고이는 삶의 평화여! 〈1994〉

고마움 새롭히기

작은 일에도 항상 고마워하는 이들을 만나면 내 마음도 밝고, 따스하고, 흐뭇해진다. 그러나 매사를 부정적으로 보고, 고마움보다는 불평과 비난의 말이 습관적으로 먼저 튀어나오는 사람들을 대하면 내 마음도 답답하고 우울해진다. 감사할 줄 아는 이들의 표정은 따뜻하고 부드럽지만 감사할 줄 모르는 이들의 표정은 오만하고 차갑고 뻣뻣하다.

매일 반복되는 하루의 생활 안에서 무심히 잊고 지냈거나 극히 당연하다고만 생각되던 우리의 삶은 좀더 활기차고 풍요로워지지 않을까 싶다. 우리 모두 '고마움 새롭히기' 운동을 기꺼이 실천하는 일원이 되어,

1. 내게 고맙게 한 사람들과 상황들을 더 자주 새롭게 생각하기
2. 나의 이웃에겐 늘 고마운 사람이 될 수 있도록 힘쓰기
3. '고맙습니다' '감사합니다' 라는 말을 더 많이 사용하기

등등 이런 것들을 꾸준히 실천하다 보면 어느새 불평과 원망도 줄어들고 우리는 고마움만 가득한 사람이 되어 있지 않을까? 바쁘고 힘든 일상 안에서도 고마움을 새롭혀가는 일이야말로 기쁨의 꽃씨 하나를 가슴에 묻는 일이요, 행복의 문으로 들어가는 첫걸음일 것이다. 새로 돋는 풀잎처럼 내 마

음에도 늘상 고마움이 자리하길 바리며, 젊은 나이에 세상을 떠난 일본의 의사 이무라 가즈키오가《종이학》이란 책에 남긴 시 한 편을 다시 읽어본다.

'왜 모두 기뻐하지 않을까
당연하다는 사실들
아버지가 계시고 어머니가 계시다
손이 둘이고 다리가 둘
가고 싶은 곳을 자기 발로 가고
손을 뻗어 무엇이든 잡을 수 있다
소리가 들린다
목소리가 나온다
그보다 더한 행복이 어디 있을까
그러나 아무도 당연한 사실들을 기뻐하지 않아
'당연한 걸' 하며 웃어버린다
세끼를 먹는다
밤이 되면 편히 잠들 수 있고 그래서 아침이 오고
바람을 실컷 들이마실 수 있고
웃다가 울다가 고함치다가 뛰어다니다가
그렇게 할 수 있는 모두가 당연한 일
그렇게 멋진 걸 아무도 기뻐할 줄 모른다
고마움을 아는 이는 그것을 잃어버린 사람들뿐
왜 그렇지 당연한 일'   〈1992〉

기쁨의 순례자로 살며

얼마 전에 나는 우연한 기회에 어떤 친지와 이야길 나누던 중 그의 결혼 기념일을 알게 되어서 잘 기억해 두었다가 축하 카드를 보낸 일이 있었다. 무슨 얘기 끝에 슬쩍 지나쳐간 말이었기 때문에 내가 그날을 기억하리라곤 생각지도 않고 있다가 날아든 카드를 받고 그는 너무도 기뻤던지 즉시 고운 꽃카드 한 장을 내게 보내왔다.

'뜻밖의 선물을 받고 문득 만남의 인연을 다시 생각했습니다. 만나야 할 사람들을 하느님께서는 어느 기회에 꼭 만나게 해주시나 봅니다. 전화로 몇 마디 하는 것보다 저는 수녀님께 예쁜 카드를 보내드리고 싶어 몇 자 적었습니다' 라고 쓰여진 그 카드를 보며 나의 작은 정성을 그토록 고마워하는 그의 마음이 진하게 느껴져서 어느새 내 마음속엔 또 하나의 싱싱한 기쁨꽃 한 송이가 피어오르는 것 같았다.

또 한번은 시인이기도 한 외교관 친구 부부가 부산에 있는 나를 방문한 적이 있는데 마침 그날이 그들의 결혼 16주년 기념일인 것이 생각나서 내 나름대로 축하를 하고 싶었다. 문득 그들이 결혼 당시 내게 보낸 청첩장 문안이 하도 특이해서 견본으로 간직했던 기억이 나서 급히 찾아서 그것을 이용해 카드를 만들고, 수녀원 정원에 핀 몇 송이의 꽃과 함께 선물로 건네주었다. 퍽 오래 전 일이라 본인들도 잊고 있었던 것을 예기치 않은 장소에서 받아들고 무척 기뻐하던 그들의 모습을 나는 아직도 잊을 수 없다.

남을 기쁘게 하는 일에 내가 남보다 특별한 재주가 있는 것은 아니지만 그래도 아직은 좋은 기억력과, 마음에 있는 것을 글로 옮길 수 있는 약간의 표현력 덕분에 나는 자신이 기대한 것 이상으로 남에게 기쁨을 준 일이 꽤 많았고, 이는 나의 삶에도 큰 활력소가 되어 주곤 한다.

비교적 많은 사람들과 관계를 맺고 살다 보니 자연히 내가 기억해야 할 생일, 축일, 기념일들도 많은 편이어서 때로는 일일이 기억하거나 표시하는 것 자체가 힘겹고 또한 부질없게 느껴지는 순간들이 없는 것도 아니지만, 그래도 여건이 허락되는 한 나는 이를 충실히 실천해 오고 있는 편이다. 그리하다 보니 그런 특별한 날들을 챙기는 것이 내 절대적 의무는 아님에도 불구하고, 어쩌다 바쁜 것을 핑계로 그냥 지나치면 매우 서운해 하는 가족, 친지들의 모습을 본다. 내가 그들에게 주는 선물이라야 작은 카드에 적은 몇 줄의 글, 좋아서 나누고 싶은 성경 구절이나 시를 적은 짧은 편지 정도지만 그래도 그것이 퍽 좋은 선물이 된다는 말을 수없이 들어왔다.

지난 해 봄부터 서울에 올라와 생활하면서 나는 전보다 마음의 여유도 없어지고, 그동안 부지런히 나의 몫으로 챙겨왔던 기쁨의 카드나 엽서 쓰기에도 정성을 쏟지 못함이 안타깝다. 새로운 장소에서 새로운 일을 맡아 새로운 사람들을 알게 되니, 나에겐 기억해야 될 이름과 날들도 그만큼 많아져서 내 기억의 창고는 더 복잡해진 셈이지만 이 또한 기뻐하기로 한다.

내가 기도 중에 늘 기억해야 할 사람, 그리고 아주 작은 것으로라도 사랑을 표현하고 기쁨을 선물해야 할 사람들이 많아질수록 나는 더욱 깨어 있을 수 있고, 안일과 나태의 늪으로 빠질 틈이 없기 때문이다.

매일을 함께 살아가는 가족과 가족, 이웃과 이웃이 서로 먼저 상대방을 이해하려고 애쓰며, 그를 기쁘게 하는 일에 최선의 관심을 갖도록 노력한다면 우리의 삶은 그대로 기쁨의 축제가 될 것이다.

수녀원에서의 예비수녀 시절, 함께 사는 이들이 서로 다투어 기쁨과 애덕愛德의 경쟁자가 되곤 했던 일을 나는 종종 즐겁게 회상한다. 축일 아침에 일어나서 방문을 열면 문 앞에 발신인도 모르는 축하 카드나 쪽지가 꽂혀 있던 적도 있고 식당에 가면 수저집 안에도 고운 그림을 곁들인 격려의 글귀가 들어 있는 적이 많았다. 빨래를 해서 걸어 두면 어느새 누군가 다림질을 해서 방에 갖다 놓는다든지, 겨울에 감기 기운이 있을 때 잠자리에 들면 누군가가 갖다놓은 더운 물통이 이불 속에 들어 있기도 했다. 이러한 사랑의 손길이 있을 때마다 주인공에 대한 궁금증이 더해 간 것도 사실이지만, 어쩌면 숨겨진 것이기 때문에 그 기쁨 또한 더 깊고, 맑고, 그윽한 향기를 오래 풍기는 건지도 몰랐다.

앞으로 내가 걸어야 할 삶의 길에서 나도 더 많은 이들에게 기쁨을 선물하는 기쁨의 순례자가 되고 싶다. 꼭 생색을 내지 않고도 남을 기쁘게 하는 사람, 비록 실속 없고 어리석다는 핀잔을 듣게 되더라도 늘 다른 사람을 기쁘게 할 궁리로만 가득 찬, 그래서 행복한 사람이 되고 싶다. 원하기만 하면 언제라도 만들 수 있는 기쁨이란 반지를 끼고 살며, 다른 이에게도 이것을 선물하는 그러한 매일을 살고 싶은 나는 속으로 이렇게 노래해 본다.

기쁨은

날마다 내가 새로 만들어

끼고 다니는 풀꽃 반지

누가 눈여겨보지 않아도

소중히 간직하다가

어느 날 누가 내게 달라고 하면

이내 내어주고 다시 만들어 끼지

크고 눈부시지 않아

더욱 아름다워라

내가 살아 있는 동안

많이 나누어 가질수록

그 향기를 더하네

기쁨이라는 반지는

선물 이야기

해마다 12월이 되면 한국전쟁의 그 어려운 피난 시절에도 빨간 벙어리장갑과 고운 물방울 무늬 가득한 털스웨터를 내게 선물했던 산타클로스가 떠오른다. 그 시절의 산타클로스가 바로 나의 작은 아버지였다는 것은 나중에 안 사실이지만 지금도 그분을 뵈면 내 마음의 창엔 따스한 불빛이 스며든다. 방공호 속에 숨어 폭격 소리를 듣고, 납치되신 아버지와 생이별 속에 전쟁의 어둠과 아픔을 체험했던 여섯 살 소녀의 그 춥고 음울했던 12월 밤, 머리맡에 놓여 있던 크리스마스 선물은 참으로 정겹고 아름다운 기쁨과 행복을 가져다주었다.

억지로 마지못해서가 아니라 스스로 우러나서 하는 선물, 겉치레가 아닌 속마음을 담아 정성껏 준비하는 선물은 이미 준비하는 과정부터가 받는 이를 위한 선물이 되는 것이다. 받는 사람의 기쁨을 미리 헤아려보며 설레기까지 한다면 선물을 준비하는 사람 역시 마음의 선물을 받은 셈이 된다. 그리 화려하고 값비싼 것이 아닐지라도 마음을 풍요롭게 하고 은은한 기쁨과 평화를 느끼게 하는 선물, 마음과 정성이 깃든 의미 있는 선물이야말로 참으로 소중하고 아름다운 선물이 아닐까 싶다.

올해도 나는 주변의 친지와 독자들로부터 정성어린 선물들을 많이 받았다. 사계절의 꽃들을 말려서 만든 카드와 꽈리 열매, 특이한 모양의 조가비들과 조약돌, 직접 수놓은 손수건과 앙증스런 꽃방석, 성화가 그려진 초와 이콘, 병풍용의 붓글씨와 그림, 색종이와 색연필과 그림엽서, 아름다운 곡들을 모아 놓은 테이프, 귀여운 모양의 꽃삽, 무늬 고운 헝겊가방과 앞치마 등. 여기 다 나열할 수 없을 만큼 많은 선물들을 받고도 나는 제대로 감사조차 못하는 가난한 사람이지만 그래도 짧은 글로써나마 고마움을 표현하려고 애는 쓰고 있다. 내가 발견한 아름다운 시들이나 감명 받은 글귀들을 카드에 적거나 최근에 읽은 좋은 책제목을 몇 개 소개하기도 하는데 이 또한 좋은 나눔이라고 생각한다. 다른 이로부터 받은 선물은 아무리 사소한 것일지라도 혼자만 독점하는 것이 욕심인 것 같아, "저, 이것 누구와 나눠 가져도 되지요?" "주고 싶은 사람에게 주어도 되지요?"라고 일단 허락을 받고 나면 마음이 편해진다.

꼭 물건을 주고받지 않더라도 마음의 선물이 될 수 있는 것들이 많이 있지만 우리는 쉽게 비켜 가는 것 같다. 상대방에게 희망을 주는 칭찬과 격려의 말, 따스한 웃음, 다른 이의 약점을 참기 어려울 때 끝까지 내색 않고 감싸주는 사랑과 인내, 이웃의 실수나 잘못을 용서하고 받아들이는 이해와 관용, 힘없고 아픈 이들에 대한 참된 배려와 시간을 내어주는 정성과 봉사—이러한 것들이야말로 우리가 더욱 성실하게 가꾸어 나가야 할 마음의 선물이 아닐까? 우리가 선물을 사러 성급하게 밖으로 나가기 전에 꼭 한번쯤은 돈들이지 않고도 정성 들여 할 수 있는 종류의 선물들이 없는지 깊이 생각해볼 일이다.

  12월도 채 되기 전에 요란한 선전문구와 함께 백화점이나 상점에 내걸리는 크리스마스 선물 목록엔 정작 크리스마스의 주인공인 아기예수가 원하는 사랑의 선물이 들어 있지 않을지도 모른다.

  12월이 되면 우리는 성탄나무처럼 조용히 마음을 모으고 작은 아기로 오시는 예수님께 무슨 선물을 드려야 할지, 예수님의 마음이 담긴 사랑의 선물을 이웃에게 하기 위해선 구체적으로 어떤 노력이 필요한지를 스스로에게 물어보고 또 기도해야겠다.

  살아 있는 우리 모두
  더 이상 죄를 짓지 말고
  겸손하게 내려앉기를,
  서로 먼저 사랑하는 일에만 깨어 있기를
  침묵으로 외치는 작은 예수여,
  진정한 성탄 선물은
  당신으로부터 받아서
  우리가 이루고 나누어야 할
  평화와 기쁨뿐임을
  다시 알아듣게 하소서.

〈1993〉

봄이 오면 나는

봄 여름 가을 겨울 중에 한 계절을 선택하라면 나는 늘 '가을'이라고 대답하곤 하였다. 그런데 어느 순간부터 봄도 가을과 같은 비중으로 좋아지기 시작하였다. 그래서 봄에는 해맞이 마음, 가을에는 달맞이 마음이 되고 싶다고 고백한 대목에선 슬그머니 미소가 떠오른다. 사계절을 만드신 하느님의 사랑 안에 결국은 사계절의 모든 아름다움을 다 사랑해야 하는 것일 게다.

한때는 바다가 안 보이는 방에 머무는 것을 안타까워했지만 지금처럼 밭이 잘 보이는 방에 머무는 것도 행복해 하면서 밭에 대한 묵상을 많이 하였다. 여기의 글들은 계절의 변화 속에 익어간 조그만 단상이나 기도일기 같은 것이다.

늘상 소나무 숲에 살고 있으니 때로는 사계절의 변화를 민감하게 못 느끼고 살 적도 있지만 종종 산책을 나오는 새들이 나에게 계절의 변화를 가르쳐주곤 하였다. 때로는 잔디밭에 떨어진 새의 깃털 하나를 주우며 느껴보는 친밀함, 무어라 이름 지을 수 없는 바람의 향기 속에 나는 자연과 하나임을 조용히 확인하며 기도하곤 한다.

수녀원 안 '명상의 길'

새를 위하여

기도 시간 내내
창 밖으로 새 소리가 들려
나도 새 소리로 말했습니다

어찌 그리 한결같이 노래할 수 있니?
어찌 그리 가벼울 수 있니?
어찌 그리 먼 길을 갈 수 있니?

우울해지거든
새 소리를 들으러
숲으로 가 보세요
새 소리를 들으면
설레지 않을 수가 없습니다

삶을 노래하는 기쁨을
숨어서도 사랑하는 법을
욕심 부리지 않는 자유를
떠날 줄 아는 지혜를
새들에게 배우세요

포르르포르르
새가 날아가는 뒷모습을 보면
말로 표현 못할 그리움에
자꾸 눈물이 나려 합니다

살아가는 동안은
우리도 새가 되어요
날개를 접고 쉴 때까진
땅에서도 하늘을 꿈꾸며
열심히 먼 길을 가는
아름다운 새가 되어요

봄이 오면 나는

봄이 오면 나는 활짝 피어나기 전에 조금씩 고운 기침을 하는 꽃나무들 옆에서 덩달아 봄앓이를 하고 싶다. 살아 있음의 향기를 온몸으로 피워 올리는 꽃나무와 함께 나도 기쁨의 잔기침을 하며 조용히 깨어나고 싶다.

봄이 오면 나는 햇볕이 잘 드는 안뜰에 작은 꽃밭을 일구어 꽃씨를 뿌리고 싶다. 손에 쥐면 금방 날아갈 듯한 가벼운 꽃씨들을 조심스레 다루면서 흙 냄새 가득한 꽃밭에 고운 마음으로 고운 꽃씨를 뿌리고 싶다.

조금 답답하겠지
그렇지만 꾹 참아야 해
땅은 엄마니까
꼬옥 품어줄 거야
한잠 푹 자고 나면
우리 또 만나게 될 거야

언제 읽어도 정겨운 김교현 시인의 동시를 외우며 흙을 덮어주면 꽃씨들은 조금씩 엄살을 부리다가도 말 잘 듣는 아이처럼 "알았어요"라고 대답할 것만 같다.

　봄이 오면 나는 매일 새소리를 듣고 싶다. 산에서, 바다에서, 정원에서 고운 목청 돋우는 새들의 지저귐으로 봄을 제일 먼저 느끼게 되는 나는 새들의 이야기를 해독해서 밝고 맑은 시를 쓰는 새의 시인이 되고 싶다. 바쁘고 힘든 삶의 무게에도 짓눌리지 않고 가볍게 날아다닐 수 있는 자유의 은빛 날개 하나를 내 영혼에 달아주고 싶다. 봄이 오면 조금은 들뜨게 되는 마음도 너무 걱정하지 말고 더욱 기쁘고 명랑하게 노래하는 새가 되고 싶다.

　봄이 오면 나는 이슬비를 맞고 싶다. 어릴 적에 항상 우산을 함께 쓰고 다니던 소꿉동무를 불러내어 나란히 봄비를 맞으며 봄비 같은 이야기를 속삭이고 싶다. 꽃과 나무에 생기를 더해 주고 아기의 미소처럼 사랑스럽게 내 마음에 내리는 봄비, 누가 내게 봄에 낳은 여자 아기의 이름을 지어 달라고 하면 서슴없이 '봄비' '단비'라고 하고 싶다.

　봄이 오면 나는 풀 향기 가득한 잔디밭에서 어린 시절 즐겨 부르던 동요를 부르며 흰 구름과 나비를 바라보는 아이가 되고 싶다. 함께 산나물을 캐러 다니던 동무의 이름을 불러보고 싶고, 친하면서도 가끔은 꽃샘바람 같은 질투의 눈길을 보내오던 소녀 시절의 친구들도 보고 싶다.

　봄이 오면 나는 우체국에 가서 새 우표를 사고, 문방구에 가서 색연필, 크레용, 파스텔, 그리고 마음에 드는 편지지와 그림엽서를 사고 싶다. 답장을 미루어둔 친지에게 다만 몇 줄이라도 진달랫빛 사연을 적어 보내고 싶다. 동시를 잘 쓰는 어느 시인으로부터 맑고 고운 우리말을 다시 배워서 아름다운 동심의 시를 쓰고 싶다. 시를 외우다가 잠이 들고, 꿈에서도 시의 말을 찾고 싶다.

　봄이 오면 나는 모양이 예쁜 바구니를 모으고 싶다. 내가 좋아하는 솔방울, 도토리, 조가비, 리본, 바느질 거리, 읽다가 만 책, 우편물 등을 크고 작은 바구니에 분류해 놓고 오며가며 보노라면 내 마음도 바구니가 되는 듯 무엇인가를 오밀조밀 채우고 싶어진다. 바구니에 담을 꽃과 사탕과 부활달걀, 믿음과 희망과 사랑의 선물들을 정성껏 준비하며 바쁘고도 기쁜 새봄을 맞고 싶다.

　사계절이 다 좋지만 가을엔 '달맞이 마음', 봄에는 '해맞이 마음' 이 된다고 할까? 꽃들이 너무 많아 어지럼증이 나고, 마음이 모아지지 않아 봄은 힘들다고 말했던 나도 이젠 갈수록 봄이 좋아지고 나이를 많이 먹고서도 첫사랑에 눈뜬 소녀처럼 가슴이 설렌다.

　봄이 오면 나는 물방울 무늬의 앞치마를 입고 싶다. 유리창을 맑게 닦아 하늘과 나무와 연못이 잘 보이게 하고 또 하나의 창문을 마음에 달고 싶다. 먼지를 털어낸 나의 방 하얀 벽에는 내가 좋아하는 화가 사제가 그려준 십자가와 클로드 모네가 그린 꽃밭, 구름, 연못을 걸어두고, 구석진 자리 한 곳에는 앙증스런 꽃삽도 한 개 걸어두었다가 꽃밭을 손질할 때 들고 나가야겠다. 조그만 꽃삽을 들고 꽃의 얼굴을 들여다보며 그 아름다운 음성에 귀를 기울이노라면 나는 멀리 봄나들이를 떠나지 않고서도 행복한 꽃마음의 여인, 부드럽고 따뜻한 봄 마음의 여인이 되어 있을 것이다.　〈1994〉

여름이 오면

'나는 대도시에서 친구들과 악수를 나누면서도 우리들 사이에 황야가 가로놓여 있음을 느껴왔다. 우리는 우리의 목을 축여주던 샘을 잃은 채, 아니면 그 샘들이 말라버렸음을 알고 메마른 사막을 헤매고 있었던 것이다. 사람이란 자기 자신의 핵심과 연결될 때 비로소 다른 사람과의 연결이 가능하다는 사실을 이미 깨닫기 시작했다. 내게 있어서는 그 핵심, 즉 마음의 샘은 고독을 통해서 가장 잘 발견될 수 있다. 우리는 고독에다 꿈의 꽃을 심는 대신 끊임없이 흘러나오는 음악, 떠벌려대는 이야기, 그리고 그 이야기를 듣지도 않는 이와의 교제로 공간을 꽉 메워버린다. 소음이 그치면 그것을 대신할 음악이 없다. 우리는 고독하기를 다시 배워야 한다. 모든 사람은 일년 중 얼마 동안, 매주, 그리고 매일 한때를 혼자서 보내야 한다.' —A. 린드버그

해마다 여름이 오면 다시 펼쳐 읽게 되는 린드버그 여사의 《바다의 선물》은 특히 휴가를 앞둔 모든 이들에게 꼭 일독을 권하고 싶은 책이다. 국어사전을 보면 휴가는 '직장이나 학교, 군대, 단체에서 일정한 기간 쉬는 일, 또는 그 겨를'이라고 되어 있다. 바캉스 vacance의 본뜻이 '빈터' '빈방' '빈

'틈'으로 되어 있는 것을 보아도 휴가는 우리가 바쁘고 피곤했던 일상을 떠나 잘 쉬는 것을 전제로 하고 있으며, 텅 빈 고독 속에서의 자기 발견, '쉼'으로써의 충만을 시사하고 있다.

그러나 여름이란 계절이 사람을 밖으로 불러내기 때문인가. 조용하고 고독한 분위기에서보다는 시끄럽고 산만한 분위기에서 휴가 아닌 휴가를 보내고 나서 우리는 오히려 휴가 전보다 더욱 피곤한 자신을 발견하게 되는 경우도 많은 것 같다. 바다에 가면 바다처럼 넓게 트인 마음을 배워오고, 산에 가면 산처럼 깊고 그윽한 마음을 배워오기도 할 테지만 꼭 밖으로 나가야만 휴가가 되는 것일까? 이 여름도 너무 많은 사람들의 등쌀로 바다는 얼마나 몸살을 하고, 산은 얼마나 피곤해 할까? 여기저기서 산과 바다의 신음소리가 들리는 것만 같다. 우리가 어디에 있든지 평소의 일에서 잠시 물러나 자신의 내면을 깊이 들여다보며 욕심을 덜어낸 빈자리에 좋은 생각들을 채워 넣을 수 있다면, 오랜만에 홀로 되어 이웃과의 매듭진 부분들을 풀어내고 용서하는 자유를 맛볼 수 있다면, 주변의 모든 것들을 새로운 경탄의 마음과 눈으로 바라보고 감사하기를 배운다면, 그래서 다시 기쁘게 일상의 소임으로 돌아갈 새 힘을 얻는다면 이는 곧 참된 휴가가 되는 것이 아닐까? 멀리 나가지 않아도 평범한 일상에 바다가 넘실대고, 산그늘이 드리워지는 자기 나름대로의 '휴가법'을 너도 나도 만들어 가면 좋을 듯하다.

이제 곧 휴가철이 되면 내가 사는 부산에도 많은 사람들이 몰려올 것이다. 휴가를 오는 일가친척들의 방문에 여름엔 하루 종일 고달프다는 어느 주부의 말도 새삼스럽다. 우리 수녀원도 여름엔 손님맞이로 바쁜 편이다. 나는 밖으로 여름휴가를 떠나진 못하지만 그동안 소식이 뜸했던 벗들에게 나의 작은 시 한 편을 적어 초록빛 엽서를 띄워 보내고 싶다.

움직이지 않아도 / 태양이 우리를 못 견디게 만드는 / 여름이 오면, 친구야 / 우리도 서로 더욱 뜨겁게 사랑하며 / 기쁨으로 타오르는 / 작은 햇덩이가 되자고 했지?

산에 오르지 않아도 / 신록의 숲이 마음에 들어차는 / 여름이 오면, 친구야 / 우리도 묵묵히 기도하며 / 이웃에게 그늘을 드리워주는 / 한 그루 나무가 되자고 했지?

바다에 나가지 않아도 / 파도소리가 마음을 흔드는 / 여름이 오면, 친구야 / 우리도 탁 트인 희망과 용서로 / 매일을 출렁이는 작은 바다가 되자고 했지?

여름을 좋아해서 여름을 닮아 가는 / 나의 초록빛 친구야 / 멀리 떠나지 않고서도 삶을 즐기는 법을 / 너는 알고 있구나 / 너의 싱싱한 기쁨으로 / 나를 더욱 살고 싶게 만드는 / 그윽한 눈빛의 고마운 친구야. 〈1993〉

새해를 맞으며 ─기도일기1

아침에 까치를 보면 더욱 반갑다. 새들은 우리 집이 좋은지 사계절 내내 날아와서 우리의 기도 소리를 엿듣기도 하고, 우리가 일하는 옆에 앉아 놀기도 하고, 종종걸음으로 먹을 것을 찾아다니기도 한다. 배가 볼록하게 나오고 꼬리가 긴 까치들은 언제 보아도 즐겁고, 검은 옷에 흰 수건을 쓴 수련 수녀들의 모습이 떠올라 더욱 사랑스럽게 느껴진다.

*

이번 성탄에 그라우Grau의 미사곡을 부르기 위해 연습을 꽤 많이 했다. 남성의 목소리가 빠진 여성들만의 3부 합창은 그 나름대로 청아하고 담백한 아름다움이 있다. 합창 연습을 할 때처럼 또 한해를 살자. 음音이 틀리면 다시 시작할 수 있는 용기로, 다른 파트의 소리를 들으면서도 방해를 받지 않고 자기의 음을 내는 분별과 확신으로, 혼자만의 목소리가 너무 튀어나오지 않게 유의하면서도 기죽지 말고 떳떳하게 화음을 이루도록 애쓰는 자세로 매일을 살자.

*

요즘은 꿈속에서도 길을 떠나는 나 자신의 모습을 부쩍 많이 보게 된다.

그러나 길의 방향도, 동행자도, 꼭 지녀야 할 물건들도 잃어버려 당황하고 안타까울 때가 많은데, 때로는 내가 누구인지조차 잊어버릴 때가 있어 놀라곤 한다. 올 한해도 나를 찾는 여행을, 사랑 때문에 지치지 않는 내면의 여행을 계속해야겠다.

*

새로운 시간이여, 어서 오세요. 누군가에게 정성껏 선물을 포장해서 리본을 달 때처럼 즐거운 마음으로 나는 그대를 기다립니다. 누군가에게 한 송이 꽃을 건네줄 때처럼 환히 열려진 설렘으로 그대를 맞이합니다. 그대가 연주하는 플루트 곡을 들으며 항상 새롭게 태어나는 이 기쁨을 나는 행복이라 부릅니다.

*

새해엔 연하장 대신 장미를 보내신다구요? 복을 빈다는 말도, 사랑한다는 말도 너무 자주 하면 향기가 사라질 것 같아 꽃봉오리 속에 숨겨온 그 마음을 읽습니다. 가시를 지닌 장미처럼 삶의 모든 아픔 속에서도 고운 꽃을 피워내라는 한 송이의 기도와 격려로 그대의 꽃 선물을 받아들입니다.

*

살아 있기에 늘 문이 열려 있는 내 마음의 집엔 늘 손님이 많아 행복하다. 슬픔, 기쁨, 절망, 희망, 고뇌, 환희……. 아침부터 밤까지 나는 이들을 편애 없이 다루는 엄마 같기도 하고, 때로는 이들이 나를 가르치는 교사 같기도 하다. 한시도 비울 수 없는 내 마음의 집에 오늘도 향기로운 차茶 한 잔 달여 놓고 손님을 기다리는 내 마음의 집.

*

어떤 이의 한 마디 말이 내 기분을 언짢게 한다고 해서 즉시 민감한 반응을 보이거나, 이로 인해 하루 종일 우울해 있거나 다른 이에게 감정 표현을 너무 쉽게 하는 것 등은 어리석은 일이라 생각된다.

'내 자신에 대해 말할수록 더욱 덕성을 잃게 된다는 것은 진실이다. 비록 가장 순결한 듯이 보이는 말일지라도 말 속에서 허영이 튀어나오는 수가 있다. 사람들과 동료들과 웃어른들 사이에서 자신에 대한 말은 많이 하지 않는 게 좋다. 말을 하게 된다면 꼭 필요하고 알맞은 이야기만 해야 한다.'

20세기의 성자로 불리는 고故 요한 23세 교황의《영혼의 일기》에 나오는 이 구절을 깊이 새겨듣자.

*

올해도 하얀 눈 속에 제일 먼저 매화가 피겠지. 눈 속에 피어 더욱 귀해 보이는 꽃. '웃음도 눈물도 너무 헤프지 않게!' 꽃도 피우기 전에 매화나무는 내게 이렇게 말하는 것 같다.

*

오랜만에 내리는 눈雪에게 나도 오랜만에 말해야지.

"산천에, 내 마음에 희게희게 쌓이렴. 허물을 덮어주는 사랑이 되렴. 이유를 묻지 말고 그냥그냥 내리는 환한 축복이 되렴. 아이가 되어 눈밭에 뒹굴고 싶은 내 마음에도 하얀 레이스를 날아 주렴. 모든 것을 용서하는 사랑이 되렴."

〈1993〉

봄이 오는 길목에서 —기도일기 2

하얀 눈 밑에서도 푸른 보리가 자라듯
삶의 온갖 아픔 속에서도
내 마음엔 조금씩
푸른 보리가 자라고 있었구나
꽃을 피우고 싶어
온몸이 가려운 매화 가지에도
아침부터 우리 집 뜰 안을 서성이는
까치의 가벼운 발걸음과 긴 꼬리에도
봄이 움직이고 있구나

아직 잔설이 녹지 않은
내 마음의 바위 틈에
흐르는 물소리를 들으며
일어서는 봄과 함께
내가 일어서는 봄 아침

내가 사는 세상과

내가 보는 사람들이

모두 새롭고 소중하여

고마움의 꽃망울이 터지는 봄

봄은 겨울에도 숨어서

나를 키우고 있었구나

남쪽의 봄은 빨리 온다지만 어느새 곳곳에 봄이 일어서고 있다. 지금쯤 나무들은 꽃을 피우고 싶어 어쩔 줄 모르는 몸살을 하고, 나도 간간이 잠을 설치며 봄앓이를 하고 있네.

아무리 고단하고 힘들어서 못 일어날 것 같다가도 잠시 쉬고 나서 다시 움직이면 새 힘을 얻는 것처럼 겨울 뒤에 오는 봄은 깨어남, 일어섬, 움직임의 계절이다. '잠에서 깨어나세요' '일어나 움직이세요'라고 봄은 손으로 입을 가리고 웃는 소녀처럼 살짝 다가와서 겨울잠 속에 안주하려는 나를 흔들어댄다.

*

박재삼 시인의 '무언無言으로 오는 봄'을 몇 번이나 되풀이해 읽으며 봄을 맞는다.

'뭐라고 말을 한다는 것은

천지신명天地神明께 쑥스럽지 않느냐

참된 것은 그저 묵묵히 있을 뿐

호들갑이라고는 전연 없네

말을 잘함으로써 우선은 그럴싸해 보이지만

그 무지무지한

추위를 넘기고

사방에 봄빛이 깔리고 있는데

할 말이 가장 많은 듯한

그것을 그냥

눈부시게 아름답게만 치르는

이 엄청난 비밀을

곰곰이 느껴보게나'

특히 '참된 것은 그저 묵묵히 있을 뿐 호들갑이라고는 전연 없네'라는 말은 가슴 깊이 머물러 떠나지 않는다.

✽

어른도 어린이가 되고 싶은 동심童心의 계절인 봄. 수녀원 언덕길의 꽃봉오리들을 보고 "꽃들이 기도손을 하고 있어요"라고 말하던 우리 유치원 어린이의 시적詩的인 말도 새롭고, 여행 중 기차 안에서 나와 잠시 사귀었을 뿐인데도 먼저 내릴 때는 "잘가 응? 나 먼저 갈게" 하며 아쉬운 듯 정답게 손을 흔들던 뺨이 붉은 그 어린이도 문득 보고 싶다.

✽

많은 꽃술을 사랑의 인장처럼 달고 꽃받침을 받친 채 피어 있는 다섯 개의 매화잎들은 사랑스럽다. 나도 이 봄에 매화 같은 몇 송이의 시를 피워 내고 싶지만 이미 품어 놓은 시상詩想들을 제대로 낳아 키우는 일 또한 쉽지 않음을 갈수록 절감한다. '시만' 쓰면서 생활하는 것보다 '시도' 쓰면서 생활하는 것이 지금의 나에겐 더 바람직한 일이라고 스스로에게 다짐하곤 한다.

*

수도복 위에도 부담 없이 입을 수 있는 앞치마 하나를 선물 받았다. 언제나 앞치마를 입으면 더욱 열려 있고, 돕고 싶은 마음, 준비된 마음이 되는 것 같아 기쁘다. 나비 무늬 가득한 앞치마를 입고 저만치서 달려오는 봄을 맞으러 나도 하늘빛 앞치마를 입고 뛰어가야겠다.

*

먼 나라에서 내 어릴 적의 친구가 보내준 열두 개의 꽃씨 봉투. 이름과 모양이 각기 다른 꽃봉투를 흔들 때마다 조금씩 특이한 소리가 나는 것도 즐겁고, 극히 작고 가벼운 씨앗들이 어느 날 피워낼 아름다운 꽃들을 미리 상상해 보는 것만으로도 즐거운 마음 가득하다. 꽃씨를 선물로 보낸 그 친구에게 나도 기도의 꽃씨 한 톨 날려 보내야겠다. 〈1993〉

한 송이 꽃이렸더니 −기도일기3

　목 타는 가뭄 중에 맛있게 단물 든 과일처럼 길고 긴 고통의 메마름 끝에 비로소 단물 든 나의 사랑이여, 언제 거두어들일지도 모르면서 벅찬 꿈으로 마음의 속 뜰에 심어두었던 내 오래 된 자주 나무빛 사랑이여, 잘 익은 너를 먹으며 한여름 내내 기쁨을 꽃피움이여.

*

　아침마다 일어나 새로운 해방절을 맞는 우리의 꽃, 무궁화여. 아픔의 꽃술 길게 물고 하늘을 향해 섰는 한민족의 꽃이여, 36년 짓밟혀온 우리의 한恨과 설움을 너는 알고 있어서, 우리 탓도 아니게 두 동강이 나버린 38선의 비극을 알고 있어서 차라리 입 다문 거지? 향기도 감춘 거지? 그리고 좋은 일이 있어도 헤프게 웃지 않는 슬기를 배운 거지? 오늘도 의연하게 버티고 서서 마음으로 모든 것을 헤아리는 꽃. 붉은 가슴마다 태극기를 꽂으며 오늘도 자유를 노래하는 겨레의 꽃, 무궁화여.

*

　당신께 드리는 나의 웃음소리가 색색의 빛깔로 피어난 채송화 꽃밭에서 환한 햇살 받으며 환해지는 마음. 키가 작아도 즐겁기만 한 채송화 무리처럼 나도 다부지게 피렵니다. 우리들의 추억이 한데 모여 앉은 듯한 채송화 꽃밭에서 나는 오늘도 '작은 자'의 행복을 누립니다.

*

아침마다 바위틈에 조용히 숨어 피는 푸른색의 나팔꽃. 그 애는 왜 숨어서만 피고 싶을까. 시끄러운 세상이라 조용히 숨어서 나팔을 불고 싶은 게지. 천사들의 노랫소리가 들리는 것만 같다. 쓰레기를 버리고 오는 길에 무심히 만난 한 송이의 푸른 나팔꽃으로 나의 아침은 더없이 행복했다.

*

당신은 어디에 숨고 날더러 꽃이 되라 하십니까. 어둠 속 좁은 땅 비집고 나와 겨우 눈을 뜨는 한 송이 꽃이렸더니 이제는 또 알지도 못하는 곳으로 떠나라 하십니까. 당신은 어디에 숨고…….

*

너를 생각하면 과꽃으로 물드는 마음, 나를 바라보던 너의 그윽한 눈빛이 자꾸 살아와서 절로 눈이 감겨지는 고운 날. 겨울도 아닌데 오늘은 춥다. 네가 보고 싶다. 향기로 말을 하는 꽃이 되고 싶다. 살아서 꽃이 될 수 없으면 하얀 종이꽃이라도 되고 싶다. 너를 위해서…….

*

장미꽃 사이사이에 하얀 점처럼 어우러져 있는 안개꽃의 아름다움. 자기의 개성도 잃지 않으면서 고운 장미들을 더욱 돋보이게 하는 안개꽃의 겸허함을 배우고 싶습니다. 앞으로의 내 남은 날들을 아낌없이 '새로운 노래'로 봉헌하게 하소서. 너무 작은 노래밖엔 부를 줄 모르는 저이오나 당신 안에 오늘도 힘을 얻습니다. 지금 이 시간도 제가 살아 있음을 당신께 감사드

립니다. 좀더 감사할 이유, 기뻐할 이유를 찾아내지 못하고 무심히 맛없이 살아왔던 저를 용서하소서. 오늘도 당신 앞에 한 그루 순명의 나무이고자 합니다. 다시 크는 나무이고자 합니다.

*

이 가을, 나는 하늘 저 꼭대기로 올라가 우리 집의 큰 대추나무, 밤나무, 감나무를 흔들어대는 바람이 되고 싶다. 슬픈 사람들을 위로하고, 쓸쓸한 사람들을 달래주는 넉넉한 따뜻함은 지니지 못했어도 그들에게 가만가만 하느님의 음성을 들려주고픈 조용한 바람이라도 되고 싶다.

*

종종 아름다운 것들을 만나면 아주 작은 것일지라도 눈물이 난다. 강의가 하느님 중심적인 것일 때도 그렇고, 사랑에 대한 어떤 이야기가 감동적일 때도 그렇고, 또 하느님과 이웃을 위해 아낌없이 자신을 내어놓은 이의 삶을 대할 때도 그러하다. 오늘 점심 식사 후엔 혼자서 천천히 밖의 정원을 거닐었다. 수많은 히말라야송들 중에 꼭 한 그루가 열매를 맺는데 큰 열매가 바람에 놀라 땅에 떨어져 누운 모습은 꼭 장미 모양을 이루고 있어서 보는 이마다 신기해한다. 우리 방에서 내다보이는 빈 밭에선 웬 작은 새 한 마리가 모이를 찾고 있었는데 꼬리가 길고 가슴빛이 노란 그 새가 얼마나 사랑스러웠는지……. 오늘 아침, '침묵'에 대해서 배웠기 때문인지 '침묵'이란 단어가 겨울의 빈 밭을 보며 제일 먼저 떠올랐다.

*

봉오리로 맺혀 있던 글라디올러스 꽃들이 활짝 문을 열고 일제히 피어났다. 봉오리로 아직 모습을 드러내지 않던 꽃들이 활짝 피어나 제 모습을 마음껏 보여주는 것은 다시금 신의 창조의 아름다움을 느끼게 한다. 하루 종일 꽃이 피는 과정만 묵상해도 즐거울 것 같은 마음.

*

산사山寺에서 저녁을 먹고 그곳 스님과 나를 안내해 준 L양과 달맞이꽃이 피는 모습을 지켜보았다. 바람결에 꽃잎이 차츰 벌어지는 모양, 꽃이 필 때 꽃받침대가 꽃을 받쳐주려고 꽃 밑으로 재빨리 질서 있게 내려앉는 모습은 참으로 아름답고 신비했다.

*

시원한 수국 꽃들이 하늘빛 웃음을 가득 머금고 있다. 내 마음도 둥글게 피어나는 듯하다. 아름다운 꽃, 여럿이 어울려 한 덩어리를 이룬 꽃잎들이 얼마나 신기한지. 수국을 주제로 시를 한 편 쓰고 싶다.

*

모처럼 환히 개인 날. 아침 식사 후엔 흰옷을 빨면서 바로 앞의 밤나무도 바라보고 새소리도 들었다. 어린 밤송이가 잔뜩 달려 있는 그 밤나무는 우리 식탁에서도 늘 바라볼 수 있어 정이 들었다. 모든 열매들이 어릴 때의 모습은 참으로 앙증맞다.

*

엉겅퀴와 강아지풀이 내 책상 위에서 웃고 있다. 산에 오르면서부터는 나뭇잎 한 장도 예사로 보이지 않는다. 산에서 종종 풀꽃을 따는 것은 매우 미안한 일이지만 그래도 방 안에서 숲을 느끼고 싶어 몇 개씩 따오기도 하는 내 마음을 그들도 이해해 주겠지? 오늘 새벽 산에서 마시는 바람의 맛이 얼마나 감미롭게 좋았는지.

*

풀잎이 숨을 쉰다.
나무가 숨을 쉰다.
내가 숨을 쉰다.

우리는 산에서 하나 되어
산과 크신 하느님을 사랑한다.
보이지 않게
그러나 가장 확실한 방법으로
숨쉬고 또 숨쉬는
푸름이여, 생명이여.

작년까지만 해도 몇 송이 안되던 백합들이 올해는 잔디밭 가장자리로 수백 송이의 꽃들을 피워내고 있다. 조용히 고개 숙인 꽃봉오리들은 그대로 기도하는 수도자의 겸허한 모습을 연상케 한다. 꽃이 핀 것도 있고, 입을 다문 것도 있는데 모두 다 아름답다. 마음이 착잡할 때 꽃을 바라보는 것은 기쁜 일이다. 꽃은 늘 침묵으로써 깊은 말을 전해 준다. 참을성, 개방성, 적응성에 대하여……. 〈1986〉

솔방울 예찬

 우리 수녀원 뒤에는 우리가 때때로 '명상의 숲길'이라고 이름을 붙이기도 하는 푸른 솔숲길이 있는데 그동안 우리와 함께 한 시간이 많아서인지 소나무들과도 정이 들어서 어디엘 멀리 다녀오기라도 하면 꼭 이 숲길부터 찾게 되곤 한다.
 지난 2년 동안 복잡한 서울에서 바삐 지내다가 달포 전에 다시 부산으로 내려온 이후 나는 거의 매일 한번씩은 이 솔숲길을 오르는데 유난히 깨끗하고 싱그러운 모습의 우리 소나무들은 저마다 내게 밀렸던 안부 인사라도 건네 오는 듯 정다운 느낌이 든다.

*

 숲길을 거닐다보면 늘 여기저기 흩어져 있는 솔방울들과 마주치게 되는데 나는 그냥 무심히 지나칠 수가 없어서 한참을 들여다보다가 그중의 한두 개는 꼭 방으로 들고 오게 된다. 그러다 보니 우리 방에는 지금도 수십개나 되는 솔방울들이 책상 위에, 서가 위에 수북이 쌓여 있다. 모양도 어떤 것은 동그스름하고 어떤 것은 약간 갸름한 편이다. 또 어떤 것은 알이 촘촘히 박혀 있고, 어떤 것은 아주 느슨하게 벌어져 있다.

어쩌다 전지剪枝를 하는 날, 소나무 잎들 사이에 솔방울이 곁들여 있는 가지들을 만나면 나는 여러 개 들고 와서 리본을 묶어 꽃다발 대신으로 병자 수녀님께 드리기도 한다.

*

새로운 솔방울을 하나씩 방 안에 들여놓을 때마다 나는 마치 우리 소나무 숲을 그대로 옮겨라도 오는 듯 기쁘고 풍요로운 마음이 된다. 바늘처럼 뾰족하고 가느다란 잎새들 밑에 그토록 단단하고 둥근 모양의 솔방울들이 붙어 있는 것이 늘 신기하고 사랑스럽다. 솔방울들이 때로는 금빛, 은빛으로 옷 입혀져 성탄장식용으로 쓰이기도 하지만 나에겐 아무래도 자연 그대로의 모습이 훨씬 더 정겹고 아름답게 보인다.

*

오늘도 솔숲길에 시처럼, 음악처럼 떨어져 누운 채로 나를 초대하는 솔방울들—'솔방울' '솔방울' 하고 마음속으로 거듭 뇌어 보면 그 어감 또한 얼마나 사랑스러운가. 내가 항상 좋아하는 솔방울과의 만남에서 얻어진 동시 한 편을 여기에 소개한다.

솔방울 이야기
1
뒷산에 오를 때마다
한두 개씩 보물을 줍듯
주워온 솔방울들이
수십 개 모여 있는 나의 방 안에서

그들의 산山 이야길 들으며
산을 생각하는
파아란 기쁨
모두 다 저마다의 이야길 지녀
생긴 모습도 조금씩 다른 걸까.

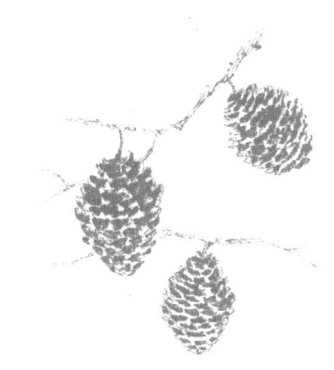

어느 날은 내게
숲속에서 만난
산꿩 가족의 정다운 모습과
도토리 줍는 다람쥐의
귀여운 몸짓을 이야기해 주고
또 어느 날은
내가 좋아하는
진달래나 철쭉꽃의 다른 점을
이야기해 주었지

2
책을 읽거나 글을 쓰다가
눈이 아플 때면
정든 친구 만나듯이
솔방울을 본다

몸이 아파 하루 종일
혼자 누워 있을 때도
솔방울들 때문에
심심하지 않았지
그들의 바다 이야길 들으며
바다를 생각하는
파아란 기쁨

어느 날은 내게
소나무 꼭대기에서 바라보았던
파도와 수평선과 갈매기의 모습을
한 폭의 그림 그리듯 이야기해 주고

또 어느 날은
바다에 펼쳐진
저녁 노을의 모습을
지는 해의 아름다움을
이야기해 주었지
내가 언제나 좋아하는
좋은 친구 솔방울들은
끝없이 이야기를 풀어내는
동그란 이야기 방울이지 〈1990〉

밭 가까이 살며

오늘은 아침식사를 끝내고 부랴부랴 밭에 나가 쑥갓꽃, 감자꽃, 그리고 주변에 있는 강아지풀, 토끼풀, 달개비꽃 등을 한 묶음 꺾어 들고 오랜만에 병실을 방문했다. 평소에 소박한 들꽃을 사랑하는 글라라 수녀님은 커다란 호박잎 한 개를 받침으로 깔고 작은 컵 위에 꽃꽂이를 하는 나에게 "오늘은 내 생일이나 마찬가지야" 하며 기뻐하셨다. "아아, 이 사랑스런 생명들. 말로는 표현을 못하겠어. 어쩌면 좋지?" 모든 아픔도 다 잊은듯이 그분의 감탄은 끝날 줄을 몰랐다.

"수녀님 오늘은 이 꽃들과 실컷 즐기세요" 라는 인사를 남기고 나는 또 십여 년을 병석에 계신 엘리사벳 수녀님께 꽃을 들고 갔다. 그랬더니 "난 이 나이가 되도록 감자꽃을 못 보았는데 어쩌면 이리 곱지? 이 도톰한 꽃술 모양 좀 봐" 하며 불편한 몸을 반쯤 일으키셨다. 진정으로 놀라워하시던 그분의 모습이 아직 눈에 선하다.

밭에서 얻은 조그만 꽃들 덕분에 나는 커다란 기쁨을 두 분 수녀님께 안겨드린 셈이다. 정원에 핀 장미, 글라디올러스, 수국, 달리아처럼 눈에 잘 띄는 여름 꽃들에게만 눈길을 돌렸던 게 후회스러울 만큼 노란 쑥갓꽃과 흰빛, 보랏빛의 감자꽃들은 소박하고도 독특한 아름다움을 풍겨주었다.

내가 밭 가까이에 살지 않았다면 이러한 꽃들의 아름다움을 미처 발견하지 못했을 것이라 생각하니 나의 방이 밭 바로 옆에 위치해 있는 것도 새삼 감사하였다.

사실 나는 바다가 잘 보이는 방에 사는 수녀님들을 은근히 부러워해서 가까운 길을 두고도 바다가 보이는 쪽 복도를 일부러 돌아 다닌 적도 꽤 많았다. 그쪽 방에 사는 수녀님들은 해 뜨는 바다, 해 지는 바다, 달빛이 넘실대는 바다의 아름다움을 내게 보여주고 싶어 했고, 방을 옮기는 게 어떻겠냐고 제의해 오기도 했다. 그러나 벌써 2년째 밭 가까이 살고 나니 어느새 그 밭과 정이 들어서 나는 더 이상 다른 수녀님들을 부러워하지 않게 되었다. 바다가 보고 싶을 때 옥상에 올라가 보는 것만으로도 만족할 수 있게 된 것이다.

바다도 아름답지만 밭도 아름답다. 바다는 멀리 있지만 밭은 가까이 있다. 바다는 물의 시詩지만 밭은 흙의 시詩이다. 비 온 뒤 밭에 나가면 발이 폭폭 빠지도록 젖어 있는 흙냄새가 눈물나도록 정다웠다. 흙은 늘 편안하고, 따스했다. 흙을 만지면 더없이 맑고 단순한 어린이의 마음이 되는 것 같았다.

밭에 줄지어 선 채소들은 모두 푸른 새 옷을 지어 입고 엄마를 부르며 노래하는 아이들의 모습 같았다. 나도 늘 밭처럼 살고 싶다는 소망을 새롭히며 어느 날 이렇게 읊어 보았다.

상추, 쑥갓, 파, 마늘

무, 배추, 당근, 오이
밭이 키워낸
싱싱한 아이들의 이름을
하나씩 불러보면
내 마음을 가득 채우는
새로움, 놀라움
고마움의 빛

나도 부드럽고 너그럽게 살고 싶네
따뜻하게 열려 있고 싶네
엄마 같은 밭처럼

― 나의 시 〈밭노래 1〉

    요즘도 새벽에 눈을 뜨면 창문을 활짝 열고 밭을 바라보는 것으로 나의 하루는 시작된다. 성당으로 향하기 전, 밭에 가득한 희망의 채소 가족들에게 아침 인사를 건네는 것은 나의 큰 기쁨이다. 하얀 나비떼가 날고, 때로는 새들과 꿩 일가족이 모이를 찾으려고 나들이 오기도 하는 우리 밭에선 계절마다 끊임없이 새로운 생명들이 태어나고 성장하며 필요한 양식을 제공한다. 우리 밭에서 키워낸 오이, 홍당무, 상추, 아욱 등을 먹을 때는 간절한 감사기도가 몇 번이고 절로 새어나왔다. 밭 가까이 살면서부터 나는 하늘을 더 자주 보게 되었다. 비가 안 와도 걱정, 너무 와도 걱정인 농부의 안타까운 마음을 좀더 깊이 헤아릴 줄도 알게 되었다. 자연의 섭리에 순응하

는 밭의 겸허함과 참을성, 인간의 노력에 정직하게 응답해 주는 그의 성실성과 개방성을 좀더 구체적으로 관찰하는 가운데 나의 삶도 구체적으로 풍요로워질 수 있기를 매일 기도한다.

늘 열려 있고, 무한한 가능성을 안고 누워 있는 밭. 그러나 누군가 씨를 뿌리지 않으면 그대로 죽어 있을 뿐 아무런 의미가 없는 밭. 매일 다시 시작하는 나의 삶도 어쩌면 새로운 밭과 같은 것이 아닐까.

밭에 씨를 뿌리는 마음으로 매일 살 수 있어야겠다. 매일이라는 나의 밭에 나는 내 생각과 말과 행동으로 여러 종류의 씨를 뿌리는 것이라는 생각이 든다. 유익한 명상의 씨를 더 많이 뿌리는 날도 있으리라. 아름다운 말의 씨를 뿌릴 때가 있는가 하면 가시 돋친 말의 씨를 뿌릴 때도 있으며, 봉사적인 행동으로 사랑의 씨를 뿌리는 날이 있는가 하면 이기적인 행동으로 무관심의 씨를 뿌린 채 하루를 마감하는 날도 있을 것이다. 내가 매일 어떤 씨를 뿌리느냐에 따라서 내 삶의 밭 모양도 달라지는 것일게다.

오늘 아침 미사 때에는 복음에서 '씨 뿌리는 사람의 비유'를 들었다. 어떤 사람이 씨앗을 뿌렸는데 어떤 것은 길바닥에 떨어져 밟히기만 했고, 어떤 것은 흙이 많지 않은 돌밭에 떨어져 말라버렸고, 또 어떤 것은 가시덤불 속에 떨어져 열매 맺지 못했고, 어떤 것은 좋은 땅에 떨어져 싹이 나고 잘 자라서 많은 열매를 맺었다는 이야기이다.

'씨가 좋은 땅에 떨어졌다는 것은 바르고 착한 마음으로 말씀을 듣고 간직하여 꾸준히 열매를 맺는 사람들을 두고 하는 말이다(루가 8, 15)' 라고 하신 예수님의 말씀이 오늘따라 더욱 새롭게 마음에 새겨진다.

그러고 보면 내 마음도 하나의 밭이다. 좋은 땅도 잘 가꾸어야만 더 좋은 땅이 되는 것처럼 내 마음 밭도 성실과 인내로 잘 일구어야만 진리를 깨우칠 수 있다. 좋은 땅은 기후의 악조건 속에서도 좋은 소출을 내주는 것처럼 나도 모진 시련을 이겨낼 수 있는 마음의 땅을 갈고 닦아야겠다. 신神의 말씀과 사랑, 그리고 이웃을 통해 뿌려지는 그분의 소중한 뜻이 내 마음의 밭에서 곱게 싹을 틔워 열매 맺을 수 있도록……. 〈1986〉

추억을 선물하는 여행길

며칠 간 다른 지역에 갔다가 다시 부산역에 도착해서 찝찔한 바다 내음을 맡으면 나그네가 고향에 온 듯 반가운 마음이 된다. 이번에도 여행을 다녀와서 나는 방문 온 벗과 함께 바다에 나가 오래오래 수평선을 바라보았다. 모래 위에서 노는 아이들과 그물을 깁는 아주머니들의 모습에서 파도처럼 살아 뛰는 생명의 맥박 소리를 들었다. '모든 강이 바다로 흘러드는데 바다는 넘치는 일이 없구나'라고 한 성서 구절도 바다에서 묵상하면 더욱 새롭다. 이제 나는 하루에도 몇 번씩 빛깔을 달리 하는 바다의 모습을 바다 없는 도시에 가서도 쉽게 상상할 수 있게 되었다.

대체로 한 달에 한 번꼴로 서울을 다녀오게 되는 나는 집 밖을 나서는 일이 왠지 불안하고 피곤하게 느껴지면서도 지금의 내가 수도원 밖의 세계를 경험할 수 있는 유일한 기회이기도 해서 오히려 다행으로 여기고 있다.

비록 달리는 차 안에서일지라도 여행은 자연과의 만남을 새롭게 해준다. 차창을 통해 계절 따라 변하는 산천의 모습을 마음껏 바라보며 명상에 잠기는 것은 즐거운 일이다. 봄에는 붉은 진달래로, 여름엔 짙푸른 신록으로,

가을엔 불타는 단풍으로 그리고 겨울엔 하얀 눈으로 뒤덮인 산을 바라보노라면 내가 살고 있는 이 땅이 하도 정답고 고맙게 느껴져서 눈시울이 뜨거워지곤 한다. 추수를 끝낸 들판과, 흰 새가 떼지어 나는 강을 보면 더없이 평온한 마음이 된다. 언제나 깊은 침묵 속에 아름다움을 드러내는 자연의 모습은 침묵에 소홀했던 나의 지난날을 반성하게 해주고 그동안 내가 써왔던 시들조차 새삼 부질없고 부끄럽게 느껴진다. 일부 상혼商魂에 의해 요즘 갖가지 모양으로 나의 시가 남용되는 현실을 생각하면 더욱 그러하다.

　어떤 종류의 것이든지 간에 여행은 낯선 사람들과의 만남을 통해 이 세상의 단면을 보고, 느끼고, 이해하게 해준다. 내가 입은 제복이 주는 거리감 때문인지 차 안에서도 아예 말 한마디 건네지 않는 동행자들이 있는가 하면 이것저것 호기심에 가득 찬 필요 이상의 질문들로 나를 피곤하게 만드는 이들도 있다. 그러므로 옆자리에 누가 앉느냐에 따라서 그날 여행의 분위기도 달라지는 셈이다. 초면인데도 불구하고 이런저런 세상 돌아가는 이야기, 가족관계에 얽힌 갈등과 고민을 솔직하게 털어놓는 분들도 있다. 이런 인연이 계기가 되어 수녀원까지 나를 찾아오는 아주머니도 있고, 편지 왕래를 하는 아가씨도 더러 있지만 때로는 다시 마주치고 싶지 않을 만큼 무례한 행동을 서슴지 않는 이들 또한 없지 않다. 수녀修女라는 신분에 대해서 사람들은 긍정적이든 부정적이든 저마다의 선입견을 나름대로 갖고 있는 듯하다. 매우 성스러워 보인다며 반쯤은 '천사' 취급을 하는가 하면 가련하게 실연당하거나 '별 볼일 없는' 인생 낙오자쯤으로 여기는 것 같은 연민의 눈길을 보내오기도 한다. 차 안에서 내가 들으라는 듯이 파계한

수녀가 주인공으로 나오는 영화 이야기를 일부러 큰 소리로 떠드는 젊은이들도 있다. 어느 땐 내가 외국인 같이 보이는 모양인지 영어로 말을 건네 웃음을 자아내는 일이 있고 또 때로는 당사자인 나를 전혀 눈치채지 못한 채 '이해인 수녀'의 근황을 물어오는 적도 있었다.

항상 남의 입장을 미리 헤아려 주고, 또 조금은 손해를 보더라도 참는 것이 당연한 것으로 되어 있는 나의 신분에 대한 체면 때문인지 아니면 나 자신의 옹골차지 못한 성격 때문인지 다니다 보면 바보처럼 속는 일도 여러 번 생긴다. 언젠가 한번은 서울에서 나와 동행한 친척 동생이 택시 기사에게 큰 돈을 미리 내고 내린 적이 있는데 막상 목적지에 도착하여 아직 절반도 더 남은 거스름돈을 받으려고 하니 먼저 내린 손님이 이미 잔돈을 받아 갔다며 하도 그럴싸하게 시치미를 떼는 바람에 얼떨결에 그냥 내리고 말았다. 좀더 다그쳐 묻지 못한 후회스러움과 더불어 그 후 며칠간은 불쾌한 마음을 내내 떨쳐버릴 수가 없었다.

내가 초등학교에 다니던 시절 한번은 길에서 불쑥 나타난 낯선 아이가 다짜고짜 내 가방 속에 있는 필통을 좀 보자고 하더니 나의 예쁜 자와 제 것을 바꾸자고 하면서 집에 가서 가져올 테니 기다리라고 하고는 감감 무소식이었다. 그건 내가 처음으로 체험했던 그 씁쓸한 슬픔의 맛이었다. 지금도 차 안에서 고학생이 껌이나 볼펜을 팔면 꼭 한두 개라도 사주고, 길에서 만난 초라한 차림의 어떤 사람이 차비나 점심 값이 없다고 애원을 하면 조금이라도 애긍哀矜을 하려고 애써온 나이지만 하도 여러 번 언짢은 일을 당하고 나니 사람을 쉽게 믿기가 어려워져서 이것이 종종 나를 슬프게 한다. 그래서 여행은 기쁜 일이든 슬픈 일이든 잊을 수 없는 추억을 각 사람에게 선물로 남겨 주나 보다. 특히 속임수에 관련되는 일들을 직접, 간접으로 체험할 때마다 내 기억 속에 생생히 떠오르는 두 얼굴이 있다. 벌써 오래 전 일이지만 내가 필리핀에 있을 때, 한번은 버스 여행 중에 휴게소에 내려 남들이 하는 것처럼 여유 있게 간식을 먹는데, 식당에서 먹는 게 부끄러워 그 근방의 아는 집에 들어갔다. 그런데 밖에 나와 보니 나와 동료수녀님만 남겨 놓고 차는 이미 떠난 뒤였다. 나는 큰 가방 한 개를 그대로 두고 내린 터여서 더욱 불안하고 초조했다. 다급한 김에 지나가는 어느 개인차를 불러 세우고 사정을 말했더니 그 주인은 마치 오래 전부터 잘 알던 친척 아저씨처럼 우리가 다음 버스로 목적지까지 갈 수 있게 만반의 배려를 다해주었다. 그리고 뒤늦게 바기오Baguio라는 도시에 도착하여 부랴부랴 먼저 탔던 버스를 찾아갔더니 그 버스의 차장인 청년이 나의 가방을 무슨 보물단지인양 끌어안고 앉아서 고맙다는 말을 거듭하는 나에게 마땅히 해야 할 바를 다했다는 듯이 환히 웃어주던 그 선량한 눈빛을 나는 오랜 세월이 지난 지금도 잊을 수가 없다. 길에서 무조건 손 흔드는 수녀들을 차에 태워 친절히 보살펴 준 그 중년 신사와 빈 버스 안에서 가방을 안고 있던 녹색 유니폼의 그 청년은 지금 어디서 무엇을 하고 있을까. 여행길에 나서면 더 자주 기억되는 그들에게 하느님의 축복을 비는 마음 가득하다. 앞으로도 나는 그들을 다시 만날 기회가 없겠지만 그들의 그 친절하고 따뜻하게 열린 마음을 본받아 나도 이웃의 필요에 구체적 도움을 줄 수 있는 여행자가 되어야겠다고 다시 한번 이 가을에 생각해 본다. 바다 가까이 사는 사람답게 바다처럼 넓게 열린 사랑의 마음을 지녀야겠다고. 〈1986〉

꽃씨
셋

그 사람의 향기

나이 들수록 시간이 어찌나 빨리 흘러가는지 때로는 초조한 마음이 되기도 하지만 아침에 눈을 뜨면 '새로운 선물'을 받은 기쁨으로 하루를 시작하곤 한다.

수도원에 오는 손님들에게 나는 글방 옆에 있는 역사 전시실을 자주 안내하곤 하는데, 특히 세상을 떠난 수녀들의 유품을 전시해둔 방에 가서 그들이 쓰던 묵주, 바늘쌈지, 기도수첩 등을 보여주면 다들 숙연한 표정이 된다. 살아서 이렇게 저렇게 나와 인연을 맺은 가족 친지들은 늘 기도와 사랑으로 나의 수도생활을 뒷받침해 준다.

이번 여름에 세상을 떠난 젊은 후배 수녀의 모습이 자꾸 생각나는 요즘 나는 '오늘을 마지막인듯이' 사는 법을 새롭게 연습하고 있는 중이다. 어쩌면 죽어서도 이어지는 인연의 고리를 소중히 여기며 언젠가 나의 어머니가 보내준 꽃씨들에서 피워낸 분꽃, 봉숭아꽃, 과꽃들이 가득한 나의 작은 꽃밭을 바라본다. 꽃밭 사이사이로 시간이 가고 또 오는 소리가 들린다.

수녀원 바깥 정원의 문과 층계

시간의 선물 1

내가 살아 있기에
새롭게 만나는 시간의 얼굴
오늘도 나와 함께 일어나
초록빛 새옷을 입고
활짝 웃고 있네요

하루를 시작하며
세수하는 나의 얼굴 위에도
아침 인사를 나누는
식구들의 목소리에도
길을 나서는
나의 신발 위에도
시간은 가만히 앉아
어서 사랑하라고 나를 재촉하네요

살아서 나를 따라오는 시간들이
이렇게 가슴 뛰는 선물임을 몰랐네요

작은 고모 이야기

내게는 칠순이 훨씬 넘은 두 분의 고모님이 계시다. 을미년에 태어나 '을희' 라는 이름을 가진 큰 고모님은 이십대에 혼자되시어 유복자로 태어났던 외아들 내외와 함께 사시고, 무오년에 태어나 무희라는 이름을 받은 작은 고모님은 열 평도 채 안되는 조그만 아파트에서 혼자 사신다. 그분들에겐 나까지 포함해서 친조카가 열네 명인데 가르멜 수녀원에 들어간 나의 언니와 나를 제외하곤 거의 다 결혼을 해서 스무 명의 조카손자, 손녀를 두셨으므로 어쩌다 두 분이 한자리에 모이면 화제의 대부분은 조카들에 대한 것이다. 아무개가 아무개를 닮았다느니, 어린 시절의 모습과 성격은 어떠했다느니를 비롯해서 마침내는 조카 예찬으로 끝나는 그 이야기들은 듣기만 해도 즐거웠다.

어떤 종류의 가족 모임이건 두 고모가 빠지면 서른 명이 넘는 조카 세대가 너도나도 서운해 할 만큼 그분들의 존재는 집안에 아늑함과 따스함을 더해 주는 온돌방과도 같았다. 특히 섬세하고 잔정이 많은 작은 고모는 아이 한 번 낳지 않고도 아이들 비위를 어찌나 잘 맞추는지 조카들의 집집마다 새로 태어나는 아기들의 뒷바라지를 '시간제 보모' 로서 기꺼이 맡아하곤 하셨다. 정든 고모할머니가 자리를 뜰라치면 아기들이 하도 야단스럽게 울어대는 바람에 그분은 늘 안 간다고 거짓말을 둘러대며 살짝 빠져나가시곤 했는데 그것이 또 마음에 걸려 즉시 아기의 집으로 전화를 걸면, 아기 엄마는 엄마대로 '고모가 너무 받자만 해주어 내 아이 버릇을 잘못 들이잖아요' 라고 볼멘소리 하는 것을 나는 여러 번 들었다. 외할머니, 친할머니 외에도 또 다른 할머니가 계시다는 설명을 대충 알아들은 어떤 꼬마가 그분을 '또할머니' 라고 부른 것이 계기가 되어 계속 '또할머니' 라는 별칭이 따라다니는 나의 작은 고모님, 두 번이나 어느 수녀원에 들어갔다가 뜻을 이루지 못하고 아흔 살이 넘어서 돌아가신 나의 조부님을 오랫동안 모시고 사셨던 고모님, 한국전쟁 후의 어려운 피난 시절에도 그분은 우리와 함께 사셨는데 내가 일곱 살 되던 해 추석에 하얀 인조 섬유에 붉은 물감을 곱게 들여 치마저고리를 만들어 주시던 그 정성이 지금도 잊히지 않는다. 반찬이 귀했던 때에도 특이한 솜씨로 만들어 주시던 비빔밥, 재미있는 옛날이야기 등은 나의 어머니를 앞질러 늘 고모의 몫이었다.

 우리가 부산에서 서울로 다시 올라온 뒤 고모는 몇 년 동안 부산의 어느 성당에서 친구와 함께 전교 회장을 하셨는데 나와 내 동생은 그분이 기차 타고 서울에 오시는 날을 손꼽아 기다리곤 했다. 그 당시 많지도 않은 월급을 쪼개어 고모가 우리에게 사다 주던 예쁜 옷, 운동화, 학용품 등은 얼마나 설레는 기쁨의 선물이었는지, 단순하고 순수하지만 꼬장꼬장하고 직선적인 일면도 있어서 때로는 친지들로부터 "혼자 사니까 그렇지" 하는 핀잔을 받기도 하신 고모님, 혼자 살 필요가 없는데도 끝내 동정녀로 살기를 고집했다 하여 '자존심 강한 여자' 로 여김 받으면서도 혼자의 삶을 당연한 몫으로 받아들이고 만족해 하시는 고모님.

검박하다 못해 초라하기까지 한 그분의 방을 방문할 기회가 있었을 때, 그래도 가장 기본적인 것들은 갖추어 놓고 사시라고 했더니 어차피 이 세상을 떠날 때는 두고 갈 물건들을 이것저것 복잡하게 들여놓고 싶지 않고 가장 적은 것으로도 흡족하다고 하셨다. "저 작은 옷장도 네 엄마가 쓰던 것을 하도 가져가라기에 갖다 놓긴 했지만……" 하고 웃으시던 고모는 어느 날 내가 들고 간 내의 한 벌도 수녀에게 더 필요한 것이라며 극구 사양하셨다.

그토록 애정과 관심을 쏟았던 조카들도 이젠 다 커버리고, 각자가 사는 일에 바빠 왕래가 뜸해지니 조금은 서운하고 쓸쓸해하실 고모님. 돌아가신 후를 생각해서라도 친자식 하나쯤은 두도록 진작 결혼을 했어야 옳았다는 식으로 누군가가 말을 하면 이내 정색을 하시고, '나에겐 처음부터 하느님이 전부였어. 첫사랑을 두고 마음이 갈리우고 싶진 않았거든' 하시며 어느 수도자 못지않게 맑고 어진 극기와 인내의 삶을 살아오신 고모님이시다.

이제 작은 고모의 머리는 완전히 백발이 되었지만 마음은 아직 소녀 같아 그분이 바치는 기도 또한 맑고 청순할 것이라는 생각이 든다. 그 기도 속에 나도 자주 기억될 것이라고 생각하니 기쁘고 든든하다. 며칠 전에 나는 어머니의 오래된 편지 묶음을 성리하나가 달필로 써 내려간 고모의 편지 한 통을 발견하고 매우 반가웠다.

'펜을 들어 본 지도 몇 년이 되었는지 까마득하지만 귀하고 귀한 우리 클라우디아 수녀이기에 펜을 들었지. 우리 서울은 올 들어 눈이 두어 번 왔단다. 그곳은 하절뿐이라니 얼마나 싫증이 나며 희생이 많겠느냐. 하지만 주 안에서의 생활이라 별일도 아니겠지. 이곳은 할아버님 뫼시고 여러 댁 가족들도 별고 없으니 안심하여라. 네 편지 받으시고 많이 기뻐하시더라. 너를 다시 보게 될는지, 하도 오래 사시니깐 증손을 본다 하시며 웃으신단다. 나도 사흘이 멀다 하고 쌍둥이 보러 온단다. 2개월쯤 되니까 방글방글 웃으며 옹알이도 하는구나. 꼭 오라비 닮았어. 너도 닮고―아주 귀여워. 뚱보가 된 오라비는 주일이면 등산을 간단다. 나는 오늘 신세계에서 노트 몇 권 사 가지고 왔고, 엄마가 보내준다 했으니 두 분 수녀님 쓰세요. 네 동생은 지금 머리를 감고 이불 속으로 기어들며 언니한테 편지도 못 한다고 하는구나. 가뜩이나 잘 쓰는 글씨를 배를 깔고 누워서 쓰니 엉망이구만. 할 말은 많은 것 같은데 다음으로 미루고 오늘은 이만 안녕할까. 1970. 12. 13. 고모서.'

이것은 지금부터 20년 전 겨울, 내가 필리핀에서 수학할 때 어머니의 편지 속에 동봉했던 고모의 글인데 다시 읽으니 코끝이 찡해온다. 세월이 흘러 편지 속의 조부님은 내가 귀국하기 몇 달 전에 돌아가셨고, 오빠네 아이들인 쌍둥이 조카들은 어느새 졸업을 앞둔 여대생이 되었고, 나의 여동생은 두 아이의 엄마가 되었다.

조카들에 대한 사랑이 물씬 풍기는 이 편지를 읽고 나서 나는 오랜만에 서울로 전화를 걸어, "갑자기 고모가 보고 싶어 전화했어요" 했더니, "그래? 이 잘난 고모를" 하며 반가워하셨다. "고모, 꼭 오래 사셔야 돼요" 하니 "응, 고마워, 허지만 이제 살 만큼은 살았다고 생각해. 그분이 부르실 땐 미련 없이 떠나야지 뭐" 하셨다. 어쨌거나 가을 들녘의 들국화 같은 삶을 살아오신 고모가 안 계신 세상은 미리 상상해 보는 것만으로도 눈물이 핑 돈다. 쌍둥이를 포함한 오빠네 네 아이들로부터 '작은 고모' 소리를 듣는 나는 나의 작은 고모님처럼 사랑 많은 고모가 되기엔 부족함을 느끼지만 그래도 비슷하게나마 되고 싶은 마음이다. 그래서 '우리에게 곱고 아름다운 것은 무엇이나 보내주셨고, 축하받을 일이면 언제나 고모님의 카드가 일착이었음을 탄생에서 지금까지 감사드려요'라고 표현한 그 애들의 카드 속의 말이 진실일 수 있도록 앞으로도 한결같이 사랑하고 사랑받는 고모가 되고 싶다. 어느 날 함께 길을 걷다가 문득 내 옆에 와서 팔짱을 끼며 고모를 기리는 '고모 song(노래)'을 만들어 부르고 싶다던 조카 진이의 말을 기억하며 나도 작은 고모가 된 기쁨을 새삼 고마워한다. 〈1992〉

어머니의 꽃편지

얼마 전에 팔순을 맞으신 나의 어머니는 외모도, 마음도, 목소리도 모두 연세보다 젊으셔서 다들 놀라는데 요즘은 엷은 화장에 밝은 색 옷을 즐겨 입으시고 전에는 망설였던 화려한 장신구 사용도 서슴지 않으신다. 하루의 일과는 꼭 한 잔의 커피로 시작하시고, 맥주도 좋아하시며, 성당 모임에 활발히 참석하시는 신식 할머니지만 또한 꽃밭을 가꾸시고, 장독대를 손질하시며, 뜨개질을 하거나 꽃 골무를 깁는 조용한 멋도 잃지 않으신다.

어쩌다 내가 산이 가까운 우이동 집의 어머니를 방문하게 되면 "수녀가 준 꽃씨들을 뿌려서 피운 꽃을 볼래?" 하시며 꽃밭에서 한껏 꽃자랑을 하시는 그 모습이 꽃처럼 환하시다. "자고 가는 줄 알고 새 이부자리를 준비했는데 오늘도 그냥 갈 거야?" 하시며 아쉬움을 감추지 못하시는 어머니를 대할 때마다 "마음은 안 그렇다면서도 수녀들은 왜 그리 가족들에게 쌀쌀맞은지 모르겠어. 하긴 결혼을 안 했으니 어머니의 그 마음을 깊이 헤아릴 순 없을 거야" 하며 내게 나무라듯 얘기하던 어느 선배 시인의 말이 생각나 공연히 켕기는 마음이 되곤 한다.

십자가, 성경책 등으로 작은 성당이나 기도실처럼 꾸며놓은 어머니의 방에는 우리 수녀원의 솔방울도 몇 개 놓여 있고, 언니 수녀와 내가 함께 찍은 사진도 걸려 있다. 어느새 50이 넘은 외아들을 낳았을 때 남편이 기념으로 사다준 손재봉틀이 있어 때로는 가슴 아픈 추억이 살아오는 방, 한국전쟁 때 납치되어 생사도 모르는 남편을 그리며 어머니는 어느 날 그 재봉틀과 나이가 똑같은 아들과 함께 울음을 터뜨리기도 하셨다고 한다.

서른아홉에 혼자되시어 우리 4남매 뒷바라지 하시느라 고생이 많으셨던 어머니는 이제 많은 사람들에게 기도의 보물창고가 되어주신다. 네 명의 자녀와 여섯 명의 손자 손녀, 그리고 하나뿐인 사위와 며느리는 어머니 기도의 은혜를 가장 많이 입었으리라. 20대의 새댁 시절에 세례를 받은 어머니는 세상에 수녀원이란 곳이 있는 줄 알았으면 진작 수녀가 되었을 것이라고 말씀하곤 하셨는데 그럴 때마다 우리는 더 많은 이에게 사랑과 기도로 봉사하는 어머니의 좋은 몫을 상기시켜 드리곤 하였다.

비교적 부유했으나 완고한 집안에 태어나 하고 싶은 공부를 제대로 못하신 어머니지만 거의 틀리지 않는 맞춤법에 달필로 쓴 편지들은 문학적으로도 손색이 없다. 어머니의 글에서는 늘 꽃향기가 난다. 치자꽃, 분꽃, 국화, 코스모스 등 각종의 꽃잎들과 단풍잎들이 들어 있고 새로 나온 우표들과 그림엽서들이 보너스로 들어 있기도 한 어머니의 편지들은 우리에게 늘 귀한 선물이 아닐 수 없다. 어머니만의 비밀노트에 틈틈이 적어놓으신 글들이 있음을 알게 되어 우리 형제들은 뜻을 합해 어머니의 조촐한 글 모음집을 팔순기념으로 엮어드리게 되었다. 처음엔 매우 부끄러워 하시던 어머니도 막상 책이 나오자 기쁨을 감추지 못하셨고, 이 일로 평생 처음 신문에도 몇 번 나셨다.

'…요즘도 얼마나 극복의 생활을 하고 있을까? 그 모습이 눈에 선하고 시시로 마음이 쓰이는군. 재주덩어리 자식들 덕분에 엄청난 선물을 받고 보니 은혜의 눈물을 감출 수가 없어. 감히 상상조차 못한 일인데 말이지. …지식이나 두뇌는 남의 것을 빌릴 수 있어도 건강은 남의 것을 빌릴 수 없다는 명언처럼 내가 젊게 사는 것 또한 은총인 것 같아…'.

얇게 빛이 바랜 분홍빛 분꽃잎이 살짝 붙어 있는 며칠 전의 어머니 편지를 읽으니, '이 지상에서 언젠가는 어머니의 편지가 끊길 날이 있으리라 생각만 해도 눈물이 난다'는 언니의 말이 떠올라 나도 모르게 눈물이 핑 돈다. 당신이 사랑하시는 손녀들의 글에서 '봉숭아꽃 학교의 교장선생님' '팔순의 소녀' '멋쟁이' '시계 바늘 같은 분' 이라는 별칭으로 표현되신 어머니. 성당의 모임에선 꼭 개근상을 타실 만큼 부지런하시고, 수녀인 딸들보다 더 열심인 '수녀'로 오늘을 살아가시는 어머니께 나도 분꽃 빛깔의 동심을 접어 편지를 쓰며 어머니의 시 〈우리 집 돗나물〉 한 편을 읽어 본다.

춘하추동 긴긴 날을
손길 한번 안 스쳐도
기특하고 기특하다

시름시름 앓다가도

스스로 생기 찾아
파릇파릇 여기저기

싹이 돋나 싶었더니
어느새 노란꽃

꽃피었다 싶었더니
덩굴로 뻗어나네

우리 집 뜨락에서
10년 넘게 같이 사는
우리 식구 돗나물

〈1993〉

산으로 솟고 강으로 흐르는 그리움

40년이 넘도록 산으로 솟고 강으로 흐르는 겨레의 아픔과 이산가족들의 절절한 그리움은 누가 달래줄 수 있을까? 지난해 6월, 내가 상상만 하던 백두산과 두만강을 실제로 가보았을 때는 누가 뭐라고 하지 않아도 처음부터 가슴이 미어지고 눈물이 났다. 오래 전에 통일전망대나 임진각에 갔을 때와는 또 다른 느낌이었다. 민족통일에 대한 염원이 더 뜨거워진 것도 사실이지만 개인적으로는 그동안 세월 속에 묻어두었던 나의 아버지에 대한 그리움이 더욱 새삼스럽고 구체적으로 출렁여온다고 할까.

1950년 9월, 시골 숙부님 댁에 다녀오시다가 그 길로 납치당하신 걸로 추측되는 아버지의 생사生死 여부를 전혀 알 길이 없으면서도 어머니를 비롯한 우리 가족 모두는 그분이 이 세상 어딘가에 살아 계시길 바라는 실낱같은 희망을 버리지 않고 살아왔다. 가끔 신문을 통해서 수십 년 만에 서로의 소식을 알게 되는 가족들의 이야기를 읽으면 어느 날 문득 우리 아버지도 기적처럼 가족들 앞에 나타나는 꿈을 꾸게 된다. 나도 요즘은 가족들과 함께 찍은 아버지의 옛 사진을 들여다보며 꼭 살아계신 분을 대하듯 말을 건네 보기도 한다. 서른아홉 살의 아내와 열아홉 살, 열네 살, 여섯 살, 두

살짜리 4남매와 예고도 없이 헤어지셔야 했던 아버지는 정말 어떻게 되셨을까? 생각할수록 답답하고 궁금하기 그지없다. 유난히 정이 많고 부드러운 성품을 지니신 아버지가 퇴근하실 무렵이면 나는 으레 집 밖에 나가 기다림에 서성이곤 했다. 그분이 천천히 올라오시던 서울 청파동 집의 층계, 내 조그만 손을 잡으실 때의 그 깊은 눈길과 다정한 웃음이 아직도 눈에 선하다. 얼마 전에 나는 그분을 그리워하는 40년 전의 아이가 되어 다음과 같은 동심의 시를 읊어 보았다.

　내가 여섯 살 때 이북으로 끌려가신 아버지
　처음으로 내게 노래를 가르쳐주신 아버지를
　백두산 꼭대기에 올라
　처음으로 크게 불러본다

40년 만에 처음으로 불러본다

하늘나라에 계세요? 땅 위에 계세요?

가족과 헤어진 후

한번도 소식을 들을 수 없던 보고 싶은 아버지

아버지의 모습이 오늘은 백두산으로 솟는다

간절한 기도를 바쳐도

통일의 노래를 불러봐도

대답은 들리지 않고 바람소리만 가득할 뿐

하늘과 호수만 너무 맑고 푸를 뿐

나는 서둘러 산을 내려온다

묻어둔 그리움이 화산火山으로 폭발할 것 같아

나는 울지도 못하고 산을 내려온다.

여행길에 비가 많이 와서 비옷을 입고, 우산을 쓰고 젖은 마음으로 바라보았던 두만강, 비를 맞고 황토빛으로 일어서던 두만강가에서, 동행했던 노老수녀님은 몇 분 동안 40여 년 전 행상인 차림으로 변장하고 그 강을 건너 남하하던 시절을 떠올리며 깊은 감회의 눈물을 흘리기도 했다. 그날의 두만강은 내게 다음과 같은 노래 하나를 안겨주었다.

살아갈수록 우리 이야기는 강이 되고

강은 흐를수록 말이 없네

오늘은 비를 맞고

가슴을 풀어헤친 겨레의 강

하나 되지 못한 우리의 아픔을

대신 울어주다

시퍼렇게 멍이 든 기다림의 강이여

언젠가는 모든 이와

손잡고 일어설 꿈과 희망을

굽이치는 물살로 노래하는 강

사랑하면서도 헤어져 사는 이들의

깊어 가는 한숨을 귀담아듣다

자꾸만 목이 메는 강

오늘도 흐르는 어머니로

다시 태어나는 그리움의 강이여

푸른 하늘과 맞닿을 듯한 신령한 아름다움의 백두산 위에서도, 큰 비로 불어나던 두만강가에서도 나는 한恨과 슬픔에 젖은 수많은 이산가족들의 흐느낌을 듣는 듯했다.

모쪼록 우리나라의 남북대화가 잘 진행되어 아직은 더 오래 기다려야 할 통일에 앞서 한 사람이라도 더 헤어진 가족들의 소식을 생전生前에 알 수 있고 만날 수 있는 기쁨의 날이 올 수 있길 간절히 기도한다. 남북통일 지향으로 수녀원에서 계속 중인 주기적인 단식과 밤 기도에도 더 열심히 참배해야겠다. 언젠가는 꼭 통일이 이루어져 산으로 솟고 강으로 흐르는 우리의 그리움이 더 이상 큰 아픔이 되지 않는 날을 기다려본다. ⟨1993⟩

낙엽은 나에게

늦가을, 산 위에 올라
떨어지는 나뭇잎들을 바라봅니다
깊이 사랑할수록
죽음 또한 아름다운 것이라고
노래하며 사라지는 나뭇잎들
춤추며 사라지는 무희舞姬들의
마지막 공연을 보듯이
조금은 서운한 마음으로
떨어지는 나뭇잎들을 바라봅니다
매일 조금씩 떨어져나가는
나의 시간들을 지켜보듯이
　—나의 시 〈가을편지〉에서

　며칠 전엔 꽤 오랜만에 산에 올라 큰 바위 꼭대기에 앉아 바람에 불려 떨어지는 수많은 나뭇잎들을 바라보는 명상의 시간들을 가졌었다. 무에 그리 바쁜지 계절따라 변하는 자연의 모습을 좀더 깊이 마음에 새겨두지 못한 채 이내 다른 일에 몰두해야 하는 것이 새삼 안타깝게 느껴졌다.

11월은 교회력敎會曆에 따라 죽은 이들을 기억하는 위령성월慰靈聖月이므로 어느 때보다도 자주 묘지 방문을 한다. 우리 수녀원 묘지엔 지금 열 분의 수녀님들이 누워 계시는데 어떤 분은 병으로, 어떤 분은 불의의 사고로 세상을 떠나셨다. 들꽃으로 장식된 조그만 비석에는 고인故人들의 출생일, 서원일誓願日, 임종일이 새겨져 있다. 뒷산 묘지를 방문할 때마다 '나도 언젠가는 땅속에 묻히게 되겠구나' 하는 느낌이 더욱 절실해진다.

해마다 가을이면 나는 묘지 주변의 고운 낙엽들을 주워다 그 위에 짧은 시詩나 성구聖句를 써서 카드를 만들기도 하고, 수업시간에도 낙엽을 소재로 카드나 책갈피나 편지지를 만들어 오라는 숙제를 내준다. 이러한 나를 누가 소녀 취향적인 취미라고 웃을지는 몰라도 내겐 한 장의 낙엽도 소중한 묵상 자료가 되어주기에 내가 지닌 시집들 속엔 갖가지 모양의 낙엽들이 수두룩하다.

낙엽은 나에게 살아 있는 고마움을 새롭게 해주고, 주어진 시간들을 얼마나 알뜰하게 써야 할지 깨우쳐준다. 같은 분량의 시간인데도 어느 날은 하찮은 일조차 사랑으로 했다는 생각이 들 만큼 알차게 시간을 보냈는가 하면 또 어느 날은 하루 종일 무얼 했나 싶을 만큼 의미 없는 시간을 보냈다는 자책감에 휩싸일 때도 있다. 큰 병도 없이 시름시름 앓아눕던 시간들, 피곤한 것을 핑계삼아 중요한 기도의 일과에 소홀했던 시간들, 쓸데없는 말을 하거나 남을 미워하고, 원망했던 시간들이 너무 아까워서 잠을 설치며 조바심 칠 때가 많았건만 여전히 나는 실패를 거듭하니 딱한 노릇이다.

연탄가스 중독으로 전신이 마비되어 13년째 누워 지내면서도 겨우 움직일 수 있는 세 개의 손가락으로 점역點譯에 몰두하여 맹인盲人들에게 도움이 되어주는 임종욱이란 청년의 그 시간 시간들, 극심한 불구의 처지에 있으면서도 밝은 모습으로 시를 쓰고, 그림을 그리고, 수를 놓고, 뜨개질을 하며 기도생활 또한 철저히 하는 서정슬과 김소령이란 처녀들을 생각하면 나는 더욱 부끄러운 마음이 된다. 온몸이 성한 사람으로서 나태의 늪에 빠져 시간을 낭비한다면 참으로 죄스러운 일임을 나는 이들의 정성어린 편지를 받을 때마다 거듭 절감하게 된다.

낙엽은 나에게 날마다 죽음을 예비하며 살라고 넌지시 일러준다. 매일 잠자리에 들 때면 나는 죽음의 예행연습이라 생각하고 감사의 기도와 함께 눈을 감는다. 그러면 근심 걱정으로 복잡했던 마음도 단순해지고, 맑고 평온하게 가라앉는다. 이승의 큰 가지 끝에서 내가 한창 낙엽으로 떨어져 누울 날은 언제일까 헤아려보며 나의 물건이며 대인관계 등 아직 정리되지 못한 부분들을 성찰해 본다.

항상 죽음을 준비하며 사는 이의 모습은 눈물겹도록 아름답다. 몇 달 전에 아직은 건강한 편이신 나의 노모老母를 방문했을 때 그분은 문득 "애, 내가 죽으면 애들이 갑자기 당황할까 봐 우선 시신을 덮을 홑이불과 잘 드는 가위 하나 준비했단다. 다들 알아서 잘해 줄 테지만 그래도……" 하시며 쓸쓸히 웃으시는데 가슴이 찡했다. 성서와 묵주를 잠시도 놓지 않으시며 오직 기도에만 전념하시는 그분의 모습이 눈에 선할 때면 틈틈이 내게 보내주신 털옷, 꽃 골무, 편지, 낙엽들이 더욱 정겹고 소중하다.

우리 수녀원엔 종종 나의 노모를 연상케 하는 팔순의 수녀님이 한 분 계신데 한번은 내가 밤에 우연히 그 방에 들어갔더니 환풍기 돌아가는 소리에 그것 좀 꺼줄 사람을 보내달라고 성모님께 기도하시는 중에 내가 들어왔노라며 반색을 하셨다.

60년 가까이 수도생활을 하신 그분의 모습에선 늘 청빈淸貧의 나무 향기가 난다. 어린 시절 부친이 선물로 준 낡은 나무묵주와 기도서 외엔 지닌 것이 없는 요세파 수녀님은 자신을 '오직 하느님만 믿고 바라는 그러나 이젠 걷지도 못하는 바보'라고 표현하신다.

수십 년 동안 주로 집안일이나 농장일을 맡아했으나 늘 기쁨과 충성으로 임했고, 살아오면서 불평이나 험담을 안 하려고 최대한 노력하다 보니 침묵과 절친한 사이가 됐노라고 스스로 고백하시는 그분에게서 나는 성자聖者의 모습을 본다. 손녀뻘이나 되는 까마득한 후배에게도 늘 먼저 인사하시며 깍듯이 존칭어를 쓰시는 그분의 겸손은 변함이 없으시다.

우리 주변에서 일어나는 우울한 사건들을 얘기하며 기도를 부탁하면 이내 눈물을 글썽이시는 수녀님은 누가 소식을 전한 바 없는데도 요즘은 북한 땅의 억압받고 있는 우리 동포들을 위한 기도를 자주 바친다고 말씀하신다. 때로는 조금 불안해하시며 누군가 옆에 있어주길 바라는 눈치여서 들어가면 미안한듯이 빨리 일터에 나가보라고 우리를 앞질러 염려하시는 수녀님, 간혹 정신이 흐려질 때도 있으시고 어린 수녀들의 이름을 못 외우는 게 딱하지만 이젠 정말 어쩔 수가 없노라며 어질게 웃으시는 수녀님은 사람을 나무에 비유하곤 하신다. 당신의 거친 손을 꼭 나무껍질 같다고 하시는 그분도 이제 얼마 안 남은 이승에서의 마지막 시간들을 순명順命의 수도자답게, 그러나 아프고 고독하게 정리하고 계실 것이다. 나는 오늘 그분께 빨간 단풍나무 한 가지를 갖다드렸다. 그분이 걸어오신 삶의 빛깔과 모양이 왠지 조용히 불타는 단풍 한 그루 나무처럼 느껴졌기 때문이다.

나의 어머니나 요세파 수녀님처럼 나도 늘 단순하고 겸허한 자세로 오늘을 살고 또 마지막 날을 예비해야겠다. 가을바람에 떨어지는 나뭇잎처럼 내 삶의 나무에서 날마다 조금씩 떨어져나가는 나의 시간들을 좀더 의식하고 살아야겠다.

〈페이터의 산문〉에 인용된 호머Homer의 시구詩句를 떠올리며 내가 주운 한 장 낙엽을 찬찬히 들여다본다.

'사람은 나뭇잎과도 흡사한 것. 가을바람이 땅에 낡은 잎을 뿌리면 봄은 다시 새로운 잎으로 숲을 덮는다.' 〈1986〉

수첩 속의 향기

몇 년 동안 벼르기만 하던 수첩 정리를 올해는 꼭 해야겠다고 다짐하던 차에 내 마음에 꼭 드는 수첩을 선물 받게 되어 당장 정리를 끝냈다.

옛날보다는 덜해진 셈이지만 수녀원에서의 수첩 사용은 매우 의미가 있고 중요해서 입회하면 으레 조그만 수첩부터 받았고, 헝겊으로 표지를 꾸미는 등 정성껏 만든 것이 많았다. 그 안엔 단체로 외우는 공적인 기도문 외에도 성찰 내용, 개인의 단상, 일기, 필요한 연락처와 해야 할 일들을 적어두는 등 다목적으로 쓰일 때가 많다. 그래서 수첩은 어디엘 가나 들고 다니는 우리의 가장 정다운 친구이다.

*

오늘은 문득 생각이 나서 내가 유품 정리를 한 적이 있는 선배 수녀님들의 낡은 수첩 몇 개를 들고 와서 촛불을 밝혀놓고 읽기 시작했다. 사람은 가도 수첩은 남아 오롯하고 성실한 봉헌의 삶을 살고자 애썼던 '수도자들의 향기'가 진하게 느껴져 단편적으로나마 몇 줄씩 소개하고 싶다.

*

매우 슬기롭고 유머 감각이 빼어났던 Y수녀님은 1972년 11월, 당신이 사랑하던 농장에서 연탄가스 사고로 별세하셨는데 어느 날 애써 가꾼 참외를 닭이 쪼아버렸을 때의 심정을 이렇게 적어놓으셨다.

첫 봄부터 손주어 가꾼 참외폭
잎이 돋고 꽃 피어 아롱지게도
눈마다 오랭조랭 웃음짓더니
짓궂은 선머슴닭 심술을 피워
애꿎은 참외 쪼아 살생하다니
맞이다리 장손이는 배가 터져서
몇 날 못 산 이 세상을 가버렸어요
닭의 목을 자를까나 참일 뽑을까
순간적 어리석은 마음의 투쟁
아픈 가슴 남몰래 고이 간직코
지는 한숨 서리서리 걷어사린 뒤
참외넝쿨 바라보며 시름만 짓죠.

이 글을 읽으면 우리가 다니러갈 때마다 옥수수, 감자, 과일을 푸짐히 내오며 즐거워하시던 수녀님의 밝고 이진 웃음소리가 금방이라도 들려오는 것만 같다.

*

꽃을 유난히 좋아했던 원예담당의 R수녀님은 1983년 4월, 꽃들의 향기 속에 심장질환으로 세상을 뜨셨는데 그의 수첩엔 시적詩的인 짧은 기도들로 가득하다. '내 심장의 마지막 고동이 가장 완전한 사랑의 기도문이 되게 하소서' '내 마음에 드는 사물을 볼 때면 신이 난다 신이 나. 내 영혼아, 너도 하느님의 뜻에 맞는 거룩한 영혼이 되어라' 등등 꽃에 대한 감상, 서원하는 수녀들을 기리는 축시들이 군데군데 적혀 있다.

*

우리 수녀회의 첫 수녀로서 1984년 12월에 노환으로 별세하신 인자한 모습의 G수녀님의 수첩엔 각종 기도문 외에 수녀원 대지와 건평수, 수녀들의 구내 전화번호, MBC-11번, KBS-9번이라고 텔레비전의 채널 번호까지도 수첩 뒷면에 적혀 있었다. 제법 큰 공동체의 원장을 지낸 적이 있는 그분의 수첩엔 수녀들의 성찰 항목으로, '매일의 생활에서 나는 부차적인 것을 더 중요시하지 않았는가?' '나는 하느님의 호의보다 사람들로부터의 칭송 듣기를 더 좋아하진 않았는가?' '영적으로 지능적으로 내가 남보다 낫다고 잘난 척한 적은 없었는가?' '수도자 신분에 부끄러운 사치스런 것을 원한 적은 없었는가?' '실수나 잘못을 범했을 때 겸손되이 인식하고 용서를 청했는가?' '시간을 충실히 사용했는가?' 등등 40여 가지나 되는 항목들을 적어놓은 것이 새삼 눈길을 끈다.

*

1990년 5월, 암으로 돌아가시며 안구를 기증하기도 했던 E수녀님의 주머니용 수첩에는 '우덕'이란 이름을 지닌 수녀원의 소가 팔려가던 날의 슬픈 심정을 주님께 하소연하며 붉은 글씨로 적어놓은 것도 있고, 소임이 이동된 연월일, 신학용어 풀이, '수렴의 시작은 문을 조용히 열고 닫음으로부터 시작된다. …바쁜 날일수록 문을 수없이 여닫게 되니 얼마나 많은 화

살기도를 드리게 되는지 아느냐?' 하는 식의 결심 내용, 고운 시들이 적혀 있다.

'기증해야 할 안구이기에 눈을 더 깨끗이 보존해야 한다'며 고통 중에도 각별히 눈에 신경을 쓰셨던 수녀님의 장례미사에서 내가 대신 읽어드린 그분의 시를 수첩 속에서 다시 발견하고 기쁜 마음이다.

님은 고우시고 고요하시기에
곱게 조용히 단장한 규수만을 찾으시옵니다
님께 바친 이 몸
님의 뜻대로 살기 위해
골백번 죽어 묵묵하렵니다
님을 사랑하고 그리워하는 애정까지
묵묵히 희생할 것이옵니다.

〈1993〉

겸허함의 향기로

오늘 오후 우편물을 가지러 아래층에 내려갔다가 하도 은은하고 아름다운 향기가 걸음을 멈추게 해서 살펴보았더니 갓 피어난 동양란 화분 하나가 놓여 있었다. 그 향기는 장미, 백합, 라일락, 아카시아 등의 향기 짙은 꽃들이 뿜어내는 것과는 또 다른 조용하고 기품 있는 것이어서 각별히 동양란을 아끼고 키우는 일에 온 정성을 기울이는 이들의 심정을 조금은 헤아릴 수 있을 것 같았다.

살다 보면 우리 주변에도 양란처럼 화려한 멋스러움이 풍기는 사람들이 있는가 하면 동양란처럼 은은한 인품의 향기를 지니고 먼 데서도 가까운 벗으로 다가서는 사람들이 있다. 그것은 곧 겸허함의 향기가 아닐까? 자기가 아무리 훌륭한 일을 했어도 필요 이상으로 과장하거나 떠벌리며 호들갑스럽지 않은 사람, 자기가 맡은 일에 성실하며, 남을 함부로 판단하거나 비난하지 않는 사람, 늘 온유하고 친절한 분위기로 이웃을 대하는 사람, 욕심이 없는 사람, 조금도 비굴하지 않게 자신을 낮추면서 오히려 남을 올려주는 사람, 남의 자랑은 끝까지 들어주되 자기 자랑은 감추길 좋아하는 겸허한 사람이야말로 가장 아름다운 사람이며, 오늘의 우리 가정과 사회 안팎

으로 새로운 변혁을 시도하는 우리나라에 참으로 디딤돌 역할을 할 수 있는 사람이라고 생각한다.

사회적으로 대단히 이름이 높고 훌륭하다는 말을 듣는 사람조차 많은 이들이 모인 자리에서 너무 지나치게 자기 자랑, 가족 자랑에 몰두하는 모습을 보며 실망을 느낀 일이 종종 있다. 옆 사람이 민망해 하는데도 눈치채지 못하고 끝까지 자기 말만 계속하는 그 모습을 지켜보며 '잘한 일이 있다면 그것은 자기 혼자 자랑스럽게 생각할 일이지 남에게까지 자랑할 것은 못됩니다' '칭찬은 남이 해주는 것이지 자기가 하는 것이 아닙니다' 라는 성경 말씀이 더욱 새로웠다. 다른 이들과 대화하는 자리일수록 우리는 말로써만이라도 겸양의 표현을 해야 하고, 굳이 자랑을 하고 싶다면 너무 큰소리로 당당하게 하기보다는 조용하고 은근한 말투로 해야 옳을 것 같은 생각이 든다.

수도원에 오래 살다 보면 숨어 피는 들꽃처럼 참으로 그 인품이 겸허하고 향기로운 이들을 많이 만나게 되고, 이것만으로도 내겐 큰 기쁨이고 고마운 복이 아닐 수 없다.

내가 좋아하는 ㅎ수녀님은 이렇다 할 특징이 없어 어떤 모임에 그가 빠져도 유난스레 이름을 불리지도 않는 평범한 사람이지만 오랫동안 그를 가까이 해온 이들은 곧 그의 겸허한 인품에 매료된다. 20년 가까이 같은 일을 하면서도 일체 불평을 하지 않는 사람, 다른 사람들에 대해서는 이런저런 판단을 하지 않고, 도울 일이 있으면 언제라도 앞장서되 일체 잔꾀가 없는 사람, 남을 위해서는 무엇이건 열심히 챙겨 주면서도 자기를 위해서는 욕심이 없으며, 다른 이의 이야기를 끝까지 잘 들어주는 사람, 남에게 잊혀지길 두려워하지 않으며, 힘에 겨운 일을 당해도 허둥대지 않고 조용히 기도 속에 머무는 그를 나는 늘 본받고 싶다. 먼 데 있어도 향기로 말을 건네 오는 한그루 동양란처럼 겸손의 덕으로 주위를 넉넉하고 향기롭게 하는 ㅎ 수녀님 같은 이들이 더욱 많아지는 세상을 기대하고 꿈꾸어보는 것만으로도 나는 행복하다. 〈1992〉

몽당 빗자루처럼

―아무리 예쁜 것이라도
마침내 쓰레기가 되느니라
―고운 것이라도 마침내
쓰레기가 되느니라
그런 말 하면서 빗자루,
마당을 쓴다

남들 싫어하는 것
대신 몸으로 밀어
쓰레기통에 담고
모아서 냄새까지 태운다
땅에 묻으면 흙이 되는 쓰레기
태우면 재가 되어 꽃을 가꾸는
쓰레기

마루에서 마당 끝까지
한 집씩 쓸어 한 마을이 깨끗
한 마을씩 지구마을이 깨끗해진다
지구를 쓰는 빗자루!

―먼저 내 터전을 깨끗이 하라
―먼저 내 자리를 다독거려라
그런 말 하면서 빗자루
몽당이가 된다
―진정한 세상 일꾼은
쓰레기 주무르는 사람이니라
―진정 배우는 사람은
빗자루서도 배우느니라
그런 말 하면서 몽당빗자루가 된다

―신현득 님의 동시 〈몽당빗자루〉

 왠지 잠이 오지 않는 오늘 밤, 이 책 저 책 뒤적이던 나는 평소에도 즐겨 읽는 신현득 님의 동시 한 편을 발견하고 거듭 읽어본다.
 오늘 오후 우리가 산에 묻고 내려온 한 노인 수녀님의 퍽도 헌신적이고 겸허했던 한 생애가 꼭 몽당빗자루처럼 느껴져서일까, 특히 오늘 이 시는 나를 잡고 놓지 않는다.
 1932년, 황해도 곡산의 산골 처녀로 연길 수녀원에 입회하여 60년의 수도생활을 마무리하고 이승을 하직하신 분.

"사람은 아마 나무 같은가 봐요. 내 손도 꼭 나무껍질 같잖아요?" 하시며 전쟁 때 감옥에서도 그 나무껍질 같은 손 때문에 공산당원들로부터 '일을 했다'는 이유로 매를 덜 맞았다며 수줍게 웃으시던 요세파 수녀님, 8년 전 병석에 눕게 될 때까지 줄곧 부엌일, 빨랫방일, 농장일, 그밖의 온갖 허드렛일들을 도맡아하셨고, 유난히 동물들을 사랑하셔서 '돼지하고도 뽀뽀하는 할머니' '감기든 닭 낫게 하려고 밤새 품에 안고 잔 할머니'로도 기억되고 있다. 무거운 돼지 밥통을 들고 다니시면서도 얼굴엔 따뜻한 웃음이 가득하던 분, 까마득히 어린 후배들에게까지 꼭 존칭어를 쓰시며 늘 먼저 인사하시던 그분의 모습이 눈에 선하다. 우리 공동체의 뿌리가 된 첫 수녀로서의 길고 긴 인고의 여정을 끝내신 수녀님은 흰 수도복과 고운 꽃들에 싸여 우리의 기도를 받으셨다. 시신이 관 속으로 옮겨지고 쾅쾅 못이 쳐질 때 나는 흐르는 눈물을 주체할 길 없었다. 유품 한 점 남기지 않을 만큼 청빈하셨고, 그 누구를 비난하거나 불평하는 말은 일체 입에 담지 않았을 뿐 아니라, 좋은 말도 드물게 할 만큼 철저한 침묵과 겸손의 모범을 보이신 수녀님의 삶이 비로소 죽음으로 완성되는 것을 우리는 보았다. 계절 중에는 봄이 좋다고 하시더니 온갖 꽃들이 피어나는 봄에 환한 꽃길을 걸어 하늘나라로 떠나셨다. 언젠가 꼭 한번 내가 졸라 꽃이 만발한 봄의 정원에서 수녀님과 함께 사진을 찍은 적이 있는데 돌아가신 후 액자틀에 끼워 넣은 사진 속에서도 수녀님은 그 꽃밭에서처럼 밝고 순하게 웃고 계신다.

―수녀님, 안녕히 가세요.

제가 말을 함부로 하고 싶을 때는 좋은 말도 아끼시던 당신의 그 깊은 침묵을 기억할게요. 조그만 성취에도 교만하고, 우쭐대는 마음일 때는 당신의 숨은 힘과 겸손을 기억할게요. 늘 복잡하게 궁리가 많은 이기심과 세속적 허영심이 고개를 들 때는 참으로 '몽당빗자루'처럼 닳고 닳으며 살아오신 수녀님의 그 희생정신과 단순하고도 깊이 있는 신앙심을 기억할게요. 뒤에 남아 있으나 언젠가 떠날 우리도 몽당빗자루 같은 겸손과 사랑의 삶을 살 수 있도록 도와주세요. 늘 우리와 함께 계시며 이제 곧 상록수의 숲에 뻐꾹새 소리도 들으시고, 찔레꽃 향기도 맡으시겠지요?

안녕히 가세요, 수녀님. 〈1993〉

우리 동네 작은 이야기

우리 수녀원 아랫집에 살다가 바로 옆에 있는 아파트로 이사간 '사랑의 고리' 공동체엔 몸이 불편한 두 처녀가 서로 도우며 생활하고 있는데 우리는 종종 내려가서 차 한 잔과 더불어 좋은 이야기를 나누곤 한다. 키가 너무 작아 설거지도 받침대를 고여 놓고 해야 하는 그들이지만 마음은 크고 넓게 열려 있으며, 늘 밝고 성실하게 살아가는 그들의 모습이 아름답고 훌륭해 보인다.

*

우리 동네 우체국은 골목길에 있어 얼른 눈에 띄진 않지만 우리가 종종 일을 보러 가면 직원 모두 친절히 대해 준다. 벌써 10년 넘게 우리 집에 오는 집배원 최씨 아저씨는 안내실 수녀님들의 배려로 우리가 구운 빵과 차 한 잔을 꼭 들고 가시는데 어쩌다 길에서 자전거를 타고 가는 그분의 수수한 모습을 만나면 한 가족처럼 반갑다.

*

'환한 미소' '상냥한 응대' '최선의 봉사' 라는 표어를 크게 걸어놓고 공휴일도 없이 깨어 봉사하는 우리 광안 4동사무소는 모범 시범동답게 친절하고 신속하게 일을 처리해 주어 심부름 가는 일도 즐겁기만 하다. 우리는 워낙 식구가 많아 아예 17통 1반으로 등록이 되었으며, 이래저래 가장 왕래가 잦은 서로의 좋은 이웃이다.

*

우리 수녀원 단골 P양화점의 허씨 아저씨는 우리가 들고 가는 헌 구두를 완전히 새것으로 바꾸어 놓는 마술사의 손을 지녔다. 성당과 수녀원의 큰 행사에도 빠지지 않고 참석하며, 부인과 더불어 봉사에도 열심인 아저씨는 어느 날 문득, "우리처럼 늘 독한 본드 냄새 맡으며 일하는 사람들은 수명이 단축된답니다"라고 해서 마음이 아팠다. 고급 양화점이나 백화점에 밀려 장사가 잘 안 된다는 아저씨네 가족을 위해 언제나 기도하는 마음 가득하다.

*

H사진관 안씨 아저씨는 내가 맡겨놓은 사진을 찾으러 가면 '이중에서 제일 마음에 드는 것 한두 장 고르세요. 5×7사이즈로 확대해 드릴게요' 하며 반갑게 맞이한다. 언젠가는 부활 달걀과 빵이 담긴 작은 바구니를 선물했더니 어찌나 두고두고 인사를 하던지 민망할 지경이었다. 한번은 우리 이백칠십 명이 모인 자리에서 기념으로 단체 사진을 찍어야 한다고 했더니 미리 올라와서 하도 예행연습을 잘한 덕분에 멋진 가족사진이 나왔다며 다들 기뻐했고, 그후로 아저씨는 더욱 신뢰받는 우리의 단골 사진사가 되었다.

*

우리 집 길 건너 바닷가로 가는 길목엔 '까치신발'이란 이름의 가게가 있

는데 나는 그 이름이 마음에 들어 가끔 들르곤 한다. 신발을 사고 싶어 하는 손님들을 그곳에 안내하기도 하고, 꼭 신발을 살 일이 없어도 계절마다 다양하게 바뀌어 진열되는 신발들이 정겹고 아름답게 느껴져서 곧잘 기웃거리는 나를 보고 친절한 주인아주머니는 늘 미소를 보내곤 한다. 언젠가 이 '까치신발' 가게에서 산 회색 체크무늬의 단정한 운동화를 신고 산책을 하면 나도 까치처럼 즐거운 마음이 된다.

*

광안리 바닷가에 나가면 여러 종류의 조가비를 이용해 앙증맞은 장식품들을 만들어 파는 아줌마가 있는데 나는 가끔 혼자서 또는 손님들과 함께 나가 구경을 하다가 몇 개 사오기도 한다. 겨울에 조가비를 주워다 작업을 해서 봄, 여름, 가을에 내다 판다는 아줌마의 그 순박한 모습과 여유로운 분위기가 좋아서 나는 산책을 나갈 때마다 모래사장 한 복판에 있는 그 이동가게를 들르게 된다. 특히 길게 엮어진 목걸이는 선물 받은 어린이도, 멋쟁이 아가씨도, 종일 누워 지내는 장애인도 조가비가 흔들릴 때마다 파도 소리를 내는 것 같다고 좋아하는데 나는 선물용으로 쓰고 남은 몇 개를 내 방에 걸어 두고 바다가 생각날 때마다 오며가며 흔들어보곤 한다. 기껏해야 2천 원짜리인 아름다운 쇠고둥, 소라, 꽃가리비, 새조개 등으로 엮어진 고운 목걸이는 어떤 값비싼 선물보다 멋지고 낭만적인 것이어서 그토록 정교한 작품으로 많은 이에게 기쁨을 준 바닷가 아줌마를 늘 고마움 속에 기억하게 된다.

〈1994〉

추억의 성탄 카드

① 사랑과 믿음과 시詩
그 모든 것에 더욱 큰 은총 받으소서.

② 늘 생각하며 먼 거리에 가로막히는 점 안타까이 생각합니다. 바쁘고 충만된 생활 경하하며 건강 조심하시기 빕니다. 여러분께 안부 전해 주소서. -홍윤숙

해마다 성탄절에 받게 되는 다양한 카드들을 나는 며칠 간 책상이나 책장 모서리에 진열해 두었다가 각 카드의 겉그림과 내용이 적힌 속지를 따로 분류해 정리하곤 한다. 카드에 이미 인쇄된 글귀를 그대로 되풀이해 주는 것보다는 몇 마디라도 보내는 이의 마음과 정성이 엿보이는 개성 있는 글귀가 더욱 반갑고 소중하게 느껴진다.

여기에 소개하는 카드 속의 말은 오래 전 내 일기장에 붙여 놓았던 것으로 위(①)의 것은 1978년 성탄에, 아래(①)의 것은 1981년 성탄에 시인 홍윤숙 선생님으로부터 받은 것이다. 1975년부터 나는 그분께 해마다 거르지 않고 성탄 카드를 보냈고, 그분도 나에게 카드를 보내 오셨다. 크리스마

스뿐 아니라 부활축일이나 영명축일(가톨릭에서 세례명을 받은 성인 성녀를 기념하는 날)에도 나는 그분에게 카드를 보내곤 했는데 지난 10월 15일 아빌라의 성녀 대데레사 축일에 마른 꽃잎 카드를 보내드렸더니 친정 어머님의 병환으로 경황없으신 중에도 정성스런 글을 보내주셨다.

11년 전 여름에 나는 원장 수녀님의 배려로 고이 숨겨 놓았던 나의 시 노트를 홍 선생님께 보여 드리게 되었고, 그것이 나의 부끄러운 시집을 세상에 처음으로 선보이는 계기가 되었다. 《민들레의 영토》라는 첫 시집 제목도 그분이 붙여 주셨고, 두 권의 시집에 서문도 써 주셨다.

그분을 통해 나는 시에 있어서의 압축과 긴장, 상징과 함축의 중요성을 좀더 구체적으로 이해하고 배울 수 있게 되었다. '…보이지 않는 내면에서 끊임없이 흘리는 피가 수녀님의 가시밭길에 언젠가 반드시 크고 빛나는 열매 맺어 주시리라 믿습니다…….' 시의 길뿐 아니라 삶의 길에 있어서도 내게 많은 격려와 사랑으로 도움을 주신 홍 선생님을 나는 자주 뵙진 못해도 늘 가까이 느끼고 있다. 항상 아름다운 편지지에 적어 보내신 홍 선생님의 모든 편지들을 나는 하나도 버리지 않고 간직하고 있다.

그분이 이 성탄 카드에 적으신 것처럼 나의 사랑과 믿음과 시의 길에 하느님이 채워주신 은총을 나의 게으름으로 헛되이 하지 않도록 깨어 있어야겠다. 다가오는 크리스마스에는 우리 수녀원에서 만들 별 모양의 성탄 과자를 곱게 싸 들고 별 같은 마음으로 인사를 드리러 가야겠다. 〈1989〉

이별의 층계에서

'층계' '계단' '층층대' '사다리' 라는 단어를 들으면 내 마음엔 팽팽한 긴장감과 함께 활기가 솟는다. 어린 시절 나는 유리창과 층계가 많고 정원이 아름다운 집에서 살고 싶다는 막연한 꿈을 꾸었는데 수녀원에 와서 그 꿈을 이룬 셈이다. 한 계단 한 계단 올라가면 무언가 다른 세계가 펼쳐질 것만 같은 어떤 기대와 호기심 때문일까? 공원이나 산책길에서도 어쩌다 층계를 마주치면 문득 오르고 싶어진다. 전철이나 기차역에서도 에스컬레이터보다는 한 걸음 한 걸음 천천히 생각하면서 오를 수 있는 돌계단을 나는 더 자주 이용하는 편이다.

우리 수녀원 성당으로 오르는 라일락 언덕길과 채마밭 사이엔 아주 오래된 돌층계가 있는데 난 날마다 이 길을 즐겨 다니며 층계에 낀 이끼, 떨어진 나뭇잎과 솔방울, 도토리, 다람쥐, 바람소리 등 모든 것과 정들여 오면서 어느새 수십 년이 흘렀다. 수녀원 안에서 아침저녁으로 오르내리는 층계는 또 얼마나 많은가, 층계를 통해 우리는 기도하고, 밥을 먹고, 일을 하러 다닌다. 내가 살아 있다는 것은 곧 층계를 오르내리는 것과 같은 일상의 움직임과 직결되어 있음을 느낄 때가 많다. 어쩌다 몸이 불편해 난간을 짚고 겨우 층계를 오르내리거나 다리를 다쳐 목발을 짚고 평평한 길로 돌아서 다녀야 하는 분들을 만나게 되면 층계를 오르내릴 수 있는 나의 건강에 대해서도 새로운 고마움을 느끼게 된다. 항아리가 백 개도 넘는 우리 장독대 옆 좁은 돌계단을 올라가면 산, 하늘, 바다가 잘 보이는 넓은 옥상이 있는데 나는 자주 그곳에 올라가 해와 달과 별, 구름과 노을을 바라보곤 한다. 그 아담하고 앙증맞은 돌계단을 오를 때면 문득 하늘로 오르는 한 마리의 자유의 새가 되는 느낌이 들기도 한다.

지금껏 내가 걸어온 삶의 길, 삶의 층계에서 나는 얼마나 많은 사람들을 만나고 또 이별했을까. 층계는 만남의 기쁨과 기다림의 설렘이 가득한 장소, 때로는 이별의 슬픔이 깔린 장소이기도 하다. 그래서 층계는 아름다움과 동시에 두려움의 대상으로 내게 다가온다. 지금보다는 훨씬 엄격했던 수련수녀 시절, 나를 만나러 왔던 가족, 친지들은 수도원의 층계 아래 내려가 그들의 세계로 문을 열고 나가고, 나는 짧은 면회 후 층계 위로 올라와 나의 세계로 다른 문을 밀고 들어서곤 했다. 문이 닫힌다고 사랑의 마음까지 닫히는 것은 아니건만 그 시절엔 무조건 인간적인 이별이 아쉽고 서럽게만 느껴졌다. 그러나 만해 한용운 님의 시구에서처럼 '만날 때에 미리 떠날 것을 염려하는' 쓸쓸한 심정을 어쩌지 못하면서도 나는 이제 제법 여러 유형의 이별에 익숙해졌고, 이별의 아픔을 기도 안에서 승화시키는 방법도 나름대로 길들여왔다.

내가 좋아하는 쇼팽의 이별곡 같은 가을바람이 불기 시작하면서 내 기억의 층계에는 지금 문득 두 사람의 그리운 얼굴이 떠오른다. 한 사람은 내가 여섯 살 때 헤어진 나의 아버지이고, 또 한 사람은 이번 여름 동해 바닷가에서 세 명의 신자를 구하고 탈진해서 숨지신 배문한 신부님이시다.

어려서 유난히 아버지를 따랐던 나는 아버지가 퇴근하시는 해질녘의 시간에 맞추어 집 밖에서 항상 기다리곤 했다. 어린아이가 내려가기엔 너무 길고 가파른 층계였기에 난 늘 층계 꼭대기에서 한 손엔 나에게 줄 과자를 들고 천천히 올라오시는 아버지의 모습을 설레는 기분으로 지켜보곤 했다. 지금도 모나카나 찹쌀떡을 보면 꼭 아버지 생각이 난다. 한국전쟁이 일어나던 해 가을 어느 날, 아버지는 늘 오르던 집 앞의 그 층계를 끝내 오르지 못한 채 납치당하셨고, 눈물 바다를 이루었던 가족들 사이에서 함께 울음을 터뜨렸던 내게 그것은 처음으로 다가온 이별의 큰 슬픔이고 아픔이었다. 40년이 넘은 지금도 난 길고 긴 기다림의 층계 끝에 서 있는 나 자신을 발견하곤 한다. 삶은 어쩌면 짧은 만남 끝의 긴 이별을 견디어 내는 것인지도 모른다는 생각을 자주 하면서…….

지난 5월 나는 처음으로 보랏빛 등꽃이 아름답게 핀 수원 가톨릭 대학을 방문했는데 학장 배 신부님은 바쁘신 가운데도 친히 학교를 안내해 주시고, 좋은 글 많이 쓰라며 바다 빛의 만년필도 한 개 선물로 건네주었다. 내가 층층이 신부님을 따라 오르던 신학교의 그 많은 계단들이 눈에 선하고, 문득 뒤돌아보며 빙그레 웃으시던 그 조용한 미소를 잊을 수 없다. 신부님은 이제 더 높은 계단을 올라 천국의 안내자가 되신 걸까. 6월에 나는 마지막으로 유머와 따뜻함이 넘치는 신부님의 엽서를 받았고, 8월 어느 날 뜻밖의 슬픈 소식을 듣게 되었다. 그날 바닷가에 동행했던 신자들과 회갑 미

소양초등학교

사를 봉헌하면서 신부님은 세상엔 감사할 줄 모르는 이들도 많으니 여기 모인 열 명이라도 매일 열 번씩 의무적으로 감사하는 습관을 들이라고 당부하셨다고 한다. 또 동료 교수들이 마련한 조촐한 회갑연에선 '남들은 현실보다 꿈이 아름답다고 하는데 나는 꿈보다 현실이 더 아름답다'는 의미 있는 말씀을 남기셨다고 한다. 그 누구보다도 겸손하고 온유한 인품으로 많은 이들의 존경과 사랑을 받던 신부님을 위해 추도시를 쓰고 장례미사에 참석하면서도 나는 그분이 돌아가셨다는 실감이 나지 않았고 잠시 정원으로 산책을 나가신 것처럼 느껴졌다. 이제 그분은 더 이상 이 세상에 안 계시지만 여전히 가까운 분으로 여겨지고, 예수님이 가르치신 사랑의 삶과 성 베네딕도가 수도자들에게 제시한 겸손의 12단계에까지 다 이르셨기에 부르심을 받고 사랑과 겸손의 모습으로 떠나신 것이라 믿고 싶다.

　나 역시 그 어느 날 내 삶의 층계길을 다 오르고 나면 아직도 소식을 몰라 안타까운 내 사랑하는 아버지와, 이웃 위해 목숨 바친 존경하는 신부님, 바위처럼 묵묵하고 든든한 신부님의 모습을 다시 만날 수 있을까? 그때까지 나는 아직 이승에서 만남과 이별과 기다림의 층계를 더 기쁘고 참을성 있게 오르내리는 연습을 해야 하리라. 〈1994〉

슬픔을 나누며

　누군가에게 축하할 만한 좋은 일이 생겼을 때 그와 기쁨을 나누는 뜻에서 어떤 표현을 하긴 쉬워도 어쩌다 불행에 처했을 때 그를 위로하는 적절한 말을 찾아 하긴 그리 쉽지 않은 듯하다. 더구나 가장 사랑하는 이와 사별하고 깊은 슬픔과 절망에 빠져 있는 사람에게 아무리 신앙적인 말로 위로를 한다 해도 그 말엔 한계가 있으며 내내 마음만 답답하고 안타까울 때가 얼마나 많은가. 잘못 표현하다간 오히려 엉뚱한 오해를 받기도 하고, 위로 아닌 상처를 줄 수도 있어 때론 소리로서의 말보다는 그저 묵묵한 애도의 표정이나 연민의 눈길이 더 효과적일 때도 있음을 본다. 꼭 기일이 아니라도 자주 죽은 남편의 묘지를 찾아 꽃과 고운 카드를 놓아두고, 아이들과 같이 사랑의 편지를 써서 태우기도 하는 몇 분 미망인을 나는 알고 있다.

　그들이 아주 서서히 오랜 기간을 두고 슬픔을 삭여 가는 모습을 지켜보면서 나는 상喪을 당한 이들에게 우리가 하는 위로의 말은 많은 부분 피상적일 수밖에 없음을 절감하곤 한다. 그러나 친지들이 상을 당하고 시름에 잠겨 있을 땐 나도 가만있을 수가 없어서 종종 죽은 이의 입장이나 유족의 입장이 되어 그들의 슬픔을 대변하는 시를 적어보기도 하고, 다른 이의 좋은 시나 성경구절과 함께 기도한다는 내용이 적힌 위로 카드를 보내기도 하는데 이러한 작은 정성이 어떤 이에겐 무척 큰 위안이 되기도 하나 보다.

지난여름 나는 암으로 세상을 떠난 동료수녀의 올케언니 장례미사에 갔다가 사진 몇 장을 찍어둔 것이 있어 몇 주 후에 고인의 남편 되는 J씨에게 위로의 글을 적은 카드와 함께 사진을 보냈더니 즉시 고맙다고 전화 연락이 왔다. 나는 그분을 깊이 알진 못하지만 자녀도 없이 30년 가까운 결혼생활을 하면서 부인이 앓아 눕자 사업까지 그만두고 오직 간병에만 정성을 쏟은 사실을 익히 알던 터라 "얼마나 쓸쓸하세요?" 했더니 울먹이는 소리로 "수녀님, 이게 뭡니까? 요즘은 정말 살고 싶지 않습니다. 먼저 간 그 사람이 원망스러울 뿐입니다. 이 나이에 아무데서나 눈물을 보일 수도 없구요" 하는데 나도 마음이 아파 며칠 후 수녀원 저녁기도와 식사에 오시라고 했다. 나도 한번 병원에서 만난 일이 있는 그의 부인은 많이 아픈 중에도 상냥한 표정과 말씨로 우리를 반겨주던 아름다운 여성이었는데 의식이 있을 땐 늘 머리를 단정히 하고 엷은 화장을 했으며, 요리, 바느질, 집안 정리를 너무 깔끔히 해서 별나다는 소리도 더러 들었다고 한다. 우리가 빈소에 갔을 때 여느 초상집 사진들과는 달리 분홍치마 저고리의 화사한 한복차림의 아내 모습을 액틀에 넣어 놓은 것이 퍽 인상적이었다고 나는 함께 식사하면서 이야기를 꺼냈다. J씨는 꿈에도 생시와 같이 부인과 등산을 가는데 깨어보면 '없는' 사실이 믿기지 않고, 어쩌다 냉장고 문을 열어도 그릇마다에서 아내의 손길이 느껴져 슬프다며 "그 사람은 글쎄 내가 자기 때문에 고생이 많았다며 부디 좋은 여자 만나서 행복하게 살라는군요" 하면서 눈물을 흘렸다. 10년 가까운 세월을 오직 아내 간병에 정성을 쏟은 자기더러 사람들은 장하니 어쩌니들 하지만 아무리 잘 한다고 했어도 환자 자신이 겪은 아픔과 내면의 그 깊은 고독은 남편인 자기도 미처 몰랐을 것이라며 울먹였다.

　부인 때문에 여러 병원을 전전하며 인생 공부도 많이 했다는 그는 이미 반 의사가 된 것 같기도 하고, 환자의 심리를 누구보다 잘 알고, 이해하고, 실천하는 일류 간호사의 모습이기도 했다. 아프지 않은 사람들은 환자의 입장보다는 흔히 자기 생각을 먼저 하기 때문에 환자는 더욱 고독할 수밖에 없으며 고독과의 싸움이야말로 가장 눈물겨운 것이라고 했다. 때로 환자가 터무니없는 말을 하거나 보호자의 입장에선 꽤 무리한 요구를 해올 때도 이를 이상히 여기거나 비난하지 말고 환자의 입장이 되어보려는 지극한 관심과 인내의 노력이 필요함을 거듭 강조하는 50대 중반의 J씨의 슬픈 체험담을 나와 친구 수녀는 저녁 내내 들으면서 배우는 게 많았다.

　사실 얼마나 여러 경우에 나 역시 슬픔과 아픔 속에 있는 사람들에게 그 입장이 되기보다는 내 입장에서 내 방식대로 생각하고 표현할 때가 많은지 반성이 되었다.

　아내가 쓰던 화장품 주머니에 기도서와 성가책을 넣고 성당으로 향하는 J씨의 쓸쓸한 뒷모습을 바라보며 나는 누구도 대신 할 수 없는 그의 슬픔에 주님이 함께 하시길 간절히 기도했다.　　　　　　　　　　〈1993〉

떠난 이들의 편지

내가 지금까지 받아온 수많은 편지들 중에는 편지 쓴 이가 이미 고인이 되어 내게는 마지막 편지가 되어버린 것들이 있는데 이를 읽는 나의 느낌은 더욱 애절하고 각별하다.

'…클라우디아, 나는 요새 사제, 수녀, 신학생들에게 기회 있을 때마다 말해줍니다. 인간은 '무엇'으로 살지 못하고 그 '누구'를 발견해야 한다. 성직생활의 파탄은 이 누구를 발견 못한 채 법이다 규칙이다 하는 무엇에만 충실하기에 초래된다구요. 수녀님이 들으면 새삼 옛이야기를 한다 하겠지요?…내 건강은 그저 그렇습니다. 전에 없이 늘 조심하며 살지요. 항상 죽음과 대면하면서, 아니 님이 오시는 때를 기다리면서. 그럼 안녕. 언제 또 뵙게 될지 모르지만 서로 기구 중에 특히 미사 때 만나요.'

이는 시인이며 번역가로 많은 일을 하셨던 최민순 신부님이 서울 가톨릭대학에 재직하실 때 내게 보내주신 편지의 일절인데 그분의 깊은 영성이 엿보이는 내용이라 생각된다.

'…수녀님, 고통은 생자生者의 신비라고 생각하며 투병합니다. 그 암이란 것이 그렇게 잘난 놈은 아니라고 생각합니다. 생명이란 주께서 주신 으뜸의 축복이 아닙니까. 그래서 반드시 그 놈의 콧대를 꺾어 놓고야 말리라는 생각을 다집니다. 주께서 빙그레 웃으시며 "파이팅" 하고 계십니다. 사실 아직은 더 이승에 머물고 싶거든요. 아이들 아직 어리고, 돌아다보니 하느님 앞에 공로 너무 없고, 뜨락에 핀 꽃, 햇살, 빗방울, 바람, 개미, 벌 그리고 귀뚜라미―이들과 함께 더 여기 있고 싶거든요.'

이것은 아직 젊은 나이에 세상을 떠난 미옥이라는 여교사의 글인데 그는 내게 그의 애송시들을 편지에 적어 보내곤 했었다. 내가 보낸 성탄 카드를 그가 끝내 받아보지 못한 채 세상을 떠나버린 것도 마음에 걸리고, 그가 어느 잡지의 편집위원으로 내게 청탁한 원고를 거절한 일도 마음에 걸린다.

'사랑하는 수녀님, 저는 어른거리는 봄 햇살 조명을 받으며 '산 사람' 으로 감방 안에서 이 글월을 올리고 있습니다. 살아 있으면서도 실은 죽음의 그림자를 등에 짊어지고 있는 제 자신의 8년여의 삶. 지금 저는 남아 있는 죄의 허물과 육의 욕망까지 깡그리 저쪽 서편 황혼녘 어둠의 세계에다 묻어야 하겠습니다. 그 일을 다 하지 못해 저는 아직 연착하고 있나 봅니다. 숱한 피울음을 무던히 참아가면서라도 저는 그 일을 해야 할 것입니다. 그리고 부활을 살아야 하겠습니다.'

이는 사형수로서 누구보다 성실하고 모범적인 신앙생활을 했음에도 불구하고, 이 글을 쓴 지 며칠 후에 사형 집행을 당한 권 베드로라는 분의 편지의 일절이다. 그가 내게 보내주던 깊고 확신에 찬 믿음의 글들을 대할 때마다 나는 늘 감동했고, 그가 세상을 떠난 후엔 며칠을 계속해서 흐르는 눈물을 막을 길이 없었다.

이제는 내가 편지를 받고 싶어도 다시는 받을 수가 없고, 내가 쓰고 싶어도 다시는 쓸 수가 없는 떠난 이들의 편지에는 아직도 그들의 혼이 살아 숨 쉬는 것 같아서 함부로 버릴 수가 없다. 이 편지들은 내게 다음의 것을 새롭게 깨우쳐준다.

첫째는, 내가 알면서도 자주 잊고 사는 내 존재와 삶의 유한성을 좀더 깊이 절감하게 해준다. 이승에서의 삶이 결코 영원하지는 않다는 것, 언젠가는 나도 그들처럼 누군가에게 남겨 놓은 편지나 글로서나 종종 기억되는 '떠난 이'가 될 것이라는 것을 다시 깨닫게 해준다.

둘째는, 아직 살아 있는 여행자로서의 내 삶의 몫을 최대한으로 성실하게 가꾸어 가며 오늘을 함께 살아가는 동료와 이웃들을 좀더 진심으로 아끼고 사랑하고 싶은 원의를 새롭게 해준다. 죽음이란 종착역에 나 자신을 온전히 내려놓을 그때까지 나는 내가 타고 있는 삶이란 기차 안에서 체험하게 되는 크고 작은 일들과 사건들을 모두 긍정적으로 받아들일 수 있는 믿음과 지혜를 주십사 더욱 기도하고 싶어지는 것이다.

셋째는, 아무리 일상적인 일이라도 그것이 마지막인 것처럼 정성과 기쁨을 다하는 삶의 태도를 지니고 살아야 한다는 깨우침이다. 청소, 설거지, 빨래, 손님맞이, 수업, 기도, 글쓰기 등을 참으로 마지막인듯이 사랑을 다해 마무리할 수 있다면 끝내는 삶의 마무리 또한 잘하게 될 것이라는 생각이 든다.

나보다 앞서 세상을 떠난 친지들의 소중한 편지들을 봉투에 도로 넣으며 나는 문득 다시 태어난 느낌이다.

〈1990〉

천리향 노래 —고 박종철 군에게

어디서나
네 얼굴이 보인다
어디서나
네 목소리가 들린다
아무말도 못하고
억울하게 숨져간 너의 혼은
붉은 빛 천리향 향기처럼
멀리멀리 바람에 떠다니며
살아서도 깊이 잠든 마음들을
흔들어 깨우는구나

몸은 옥에 갇혀도
마음은 갇힐 수 없다고 말했던 너
적당히는 살지 못해
이 시대의 어둠과 싸우던 너는

죽은 후에 비로소 자유인이 되어
조용히 말을 건네 오는구나
희망과 자유의 노래를 부르는구나

하늘을 우러러 기도하다가도
왠지 자꾸
'미안해' '미안해' 라고
너를 향해 뇌이고 싶었지
이 봄에 남쪽에도
바람이 많이 분다.
피 흘린 사람이 많은 이 땅에
상처가 많은 우리 마음에
숨찬 파도소리로 달려오는 바람

네가 떠난 뒤에도
세상은 별로 달라진 게 없지만
세상을 보는 우리의 눈과
오늘을 사는 우리의 마음은
조금씩 달라지리라 믿는다.

천리향 가득 핀
생명과 부활의 봄에

우리는 바람 부는 들녘에 나가
희망의 씨를 뿌린다.
아직도 눈물이 마르지 않은
네 가족, 이웃의 가슴속에
천리향으로 살아서 피는 네 이름 한 번 불러보고
하늘 한번 쳐다본다.

"수녀님, 밖에 좀 나가 보세요. 천리향 꽃향기가 가득해요."

엊그제 오후 나의 일을 도와주던 어느 수련자가 활짝 웃는 얼굴로 전하는 말을 듣고 나는 잊고 있던 천리향꽃을 보러 나갔고, 그날 밤 내내 뒤척이며 위의 시를 썼다.

꽃향기가 천리를 간다 해서 이름도 천리향이니 매우 상징적이다. 겨울 내내 죽은듯이 침묵했던 작은 꽃나무가 올해도 어김없이 고운 꽃을 피워냈다는 게 참으로 놀랍고, 기쁘고, 새롭기만 하다. 그 꽃을 보고 왜 하필 박종철 군의 모습이 떠올랐을까.

지난 1월, 그를 위한 추도미사에 다녀온 날도, 수녀원 성당 종을 치고, 자동차의 클랙슨을 울리며 온 식구가 꿇어서 같은 시간에 기도했던 2월의 그날도 나는 좀체 편히 잠들 수가 없었다. 그를 애도하는 뜻으로 다만 몇 줄이라도 글을 쓰고 싶었으나 그땐 아무 말도 잡혀지질 않았다.

'옳다고 판단되는 일에는 항상 소신을 굽히지 않고 당당하게 살아가겠다' '누구 못지않게 성실하게 한 점 부끄럼 없는 삶을 살고자 노력했기에 나름대로 바쁘기도 했다' '악한 것을 악하다고 말할 용기가 없다면 마음속으로 진실하게 믿는 용기는 있어야 되지 않겠느냐 고 부산에 있는 가족들에게 편지를 통해서 고백했던 그의 말들이 메아리쳐 온다.

나는 한번도 그를 만난 일이 없지만 그가 죽은 다음날, 나와 전부터 알고 지내는 그의 고교동창생 일환이가 수녀원에 와서 불쑥 "어제, 친구가 죽었어요" 하는 그 말에 충격을 받았었다. 실상 무슨 말을 할 수 있을까?

거듭 읽어 보아도 아직 성에 차지 않는 미흡한 글이지만 나의 이 조그만 노래를 한 송이 기도의 꽃으로 그의 영전에 바친다.

그가 마시며 자랐던 남쪽의 바닷바람을 나도 마시며 바람 속에 봄을 마신다.

〈1987〉

꽃씨
넷

작지만 좋은 몫

작은 수녀, 작은 기쁨, 작은 노래, 작은 기도, 작은 위로……. 글에서나 말에서 나는 '작은…' 이란 단어를 쓰기 좋아한다. 작지만 좋은 몫인 사랑의 길에 충실하리라 다짐하곤 하였다. 그러나 나는 진정 성실하고 겸손한 모습을 지닌 작은 자로서의 모습을 지녔던가? 혹시 글에서만 작아지고 삶에서는 커지려고 하진 않았던가? 수도 공동체 안에 살면서도 나는 밖에서 부탁하는 각종 심부름들을 하느라 늘 시간이 모자라는 편이다. 큰 욕심내지 않고 내가 할 수 있는 일만 골라서 하는데도 알뜰한 정성과 인내가 필요하고 나는 갈수록 부족함을 느낀다.

여기의 글들은 구도자들이 '함께 사는 기쁨' 과 '약점을 자랑하는 용기' 가 서로 연결되어 있음을 보여준다. 우리가 서로 사랑한다는 것은 서로의 다름과 약점을 받아들이는 노력이 아닐까. 자신의 못남을 부끄러워하기보다 겸손하게 자랑할 수 있을 때에 내 삶의 모습도 아름답게 변화된다는 것을 살아갈수록 새롭게 절감한다.

수녀원 성당 전경

작은 노래

마음은 고요하게!
눈길은 온유하게!
생활은 단순하게!

날마다 새롭게
다짐을 해보지만
쉽게 방향을 잃는 내 마음이
내 마음에 안들 때가 있습니다
작은 결심도 실천 못하는
나의 삶이 미울 때가 있습니다

그래도 눈을 크게 뜨고
열심히 길을 가면
감사의 노래를 멈추지 않으면
하얀 연꽃을 닮은 희망 한 송이
어느 날 슬며시 피어오릅니다
삶이 다시 예뻐지기 시작합니다

고독을 위한 의자

홀로 있는 시간은
쓸쓸하지만 아름다운
호수가 된다.
바쁘다고 밀쳐두었던 나 속의 나를
조용히 들여다볼 수 있으므로,
여럿 속에 있을 땐
미처 되새기지 못했던
삶의 깊이와 무게를
고독 속에 헤아려볼 수 있으므로
내가 해야 할 일
안 해야 할 일 분별하며
내밀한 양심의 소리에
더 깊이 귀기울일 수 있으므로.
그래
혼자 있는 시간이야말로

내가 나를 돌보는 시간
여럿 속의 삶을
더 잘 살아내기 위해
고독 속에
나를 길들이는 시간이다.

이는 어느 날 쓴 내 일기의 한 토막이다.

같은 스물네 시간이라도 옛날에 비해 훨씬 바삐 쪼개 쓰며, 숨차고 복잡하게 살아가고 있는 현대의 우리들은 분주한 삶에 정신없이 떠밀려 살다보면 혼자 있는 시간의 고독과 고요를 체험하기 어려운 것 같다. 꼭 시간이 없어서도 아닐 텐데 우리는 어느새 번잡한 삶에 중독이 되어 진정 홀로 있음의 고독을 갈망하거나 맛들일 겨를도 없이 그럭저럭 살아가는 게 아닌지 모르겠다. 하루에 한 번, 일주일에 한 번, 아니면 한 달에 한 번이라도 좋으니 아무의 방해도 받지 않고 홀로 있는 시간을 우리는 일부러라도 만들어야 할 것이다. 자유롭고도 창조적인 쉼의 시간을 통해서만 인간의 타성의 늪에서 빠져나와 새로워질 수 있고, 자기 자신을 재발견할 수 있기 때문이다.

지난가을, 몇 주 동안 캐나다를 여행할 때 나는 해질녘에 텅 빈 성당에서 혼자 앉아 기도하는 이들의 고즈넉한 모습도 여러 번 보았고, 공원이나 호숫가의 벤치에 조용히 혼자 앉아 있거나 산책하는 이들의 모습도 눈여겨보았다. 둘이 있는 모습도 다정하고 아름다워 보이지만 혼자 있는 모습 또한 멋져 보였다. 그들에게선 왠지 구도자의 고독한 향기가 나는 것 같기도 하고, 내가 "혼자시군요" 하고 다가가서 말을 건네면 은은한 미소와 함께 깊이 있고 진지한 삶의 이야기를 전해줄 것만 같았다.

'수녀님. 저는 등산이나 산책을 할 때면 혼자 하는 것이 더 마음에 듭니다. 좀더 많은 것을 생각할 수 있기 때문이지요' 라고 내게 편지를 보냈던 어느 친지의 말은 오랜 세월이 지난 지금도 잊히질 않는다.

요즘은 나도 우리 수녀원의 넓은 정원과 동산을 자주 산책하는데, 둘이나 셋이 다닐 때도 있지만 혼자 다니는 때도 많다. 평소엔 그저 무심히 듣던 새소리나 종소리도 더 의미있게 들리고, 산책길에서 발견한 나뭇잎의 무늬, 꽃잎과 꽃술의 모양도 더 자세히 보이고, 심지어 내 옷에 묻은 얼룩, 마음의 얼룩도 혼자 있을 때는 더 잘 보인다. 비 오는 날엔 연못에 떨어지는 빗방울 무늬, 눈 오는 날엔 바다에 떨어지는 눈송이를 바라보며 조용히 생각에 잠길 수 있는 고독한 산책은 얼마나 즐거운가. 하루의 일과를 끝내고 빈방에서 홀로 나를 만나는 시간 또한 행복하다. 김현승 시인의 표현대로 '껍질을 더 벗길 수도 없이 단단하게 마른 흰 얼굴' 인 고독의 얼굴도 빈방에선 더 가까이 보이고, 마음자리가 한결 밝고 투명해진다. 처음엔 듣기 거북했던 동료의 충고가 새삼 고맙게 생각되는 것도, 감정에 탐닉되지 않고 좀더 냉정한 눈으로 나 자신을 객관화시켜 볼 수 있는 것도 혼자 있을 때이다. 바람 소리에 귀기울이며 하느님과 이웃에 대한 애틋한 헌신의 갈망을 키우는 것도, 좋은 생각을 좋은 결심으로 잘 매듭짓는 것도 혼자 있을 때이다. 일을 위한 쉼이 필요하고, 말을 위한 침묵이 필요하듯 여럿이 함께 하는 삶에 잘 적응하기 위해서도 우리에겐 혼자 있는 고독한 시간, 고독한 자리가 꼭 필요하다.

제자들과 함께 바쁘게 선교활동을 하시던 예수님도 어느 땐 군중들을 피해 '한적한 곳' '외딴 곳'으로 물러나 쉬셨다고 성서는 기술하고 있다.

일상생활의 분주함과 잡다한 취미생활의 즐거움에서조차 가끔 물러나 참으로 침묵과 고독이 가능한 '외딴 곳' '한적한 곳'으로 피해 갈 수 있는 용기와 결단의 노력이 있을 때에야 우리는 내면의 깊은 소리를 들을 수 있고, 피상적으로 묻혀버리고 말았던 삶과 이웃과의 관계를 좀더 새로운 깊이와 높이로 끌어올릴 수 있을 것이다. 《숲속의 생활》을 쓴 헨리 데이비드 소로우 H. D. Thoreau의 글을 다시 읽어본다.

'나는 고독보다 더 사귀기 좋은 친구를 발견한 적이 없다. 우리는 대개 자신의 방에 파묻혀 있을 때보다도 밖에 나가 사람들 틈에 묻혀 있을 때 고독해진다……. 고독은 자신과 친구 사이를 가로막고 있는 공간의 마일 수에 의해 계산되어지는 것이 아니다……. 사교는 너무 값이 싸다. 우리는 서로 자주 만나기 때문에 서로에게 새로운 가치를 획득할 시간을 갖지 못하고 만난다……. 내 집에는 의자가 세 개 있다. 하나는 고독을 위한 것이고, 또 하나는 우정을 위한 것이고, 셋째 것은 사교를 위한 것이다.'

우리도 이와 같이 늘상 고독을 첫 자리에 두고, 고독을 위해 비워놓은 의자에 그를 자주 초대해서 깊이 사귀고 길들일수록 마음이 풍요로워지며 한 걸음 더 삶의 깊이에 도달할 수 있으리라 생각해 본다. 〈1994〉

심부름의 기쁨

얼마 전 어느 신부님의 성서 강의에서 '예수님은 지상에서 하느님 아버지의 심부름을 가장 충실히 이행한 분'이라는 말씀을 듣고는 문득 '심부름'이라는 그 단어가 유난히 빛나고 아름다운 보석으로 내 가슴에 박혔다. 우리말 사전에는 심부름을 '남의 부탁을 받아 대신 하여 주는 일'이라고 설명해 놓았다.

살아 있는 동안 우리가 누군가를 위해 심부름을 해준다는 것은 얼마나 아름답고 따뜻한 일인가? 설령 처음엔 좀 귀찮고 짜증스럽게 생각되더라도 일단 끝마치고 나면 후련한 자유로움을 느끼는 심부름에 대한 갖가지 에피소드와 추억을 우리 모두는 나름대로 갖고 있을 것이다.

어린 시절 어머니가 가게에서 물건을 사오라거나, 밖에서 밥도 안 먹고 놀이에 몰두한 동생을 찾아오라거나, 이웃집에 무엇을 갖다드리라고 하거나, 설거지를 도와달라고 하시거나, 하여튼 나 역시 여러 종류의 심부름을 하는 사이에 세월이 흐르고 어른이 되었다. 학교에 다닐 때는 서로 불목한 두 친구의 화해를 위해 좋은 말 심부름을 하기도 하고, 서로 좋아하지만 말

못하는 두 사람 사이에서 편지 심부름을 하기도 했다. 다른 사람의 심부름을 해주다가 좋은 인연을 맺게 되는 일도 주위에서 자주 보게 된다. 그러나 크고 작은 심부름을 제대로 하기 위해선 늘 겸손하고, 지혜로우며, 말을 아끼고, 책임감이 투철하며, 사랑의 마음이 있어야 한다.

'사랑하는 일'을 소임으로 받은 모든 여성들이 그러하듯 수녀修女는 누구보다 사랑과 봉사의 심부름꾼이 되어야 하리라. 인도의 마더 데레사처럼 오늘도 가난하고 버림받은 이웃을 돌보고, 행려환자들을 데려다 거처를 마련해 주며, 여러 유형의 장애인, 미혼모, 감옥에 갇힌 이들에게 삶의 용기와 희망을 주는 심부름꾼으로서의 수도자들, 봉사자들이 우리 주위엔 많이 있다. 또 직접 현장에서 뛰진 않더라도 수도원 안에 머물면서 그곳에 찾아오는 사람들의 고민과 괴로움을 정성스럽게 들어주며 끊임없이 기도하는 숨은 심부름꾼들도 많다. 자기가 기도해야 할 대상들의 긴 명단을 노트에 적어 보여주던 어느 수녀님의 그 소박한 웃음에서 난 깊은 사랑을 느꼈다.

어느 부서보다도 심부름이 더 많은 수녀원 안에서의 내 소임(비서실) 외에도 나에겐 독자들의 자질구레한 부탁이며 심부름이 꽤 많은 편이다.

―다음 회답엔 꼭 시를 적어보내 달라.
―책에 사인을 해서 보내 달라.
―읽어야 할 좋은 책을 추천해 달라.
―성당에 가고 싶으니 안내해 달라.
―상심한 벗에게 격려의 전화를 해 달라.
―아기 이름을 지어 달라 등등.

이렇게 강의나 원고 청탁 외에도 끝없이 날아드는 개인적인 부탁들을 잘 선별해서 실행하는 일 또한 내가 살아 있는 동안 계속해야 할 사랑의 의무임을 모르지 않으면서 때로는 모르는 척하고 싶을 때도 있는 게 사실이다. 그래도 가능하면 부탁한 사람의 입장을 고려해서 되도록 흔연한 마음으로 하려고 내 나름대로는 무척 애를 쓰고 있다.

어떤 좋은 일을 했다 해도 어린 시절처럼 누가 따라다니며 칭찬을 해 주거나 심부름 값을 주는 것은 아니지만 순수한 마음과 정성을 다한 심부름 끝에는 늘 기쁨이 따르게 마련이다. 심부름을 하는 과정에서 혹시라도 약간의 이기심과 허영심이 내 안에 스며들었다 하더라도 그 부끄러운 흔적은 아무도 눈치채지 못하게 슬쩍 지워 버리면 될 것이다. 심부름을 하다 보면 믿음, 인내, 절제, 온유, 친절, 사랑, 지혜의 덕이 필요하니 결국은 자기 수양에도 도움이 되는 것이라 생각된다.

수도복 밑에 입는 내 속치마 주머니 속엔 늘 가로 3센티미터, 세로 8센티미터 정도의 조그만 메모수첩이 들어 있는데, 내가 그것을 꺼내 쓰면 다른 이들은 무슨 시상詩想이라도 떠올라 적어두는 줄 알지만 실상은 내가 해야 할 일, 부탁받은 심부름을 잊지 않기 위해 적어두는 경우가 대부분이다.

손님맞이 심부름, 편지 쓰는 심부름, 전화 심부름, 외출하는 심부름 등등 여러 종류의 심부름 중에도 누군가를 위해 선물을 준비하는 심부름은 제일 기쁘다. 아무리 사소한 것일지라도 선물 받는 상대에게 어울리는 물건들을 골라 고운 포장지나 꽃 달력으로 만든 봉투에 넣고 리본을 매면서 사랑하는 마음, 고마운 마음을 새롭히는 일은 언제나 기쁘고 설레는 작은 축제가 아닐 수 없다.

싱싱하고 고운 빛깔의 갖가지 과일이 들어 있는 선물 바구니를 이웃에게 건네듯 나는 오늘도 화안한 기쁨으로 내 일상의 바구니에 이런저런 심부름거리를 모으며, 때가 되면 혼연히 심부름 나설 차비를 하며 살고 있다.

사랑하는 이들을 위해 목숨까지 내놓은 사랑의 예수님처럼, 성모님을 비롯한 세상의 모든 헌신적인 어머니들처럼 이웃을 위해 희생을 아끼지 않는 사랑의 심부름꾼이 되고 싶다. 그리 되려면 우선 일상의 작은 일부터 더 충실히 해야 하리라. 최근에 읽은 김옥녀 시인의 시구가 떠오른다.

누가 은근히 알린다
이 땅에 올 때
그분의 심부름으로 왔다고
사는 데 그만 빠져
그걸 잊어버렸다고

그로 인해서 그분 앞에
다시 서지 못하면
그건 안될 일이지
어려운 곳으로 데려가
그곳 형제들을 내 몸같이 여기고

하늘에 소망 두라 하신 말씀

거역하고 되레 그분이 쌓은 보물

헐어버리고 있다면

그건 안되지

—시 〈그것만은 안되지〉 전문

  참으로 다른 이에게 기쁨을 주는 사랑의 심부름꾼이 되려면 나 역시 얼마나 더 작아지고, 낮아지고, 부서져야 할지?

  그러나 어떤 어려움에도 불구하고 나는 최선을 다하는 좋은 심부름꾼이 되고 싶다. 〈1994〉

기쁨의 샘에서 기쁨을 길며

"어때요. 수도생활이 매우 힘들지요?"
"특별히 가장 힘든 때는 언제인가요?"
사람들은 내게 종종 이런 질문을 던지지만 수도생활의 큰 비중을 차지하는 기쁨의 요소에 대해서는 거의 언급을 하지 않는 편이다.

초등학교에 입학한 지 얼마 안 되는 나의 어린 조카 태균이가 보내주는 성탄 카드에도 번번이 "이모, 괴로우시겠습니다" "우리들을 위해 기도하시느라 고생 많이 하셨어요"라고 쓰여 있는 것을 보고 웃었는데 그 애의 눈에는 수녀이모가 꽤나 고생하는 사람으로 보였나 보다.

나 역시 어린 시절엔 수도생활을 기쁨·행복·즐거움이란 단어와 연결시키기가 쉽지 않았다. 내가 초등학교를 졸업하기도 전에 가르멜 수녀원에 입회한 언니 수녀님으로부터 누누이 수도생활의 기쁨과 행복에 대한 이야기를 말이나 글로 전해 들었지만 수도복의 그 칙칙한 빛깔만큼이나 수도생활은 한없이 무겁고 어둔 것으로만 생각되었다.

아직도 한결같이 기쁨의 수도생활을 하고 계신 언니수녀님에 비하면 나는 여러모로 모자람투성이지만 이제는 나도 언니처럼 하느님이 주인이신

'기쁨의 샘'에서 기쁨을 긷는 한 사람의 수도자임이 행복하다. 내가 선택한 수도원에서의 20여 년을 살고 난 지금 나는 내가 걷는 이 길을 '기쁨의 길'로 확신하고 있으며, 내가 살고 있는 이 집을 '기쁨의 집'이라고 자랑할 수 있음 또한 감사한다. 어떤 순간들이 힘겹다고 해서 포기했다면 맛보지 못했을 잔잔한 기쁨들을 소중히 보듬어 안으며 그동안 나를 위해 기도해 준 많은 분들을 다시 기억하게 된다.

참으로 마음으로부터 우러나오는 기쁨과 평화가 없다면 수도생활은 극히 메마르고 무의미한 것일 수밖에 없다. 하느님을 알고, 믿고, 그분께 매일 새롭게 응답하는 삶 자체가 기쁨인 것이다. 그동안 내가 써 놓은 묵상노트만 살펴봐도 이러한 기쁨의 모습이 눈에 띈다. 그 누구와도 바꿀 수 없고, 무엇과도 바꿀 수 없는 영원한 기쁨, 믿음에서 오는 기쁨, 하느님을 갈망하고 기다리는 이의 기쁨, 그분 안에 만남을 이룬 이들과의 친교의 기쁨, 이웃에게 주님을 전하는 작은 도구의 역할을 다했을 때의 기쁨, 때로는 시련과 아픔을 통해 거듭나는 구도자로서의 기쁨, '모든 이의 모든 것'이 되길 지향하면서도 자신이 하느님만의 것임을 알고 또한 그렇게 살려고 노력하는 자유인으로서의 기쁨 등이 기쁨에 대한 갈망과 함께 군데군데 적혀 있다. 그 중의 몇 토막만 여기에 옮겨 보기로 한다.

• 더 기쁘게, 더 감사하게, 더 겸허하게 자신을 내어놓는 민들레가 되리라. 앉아서도 세상을 날고 누비는 민들레 홀씨, 민들레 사제, 민들레 수녀가 되리라.

• 기쁘게 바쁘고, 바쁘게 기쁘자. 까치가 많이 날아드는 우리 수녀원에

서 나도 까치처럼 기쁜 소식을 전하며 기쁘게 살아야지.

• 난 우리 수녀원이 좋다. 우리 식구들을 사랑한다. 그날그날을 행복하게 사는 것, 그날그날을 새로운 마음으로 선물처럼 받아 안고 사는 것이야말로 얼마나 아름다운 일인가? 예기치 않게 마주치게 되는 어려움, 갈등, 내면의 어둠이란 것도 실상은 내가 받은 사랑과 축복에 비하면 극히 사소한 것일 뿐이다. 얼마 전에 세상을 하직한 사형수 형제들로부터 내가 배운 것도 순간순간을 최대한으로 성실하게 꽃피우며 사는 것, 신앙인으로서의 실존에 가장 충실한 삶을 살아가는 것이며 그 이외의 것은 다 부수적인 것이다. "…수녀님, 우리는 늘 부활을 살아야 하겠습니다. 참해방의 기쁨을 살아야 하겠습니다. 실로 오랜 고투 끝에 얻은 이 작은 믿음은 세상을 보는 눈도 새롭게 해줍니다. 삶이 어려우면 어려울수록 더 절실한 게 인간의 삶이 아닐는지요. 그러니 불행이나 고행 자체가 결코 불행으로만 끝나는 것은 아니지 싶어요." 지금은 다시 들을 수도 없는 베드로 형제의 그 기쁨에 찬 목소리가 들리는 것만 같다.

• 수도원을 하나의 밭이라고 생각하자. 나는 이 밭에 나 자신을 깊숙이 묻어야 한다. 하나의 씨앗이 밭에 묻혀져야만 싹을 틔우고 열매를 맺을 수 있듯이 나도 겸손과 인내의 노력으로 나 자신을 묻는 일에서 기쁨을 얻어야 한다.

• 바쁨 속에서 싹트는 기쁨도 크다. 기쁨은 온유한 마음과 기도 속에서 싹트는 것. 물을 주고 가꿀 책임은 나에게 있다.

• "나의 작은 방법은 넘어질 때에도 승리할 때와 같이 언제나 기뻐하고 언제나 미소짓는 것입니다" 라고 한 성녀 예수아기의 데레사의 말씀이 오

늘 그분의 삶에 대한 영화를 보면서 더욱 깊이 가슴에 와 닿았다.

　이밖에도 나는 기쁨을 주제로 한 글을 여러 번 썼고 때로는 많은 사람들 앞에서 강의도 했지만 이젠 참으로 나 자신이 더욱 기쁘게 살아야겠다. 극히 사소한 것에서도 기쁨을 발견하고 키워서 다른 이에게도 전해줄 줄 아는 기쁨 수녀, 기쁨 시인이 되어야겠다. 기쁨의 원천이신 주님 안에서 기쁨을 길어, 나와 이웃의 삶을 적시는 한 방울의 기쁨으로 깨어 있어야겠다. 그러나 기쁨은 그냥 우두커니 앉아서 기다리는 이의 몫이 아니라, 끊임없이 찾아내고, 정성껏 키워내는 이의 몫이기에 나는 그만큼 더 바삐 움직이지 않으면 안되겠다.

　기쁨아, 너는
　맑게 흘러왔다
　맑게 흘러나가는
　물의 모임이구나

　빠르게 느리게
　높게 낮게 모여드는
　강, 바다,
　호수, 폭포

　조금씩 모습을 바꾸며
　흘러오는 너를

나는 그때마다
느낌으로 안다

모든 맑은 물이 그러하듯
기쁨아, 누구도 너를
혼자만 간직할 수 없음을
세상은 안다

그래서
흐르는 생명으로 네가 오면
나도 너처럼
멀리 흘러야 한다
메마른 세상을 적시며 흐르는,
웃지 않는 세상에 노래를 주는
한 방울의 기쁨으로
깨어 있어야 한다.
　　－나의 시 〈기쁨에게〉

〈1990〉

약점을 자랑하는 용기

어떤 기도

주님, 저는 늘
제 귀를 기쁘게 하는 소리만
듣고 싶어하지만
일부러라도 귀를 아프게 하는
책망과 훈계와 충고의 말을
깊이 새겨듣고, 즐겨 청할 수 있는
성숙한 지혜를 키워가게 하소서.
꿀맛처럼 달디달지만 유혹이 되는
칭찬과 찬미의 말은 두려워하고
씀바귀 맛처럼 씁쓸하지만 약이 되는
어떤 충고나 비난의 말을
오히려 즐겨 들을 수 있게 하소서.
조금쯤 억울하게 느껴지는 말들이라도

변명하지 않고 받아 안을 수 있는
너그러운 마음으로
자신을 넓혀가게 하소서.
남으로부터 부당한 판단을 받았다고
몹시 화를 내기 전에
제가 남에 대해서 잘 알지도 못하고
함부로 말했거나 속단했던 부분을
먼저 마음 아파하고 반성할 수 있는
겸허한 마음을 갖게 하소서.

어떤 모임에서건 누가 먼저
저의 좋은 점을 이야기해 주면
조심스럽게 공손하게 듣기만 할 뿐
수다스럽게 부풀려서 맞장구치는
뻔뻔스러움을 피하게 해주소서.
이웃에게 제 자신을 알리려 할 땐
장점과 성공은 가능한 한 숨겨두고
약점과 실수를 먼저 자랑할 수 있는
어리석음의 용기를 주소서, 주님.

 오늘 아침 나는 문득 이렇게 기도하고 있었다. 나도 예외는 아니지만 대부분의 사람들은 자기의 약점을 되도록 감추고 싶어하고, 싫은 소리는 들기 싫어하는 경향이 있다. 또한 평소에 입버릇처럼 이야기하던 자기의 단점이나 실수에 대해서도 막상 다른 이의 입을 통해서 듣게 되면 왠지 불쾌하고 서운하게 여겨진다. 그러나 따지고 보면 얼마나 어리석은 일인가. 번번이 뒤에서가 아니라 바로 앞에서 우리의 잘못을 일러주거나 솔직히 충고해 주는 사람들이야말로 우리가 고마워해야 할 사람들임을 살아갈수록 더욱 깨닫게 된다. 때로는 오해와 비난의 대상이 되었다고 해서 크게 흥분하기보다는 '나도 누군가에 대해서 잘못 알고 잘못 말한 일들을 조금이라도 기워 갚는 뜻으로나마 조용히 참아야지' 하는 마음을 지니면 될 것이다. 나 역시 다른 이들의 평판으로부터 완전히 자유롭지 못해 곧잘 상처를 입기도 하지만 부족한 나의 글과 사람됨에 대해 이런저런 말들을 들을 때마다 "어차피 호평과 혹평은 'ㄱ'자 받침 하나로 왔다갔다하던데요" 하면 내 말을 듣는 이도 함께 웃어버린다. 어쩌다 내 안에 우쭐대고 싶은 마음이 일렁일 때면 '자랑을 꼭 해야 한다면 나는 차라리 내 약점들을 자랑하겠습니다' '자랑하려거든 주님을 자랑하십시오'라고 한 사도 바울로의 성서 말씀을 떠올리기도 하고, '대부분의 사람들은 남 잘난 맛에 사는 것, 남의 광영을 힘입어 영광을 맛보는 것'이라고 표현한 피천득 님의 〈반사적 광영〉이란 수필을 거듭 읽어보기도 한다.

  현대는 참으로 자기 피알 P.R 시대인 것 같다. 매스 미디어뿐 아니라 사적이나 공적인 자리에서 우리는 '자기 자랑' '자기 과시' '자기 도취'에 가득 찬 언어의 난무를 자주 접하게 된다. 심지어는 다른 이의 글이나 말, 새로운 아이디어를 내 것인 양 가로채서 자랑삼는 민망한 경우도 있다. 하도 으스대는 이들이 많으니 자기는 못났다고, 잘못하고 있다고 고백하는 이들의 목소리가 더욱 신선하게 들리는 것인지도 모른다. 우리 수녀원에서도 종종 자기가 실수하거나 잘못한 부분들을 서로 고백하는 시간이 있는데 극히 사소한 것까지도 진심으로 용서를 청하는 이들의 겸허하고 담백한 모습은 아름답게 보인다. 나 역시 나의 부끄러운 부분들을 고백하면서 의외로 자유로움과 평화를 느낀다. 우리가 자신의 실수나 약점을 무턱대고 감추고 변명하기보다는 오히려 드러내놓고 '자랑하며' 고치려고 애쓰고 다른 이의 도움을 향해 열려 있을 때만 삶은 그만큼 더 자유롭고 여유로워지는 것이 아닐까 생각해 본다.

   우리 모두가 장점 못지않게 '약점을 자랑하는 용기'로 매일을 살아간다면 칭찬을 들었다고 해서 정신없이 들뜨지 않을 것이며, 안 좋은 말을 들었다고 해서 자신을 들볶거나 평화를 잃는 일도 없을 것이다. 오히려 우리 주변엔 늘 담담하고 안정된 기쁨의 향기가 스며 있을 것이다. 〈1994〉

작지만 좋은 몫을

내가 종종 다시 읽어보는 우화 중에 노턴 저스터의 〈점과 선〉이라는 이야기가 있다.

어떤 직선 하나가 자기와는 다르게 생긴 점의 매력에 끌려 사랑에 빠지게 되었는데 의외로 점은 선에게 "너는 막대기처럼 뻣뻣하고 둔해. 자기 속에만 얽매여 있고 갇혀 있잖아. 외곬인데다 꼭 막혀 있어. 착 가라앉아 가지고 답답하단 말이야. 자기 감정을 짓밟고 억누르고 꼼짝도 못하게 하지"라고 쏘아붙이며 거칠고 단정치 못한 '헝클이'하고만 어울려 다니곤 했다. 그래도 직선은 좌절하지 않고 점이 감탄하게 되리라고 생각되는 자신의 모습을 상상하면서 이리저리 애를 써봐도 별도리가 없어 '이젠 어쩔 수 없다'고 포기를 하려는 바로 그 순간에 커다란 집중력과 자제력으로 각을 하나 만들게 된다. 그리고는 자신도 구부릴 수 있다는 가능성에 놀라 밤잠을 설쳐가며 연습을 해서 정사각형, 직사각형, 삼각형, 평행사변형, 사다리꼴, 십각형 등 원하기만 하면 무슨 모양으로든지 자신을 표현할 줄 알게 되었다. 점은 비로소 힘차고 재치 있고 새로운 모습의 선에게 홀딱 반해버리고 점과 선은 무책임하고 불확실한 헝클이를 따돌리고 행복하게 살게 된다.

이 이야기를 읽을 때마다 '너는 막대기처럼 뻣뻣하고 둔해. 자기 속에 얽매여 있고 갇혀 있잖아. 외곬인데다 꼭 막혀 있어'라고 내뱉은 점의 말이 꼭 나 자신에게 하는 말 같기도 해서 혼자서 얼굴을 붉히게 된다. 가뜩이나 마음 그릇이 크지도 못한 데다 소임에서의 경험의 폭도 넓고 깊지 못하여 참으로 융통성 없고 답답한 자신의 모습을 자주 발견하곤 한다. 수십 년의 수도 연륜에 비하면 턱없이 미성숙하고 덕이 부족한 나를 독자들이 글만 보고 아름답게 생각하거나 이상적인 표현을 하거나 하면 나는 정말이지 몸 둘 바를 몰라 도망치고 싶은 심정이다. 그럼에도 불구하고 흔히 뻣뻣하고 지루해 보이는 규칙적인 생활이 늘 새롭고 즐거운 것은 내가 할 수 있는 작지만 좋은 몫을 찾아내어 꾸준히 지속해 온 노력 덕분이라고 확신한다. 그 작지만 좋은 몫이란 마음만 먹으면 누구나 쉽게 할 수 있지만 또한 잊히기도 쉬운 평범한 일들이다.

　예를 들면 어떤 사람이 빨간 수실이나 바늘, 천 조각, 또는 헌 우표 등이 필요하다고 혼잣말처럼 말할 경우 꼭 내게 부탁한 것이 아니더라도 잘 기억해 두었다가 갖다 준다든지, 어떤 모임이 있을 때는 그것에 관계되는 자료들을 미리 찾고 공부해 간다든지, 어떤 공동장소에 며칠씩 잊힌 채 놓여 있는 물건들을 유심히 보아 두었다가 그 주인에게 챙겨준다든지 하는 것 등등이다. 다른 일들로 바쁠 땐 약간 귀찮게 생각될 때도 없지 않지만 이렇듯 조그만 사랑의 행위들을 통해서 삶은 단조롭고 지루할 틈이 없어진다.

　우화 속의 직선이 점의 마음에 들기 위해 자발성을 발휘하여 온갖 모양을 만들어내듯이 우리 또한 매일의 삶 안에서 우리와 관계를 맺는 가족, 친지, 이웃을 위해 끊임없이 다양하게 자기 모양을 만들어 가는 것이라는 생각이 든다. 뻣뻣한 자신을 구부릴 줄 아는 적극성과 능동성을 최대한 발휘하여 교만은 겸손으로, 고집스러움은 온유함으로, 옹졸함과 인색함은 관대함과 너그러움으로 굴곡을 만들어 가는 곡선만능가가 된다면 그만큼 즐거운 삶이 될 것이고 기쁨을 나눌 벗들도 많아질 것이다.

지금 여기 내가 있는 자리에서 해야 할 바를 성실히 이행하는 것이야말로 평범한 사람의 잔잔한 행복이라는 것을 잊지 말아야겠다. 새해엔 나도 곡선을 더 많이 그리는 겸손과 부드러움으로 매일을 살아야겠다고 다짐하며 공초 오상순 님의 평소의 말씀을 구상 시인이 정리했다는 〈꽃자리〉를 다시 외워본다.

반갑고 고맙고 기쁘다
앉은 자리가 꽃자리이니라!
네가 시방 가시방석처럼 여기는
너의 앉은 그 자리가
바로 꽃자리니라
반갑고 고맙고 기쁘다

〈1992〉

마음을 다스리는 노력

"자신의 영적인 힘을 측정할 수 있는 방법들이 있습니까?"
"많지."
"한 가지만 말씀해 주십시오."
"단 하루 동안에 얼마나 자주 마음이 어지럽혀지는가를 알아내어라."

이는 이미 고인故人이 된 인도의 사제, 안소니 드 멜로가 엮은 이야기 모음집에 나오는 한 예화이다.

수도원에서는 요즘도 잠심潛心이라든가 수렴收斂이라는 말을 자주 쓰는데 이렇듯 마음을 가라앉히는 일이나 마음을 한 곳으로 모으는 일은 모든 이에게 다 필요하겠지만 특히 수도修道의 길을 가는 이들에겐 가장 중요한 몫이 아닐 수 없다.

왠지 마음이 자주 들뜨고 산만해지기 쉬웠던 나의 이십 대 초반에 나는 '지금은 내가 너무 젊어서 그렇지만 그래도 마흔 살쯤 넘으면 늘 잔잔한 호수 같은 마음을 지니고 살게 되겠지'라고 기대했었다. 그러나 수도修道생활을 시작한 지도 20여 년이 지나 어느새 사십 대 중반에 접어든 지금, 나는 내 마음을 한결같이 잘 다스리는 일이 결코 쉽지 않음을 수시로 체험하고 있다.

 규율은 엄격했으나 지도수녀님의 세심한 배려와 교육이 늘 보장되어 있던 수련 시절에 비하면 약간의 시간적인 여유도 있고, 사소한 것쯤은 스스로 알아서 할 수 있는 융통성과 자유가 허용된 지금 나는 오히려 예전보다 못해진 듯한 자신을 보는 일이 허다하다. 그야말로 잠심과 수렴이 부족하여 더 깊이 내려가지 못하고 겉도는 기도와 묵상, 건성 듣고 놓쳐버리는 이웃의 말들, 좀더 효율적이지 못한 직무수행, 굼뜨기만 한 사랑의 실천 등으로 안타깝고 부끄러울 때가 한두 번이 아니다. 당연히 해야 할 일을 잊어버리고, 부탁받은 것을 잊어버리고, 쓰던 물건을 잃어버려 종종 '정신없다'는 소리를 듣게 되는 것 또한 나이에서 비롯된 건망증으로만 탓을 돌리기보다는 딴 데 가 있거나 흩어져 있는 내 마음 탓으로 돌리는 것이 더욱 타당할 듯싶다.

 내 마음은 달을 닮아/ 차오르기도 하고 기울기도 해/ 그리고 해를 닮아/ 떠오르기도 하고 지기도 하지/ 내 마음은 파도를 닮아/ 밀려오기도 하고 밀려가기도 해/ 그리고 밭을 닮아/ 씨앗을 키워서 열매 맺기도 하지

 어느 날 나는 내 마음을 읊어 보기도 했지만 참으로 마음이란 하루에도 몇 번씩 개었다 흐리고, 바람이 불었다가 잔잔해지는 변화무쌍한 날씨 같을 때가 얼마나 많은가. 붙들지 않고 그냥 내버려두면 내가 원하지도 않는 곳으로 마구 줄달음쳐 가 주인主人인 나를 당황케 한다.

그러므로 나는 아무리 바쁘더라도 나의 마음을 자주 들여다보며 맑게 다스리고, 곧게 키우는 법을 익혀 두지 않으면 안되겠다. TV, 라디오, 사람의 소리 등 외부로부터의 모든 소음을 떠나 나 자신의 내면으로 깊이 들어가는 시간을 많이 가질수록 나는 좀더 선한 것, 진실한 것, 아름다운 것을 체험할 수 있고, 이에 대한 갈망을 새롭힐 수 있으리라. 또한 지금껏 전혀 경험하지 못했던 깨달음의 순간이 올 수도 있을 것이고, 무심히 잊고 있던 감사와 기쁨을 새로이 발견하며 놀라워할 수도 있을 것이다.

누구라도 자신의 마음을 제대로 들여다보기 위해서는 일부러라도 시간을 내는 노력이 필요하다. 바쁨 속에서도 한 가닥의 여유를 찾을 수 있는 사색思索과 명상瞑想을 게을리 하지 않는 생활 태도를 길들여야 할 것이다. 자신의 마음을 갈고 닦는 일은 제쳐두고 오직 다른 일을 위해서만 숨차게 바쁜 시간을 보내는 때가 현대를 사는 우리에게 얼마나 많은가.

'만물의 원리는 모두 내 마음에 갖추어져 있다. 마음을 반성하여 성실해지면 그것을 알 수 있다. 사람의 마음을 키우는 데는 욕심을 적게 가지는 것이 제일 좋은 방법이다'라고 한 맹자孟子의 가르침을 되새기며 나는 내 마음을 흐리게 했던 크고 작은 욕심들을 반성해 본다. 그리고 이렇게 다짐해 본다. '내 마음아, 내가 외적인 일에 너무 바빠 너를 좀더 자주 들여다볼 수 없었음을 용서해. 미안하지만 앞으로는 내가 좋다고 생각하는 것까지도 그것이 욕심이라면 즉시 버릴 수 있도록 나를 좀 도와주어야 해. 알았지?'라고.

〈1992〉

사랑의 빵을 먹으며 —〈피정 일기〉중에서

사랑하는 제자 세 명을 데리고 타볼산에 오르셨던 주님, 당신의 수난과 부활을 암시하시며 제자들에게 당신의 그 '영광스런 변모'에 대해 침묵을 요구하신 주님, 매일 새벽 밀떡 속에서 변화되시어 제게 오시는 당신의 그 '거룩한 변모'를 체험하면서도 타볼산의 그 제자들처럼 좀더 뜨겁게 감동할 줄 모르는 저를 용서하십시오.

주님, '저희가 여기에서 지내면 얼마나 좋겠습니까' 하고 영광의 기쁨에 취했던 그 제자들처럼 저도 당신을 따르는 데 있어 늘 좋은 것 기쁜 것, 영광스러운 것만 선택하고 거기에 머물러 있고 싶어 하는 자인 것 같습니다. 주님, 제가 당신을 사랑하고 선택한다는 것은 당신의 고통까지 선택하는 것이라는 점을 더 깊이 깨우치고 알아듣게 도와주소서.

*

요즘은 새벽에 눈을 뜰 때마다 또 한 번의 부활 축제를 맞이하는 듯 새롭고 기쁜 마음이 됩니다. 성당에서 묵상 중에 듣는 시계바늘 재깍거리는 소리조차도 생명감을 느끼게 해줍니다. 삶이란 일회적인 것이며, 한 번 가버린 순간들이 다시는 되돌아오지 않는다는 것을 생각하면 얼마나 놀라운지요. 살아 있는 시간들을 정말 함부로 낭비해서는 안되겠기에 마음이 다급해지기도 합니다.

이제 저는 더 이상 자신만의 성안에 갇혀 살아서는 안 된다는 것을 깨우쳐주시는 주님, 타볼산에서 제자들이 당신께 엎드려 절한 것처럼 저도 당신께 엎드려 절하겠습니다. 당신이 하느님이심을, 저의 구원자이심을 굳게 믿습니다. 세상 끝날 때까지 당신이 함께 해주시기에, 그리고 사랑의 성령을 계속 보내주시기에 감히 저 같은 '작은 자'도 당신의 증인이 되어 복음을 선포하는 일에 한몫을 다할 수 있음을 확신합니다. 저 또한 당신의 사랑 받던 그 제자들처럼 당신의 죽으심과 부활하심을 믿고 전하며 당신이 얼마나 좋으신 분인가를 노래하렵니다. 살아 있는 동안 매일의 생활에서 저는 믿음과 희망과 사랑, 기쁨과 평화와 인내, 온유와 겸손과 선행의 증인이 될 수 있도록 도와주십시오.

*

사랑하는 주님, 오늘은 당신 가슴에 기대어 당신의 말씀을 들었다는 사도 요한처럼 저도 당신 곁에 바짝 다가앉아서 당신의 그 모습을 살펴보렵니다. 당신이 지난날 제게 베풀어주신 무한한 은총과 사랑을 다시 기억하며, 붉은 포도주가 넘쳐흐르는 저의 술잔에 말로는 다 표현 못할 저의 참회의 마음을 눈물로 담겠습니다.

사랑하는 주님, 번번이 당신을 배반하고도 "저는 아니겠지요?"라고 발뺌만 하려드는 뻔뻔함을, 당신의 그 깊은 말씀을 절반도 채 못 알아듣고 동문서답하는 이 죄인을 용서하십시오. 오늘은 "주님, 발뿐 아니라 손과 머리까지도 씻어주십시오"라고 당신께 청을 드린 사도 베드로처럼 저도 당신

께 제 때묻은 손과 발과 머리를 드리오니 씻어주소서.

"내가 너를 씻어주지 않으면 너는 이제 나와 아무 상관도 없게 된다"고 말씀하시는 주님, 당신이 씻어주신 깨끗한 손으로 저는 당신의 거룩한 두 발을 씻어드리게 하소서. 떠나시는 당신을 위해 제가 할 수 있는 일이 왜 이리 없습니까. 왜 이리 무력한 자로 남아 있어야 합니까.

"정말 잘 들어두어라." 늘 애절하게 하시는 그 말씀을 잘 듣고 살지 못했음이 오늘은 뼈에 사무치는 서러움으로 저를 아프게 합니다. 제게 주신 극진한 사랑을 돌려받지 못하고 번번이 상처만 받으신 사랑의 주님, 당신이 떼어 주신 사랑의 빵을 먹으며 당신이 저를 위해 행하신 숱한 일과 놀라운 기적들을 생각했습니다. 빵처럼 제 마음에 부풀어오르는 당신의 큰 사랑을 느꼈습니다. 하오나 주님, 당신은 대체 누구십니까? 누구시길래 그토록 큰 사랑으로 저를 늘 이렇듯 당황하게 하십니까? 당신이 너무 큰 사랑을 베풀어 주실수록 저는 더욱 사랑에서 멀리 있는 듯한 작은 자의 외로움을 맛봅니다. 오, 주님, 오늘은 당신이 베푸신 최후의 만찬을 기념하는 날, 저의 이런 마음을 기도로 바치오니 받아주소서. 사랑이 부족해서 가난한 저이오나 저의 전 존재를 봉헌하오니 받아주소서.

*

예루살렘으로 입성하듯이 지금은 제 마음의 성으로 조용히 들어오시는 주님, 아무래도 전 당신이 오시는 길에 깔아드릴 것이 마땅치 않아 부끄럽습니다만, 못나고 초라한 제 마음 그대로를 깔아드립니다. 오늘 당신의 눈은 제게 이렇게 말씀하시는 듯합니다. "따라와. 난 네가 필요해. 고통을 두려워하지 마라. 내가 네게 견딜 힘을 주겠다"라고.

주님, 오늘은 몹시 고단했습니다. 그러나 당신이 또 새 힘을 주셨기에 감사드립니다.

*

풍랑을 잔잔히 하신 나의 주님, 제 스스로 감당키 어려운 풍랑이 제 마음의 바다에 뜬 믿음의 배를 파산시키려 할 때, 당신이 그 풍랑을 가라앉혀 주소서. 그러면 제가 살겠나이다.

가까이 오시는 당신을 제가 알아 뵙지 못하고 겁을 먹고 있을 때, "나다, 안심하여라, 겁낼 것 없다" 이렇게 말씀하여 주소서. 그러면 제가 마음놓고 삶의 거친 파도 위를 걸어가겠나이다.

종종 한적한 곳으로 피해 몸을 숨기시고 기도하신 주님, 제가 사람들과 일 사이에서 마음의 시달림을 받을 때 "잠시 나와 함께 외딴 곳으로 가자"고 말씀하여 주소서. 그러면 제가 다른 일 제쳐두고 당신과 함께 기도의 산으로 오르겠나이다.

*

주님, 당신을 사랑합니다. 지금 곧 이 세상을 떠난다 하더라도 이것이 가장 진실한 저의 기도임을 다시 알게 해주셨습니다. "주님, 당신을 믿습니다." 그저 상투적으로 이렇게 밖에는 기도할 줄 몰랐던 저의 메마름이 슬퍼져서 오늘은 실컷 울었습니다.

주님, 당신을 사랑합니다. 저의 남은 날들을 오직 이렇게만 기도하게 하옵소서. 저는 이제서야 비로소 사랑이신 당신을 사랑으로 선택했기 때문입니다.

주님, 당신을 사랑합니다. 이 말 속엔 끊임없는 감사와 찬미의 기쁨도,

마르지 않는 참회의 눈물로 모두 포함되어 있음을 당신은 아십니다.
　주님, 당신을 사랑합니다. 하루의 첫 시작과 마지막 기도는 오직 이것으로 충분하게 하옵소서.　　　　　　　　　　　　　　　　〈1989〉

배추를 씻으며

그동안 바쁘다는 핑계로 미루어 왔던 일들이 하나 둘씩 눈에 띄기 시작하면서 조금은 초조해지는 한 해의 마지막 달. 안팎으로 월동 준비를 하느라 우리의 몸과 마음이 그 어느 때보다도 분망한 12월이다. 월동 준비의 가장 큰 행사는 역시 김장인 듯싶다. 우리 수녀원에서도 며칠 전에 김장을 했다.

배추를 나르는 일로부터 시작되는 이러한 공동 작업은 평소에 대화가 부족했던 이들 사이의 거리를 좁혀주고 한솥밥을 먹는 식구로서 마음과 마음이 통하는 그만큼 일손 또한 빨라지는 것임을 실감나게 해준다.

"이봐요, 이 배추가 아직 너무 살았지."

"조금은 더 죽어야겠는걸."

"아니야. 이만하면 알맞게 절여졌어요."

수백 포기의 배추를 씻어내면서 주고받는 이런 대화를 듣노라면 절로 미소짓게 된다. 최종적으로 양념을 넣기 전에 적당히 잘 절여진 배추들의 모습을 보면서 우리도 소금에 절여진 배추의 그 부드러움을 닮아야 할 것 같은 생각이 든다.

사람들과의 사이에 있어서도 서로 원만한 관계가 오래 유지되려면 자신의 거칠고 뻣뻣한 면들을 겸손과 인내와 절제의 소금으로 조금씩 가라앉힐 줄도 알아야 할 것이다. 남을 무시하고 전적으로 자기만 옳다고 주장하는 독선과 아집, 자신의 실수나 잘못은 깊이 반성할 틈도 없이 다른 이의 결점과 잘못만을 가차없이 비난하는 말이나 행동 등의 그 뻣뻣한 '살아 있음'을 우리는 사랑과 용서, 이해와 관용의 소금으로 아픔과 쓰라림을 참으며 '죽일 줄도' 알아야 하리라.

이 시대의 불의와 어둠을 탓하며 목소리를 높이거나, 성급하고 충동적인 저항의 큰 몸짓을 하기 전에 우리는 먼저 자신의 삶과 내면을 제대로 가꾸고 돌아보는 지혜를 키워야 하지 않을까.

다른 사람에겐 '잘 죽어 잘 익은' 성숙함을 기대하면서도 자신의 설익음은 개의치 않는다면 부끄러운 일일 것이다.

맛있는 김치가 되기 위해 숨죽여 엎드려 있는 배추들의 기다림과 침묵의 수련기를 지켜보면서 나도 소금에 잘 절여진 배추처럼 매일을 살아야겠다고 다짐해 본다. 자신을 제물로 내어놓는 조용한 죽음의 용기를 배우면서.

〈1989〉

작은 일에 충실한 삶을

오늘은 우리 수녀회의 일곱 수녀들의 종신서원식이 있어 많은 손님들이 수녀원을 다녀갔다. 지원기, 청원기, 수련기, 유기서원기를 거쳐 입회 이후 만 10년 간의 긴 수련을 끝내고, 이제 종신토록 수도자의 삶을 살겠다는 결연한 결의를 공적으로 다짐하는 서원예식은 언제 보아도 장엄하고 아름답다. 흰 수도복에 흰 꽃을 단 오늘의 주인공들이 두 손을 높이 들어 '주여, 언약대로 나를 받으소서. 나 당신 안에 살리오니 나의 희망이 부끄러움을 당하지 말게 하소서' 하고 한 발짝씩 제단 앞으로 나가며 세 번 반복해서 노래할 때는 절로 눈시울이 뜨거웠다. 주교님이 축성하신, 약속의 표징인 반지를 끼고 '감사와 찬미의 노래'를 부르는 서원자들에게 전 공동체가 "오 기쁘도다, 기쁘도다, 주님의 집에 간다누나"라고 우렁차게 화답할 때는 함께 사는 이들의 사랑과 일치의 기쁨이 그 절정에 달하는 듯했다.

장미나 카네이션처럼 화려한 꽃들을 제쳐두고 당당히 오늘의 축제를 장식하는 꽃으로 선택된 색색의 백일홍들도 족두리를 쓴 새색시인 양 즐거운 웃음을 토해 내고 있었다. 백합들이 줄지어 서 있는 안정원 잔디밭에서 활짝 웃는 얼굴로 사진을 찍거나, 가족과 친지들에게 둘러싸여 축하의 인사를 받는 이들의 모습을 지켜보면서 나는 10년 전의 그러한 내 모습도 잠시 떠 올려보았었다. 이제 며칠 후면 새로 소임을 받고 임지로 떠나갈 그들을 위해 기도하는 마음으로 나도 오늘은 하얀 앞치마를 두르고 열심히 식탁 봉사를 하며 뛰어다녔다. 오늘의 잔치를 위해 음식을 장만하고, 식탁을 꾸미고, 벽 장식을 하고, 노래연습을 하는 등 참으로 많은 이들이 안팎으로 정성을 다했다. 어떤 이는 밖에서 손님을 맞이하여 축하의 리본을 달아주고, 어떤 이는 차량을 정리하고, 또 어떤 이는 자칫 잊혀지기 쉬운 운전기사들만 찾아다니며 돌보는 일을 맡았다. 축제의 시작부터 마무리 단계에 이르기까지 각자가 맡은 역할을 최선의 성실을 다해 기쁘게 수행하는 이들의 그 모습은 보기에도 흐뭇했다. 저녁 식사를 끝내고 우리는 모두 밖에 나가 보름달과 별들을 바라보면서 오늘의 축제에 대한 서로의 소감을 이야기했다.

모든 생활이 다 마찬가지겠지만 특히 수도생활은 무엇보다도 충실성, 극히 사소한 일까지도 무관심하거나 소홀히 해선 안 되는 사랑의 충실성을 필요로 한다. 나는 원래 일손이 서투른데다가 인내심이 부족하고, 마음도 별로 단단하질 못해서, 변함없이 충실한 수도자가 될 수 있을까 몹시 걱정되던 시절이 있었다. 그래서 나는 매사에 남들보다 몇 배 더 노력하지 않으면 안되겠다 싶어 '언제나 작은 일부터 충실히'라는 좌우명을 세워 놓고 시금껏 내 나름대로는 애쓰며 살아온 셈이다. 그러나 날이 갈수록 그 '작은 일'이라는 게 결코 '작은 일'이 아님을 알게 되었고, 이에 대한 충실성이 자연스런 덕德으로 몸에 배려면 아직도 멀었다는 생각이 든다. 하찮은 일도 사랑으로 완성하려면 끝없는 인내와 겸손과 극기의 수련修練이 필요함을

더욱 절감하곤 한다.

예를 들면, 내가 사용한 물건을 누가 찾기 전에 즉시 제자리에 갖다 놓는다든지, 전화기 옆에 비치해 둔 메모지나 볼펜이 없는 걸 보면 즉시 구해다 놓는다든지, 습기 찬 바닥에 누가 넘어질까 염려하여 마른 걸레를 갖다 놓는다든지 하는 따위의 조그만 행위들은 잘 하다가도 문득 귀찮은 생각이 들 때가 있고, '나 아니라도 누군가 알아서 하겠지' 하는 생각에 슬쩍 지나쳐 버리고 싶은 유혹을 쉽게 받게 되는 것이다. 또 누가 무슨 책이 보고 싶으니 인편으로 챙겨 보내달라거나, 헌 우표를 모아서 우송해 달라거나, 대화나 편지를 통해 어떤 특정한 사람에게 안부를 전해 달라고 하는 종류의 부탁들까지도 잊지 않고 실천하기 위해서는 늘 깨어 있는 정성과 예민한 준비성이 필요하다. 실상 마음만 먹으면 누구나 다 실천할 수 있는 가장 기본적인 의무들을 우리는 가장 소홀히 하기 쉽고, 따라서 이에 따르는 소박한 기쁨들을 놓쳐버리고 사는 게 아닌가 싶다.

'자기의 의무를 조용히 실천하는 기쁨에 비교될 만한 기쁨은 없다' 고 한 간디의 말이 다시 떠오른다.

'물을 아껴씁시다' '문은 꼭 닫고 다니십시오' '청소 도구는 꼭 제자리에 놓아주십시오' '쓰레기는 꼭 구분해서 버려주십시오' 등의 주의 사항들이 공동생활을 하는 수녀원이나 기숙사, 그리고 그밖의 장소에서 자주 눈에 띄는 것만 보아도, 또한 '놀던 자리 깨끗이, 쓰레기는 휴지통에' 라는 표어가 여행길의 휴게소마다 크게 써 붙여진 것만 보아도 우리가 얼마나 기본적인 의무들을 소홀히 하며 사는가를 말해 준다고 본다.

어느 장소에서건 수도꼭지에서 물이 흐르는 것을 보면 즉시 막아주고,

필요 없이 켜 있는 전기를 보면 확인해 본 뒤에 즉시 꺼버리고, 담배꽁초나 휴지는 휴지통이 멀리 있더라도 꼭 그 자리에 가서 버리는 일상의 충실성을 보여주는 것은 그 누구에게나 해당되는 기본 도리이며 의무이다. 버스터미널과 각 휴게소의 화장실이나 어느 일류대학의 화장실이나 별반 다를 바 없이 지저분하게 사용되는 것을 보면 안타깝기 그지없다. 생리대, 머리카락, 껌 같은 것들은 아무리 급한 때라도 반드시 종이에 싸서 보이지 않게 버려져야 하지 않을까? 매사에 가장 기본적인 예의에 대한 충실성이 결여된다면 결코 '문화국민으로서의 긍지'를 내세울 수 없을 것이다. 자기 자신의 유익과 편리를 위한 이기적, 개인적 주인의식은 있어도 우리 모두를 위한 이타적, 공동체적 주인의식이 확립되지 않는다면 얼마나 슬픈 일인가. 남들이 그 무엇을 잘못한다고 탓하기 전에 우리는 먼저 자신의 눈길을 안으로 돌려 성찰해 보는 겸허함을 배워야 할 것이다.

남들이 무관심해서 미처 메워놓지 못한 '틈'이 있다면 그것을 큰소리로 불평하고 푸념하기보다는 묵묵히 대신 메워줄 수 있는 너그러움과 사랑이 어느 가정, 어느 사회에서건 가장 절실히 요구되는 이 시대인 것 같다.

'네가 작은 일에 충성을 다하였으니 이제 내가 큰일을 너에게 맡기겠다. 자, 와서 네 주인과 함께 기쁨을 나누어주라(마태 25,21)'는 성서 말씀처럼 누가 보든 안 보든 작은 일에 충성을 다할 수 있는 그 사람이야말로 행복한 사람, 큰일을 할 수 있는 사람이라 믿어진다.

나를 포함하여 모든 사람들이 매일 '작은 일에 충실한 삶'을 열심히 살아 보다 새롭고 풍요로운 삶의 주인이 되길 기도한다. 〈1986〉

사랑의 작은 길

나의 삶에 영향을 준 많은 사람들 가운데 내가 특히 사랑하는 두 여성이 있다. 그들은 이미 이 세상 사람이 아니어도 늘 내 가까이 머물며 나를 행복하게 해준다. 한 분은 일생을 독신으로 고향집에 숨어살며 수없이 아름다운 시들을 써낸 미국의 여류시인 에밀리 디킨슨이고, 또 한 분은 가르멜 수녀원 안에서 죽는 날까지 사랑과 기도의 삶에 헌신한 프랑스 리지외의 성녀, 예수 아기의 데레사 수녀이다.

디킨슨은 늘 고독을 사랑했고 흰옷을 즐겨 입었다 해서 '수녀' '하얀 나방이'라는 별명을 갖고 있고, 유난히 제비꽃을 사랑했던 데레사는 자신을 작은 꽃에 비유해서 그의 이름 앞엔 늘 소화小花라는 별칭이 따라다닌다.

디킨슨의 시들이나 데레사의 자서전을 읽을 때마다 나는 우리가 놓쳐 버리기 쉬운 사소한 것들을 깊이 꿰뚫어본 그들의 예민성과 은둔 생활을 하면서도 전 우주와 인간을 사랑으로 끌어안은 대담한 단순성의 용기에 탄복하게 된다.

'나는 한번도 하느님과 애기한 적이 없어요. 하늘나라를 가본 적도 없어요. 그러나 그곳을 똑똑히 알아요. 마치 도표가 주어진 것처럼'이라고 노래하는 디킨슨은 다음과 같이 고백한다.

　눈이 멀게 되면
　나는 신앙으로 보겠다
　나의 담갈색 눈은 닫혀질 때가 있어도
　기억은 덮개가 없다
　가끔 감각이 온통 흐려져도
　나는 보게 된다
　마치 누가
　다정한 모습에 불빛을 켜들듯이

　'사랑에 의해서, 사랑을 위해서 행한다면 무엇 하나 작은 것이 없습니다' '내게 구하는 사람에게 주는 것만으로는 넉넉지 못합니다. 나는 다른 사람의 원의願意에 앞질러 가기까지 해야 합니다'라고 적극적인 사랑의 실천을 강조하는 데레사의 모든 말 또한 나를 사로잡는다.
　'나의 작은 길에는 온전히 보통 것밖에는 없습니다'라고 고백한 그녀의 생애가 참으로 위대한 것은 단 한순간도 놓치지 않겠다는 일념으로 극히 하찮고 평범한 일들을 비범한 사랑으로 승화시킨 데 있다. 다른 사람의 원의까지도 앞질러서 알아듣고 실천하는 애덕이란 때로 영웅적인 용기를 필요로 하기에, 그녀가 제시한 '사랑의 작은 길'은 사실에 있어 작은 길이 아님을 느낀다.
　자신의 내면을 투시하는 명상의 시간을 갖는 것, 보이지 않는 가치에 대해 한결같은 믿음과 확신을 갖는 것, 일상의 소임을 지극한 인내와 사랑으로 실천하는 것 등이 차츰 어려워지고 있는 이 시대에 디킨슨과 데레사의 정신은 새로운 의미를 시사해 준다. 이들의 시나 삶에는 감히 비할 바가 못 되지만 나도 매일의 삶 안에서 우선 작은 기회부터 놓치지 않는 사랑의 실천가가 되려고 나름대로는 노력해 오고 있다.

오늘 아침, 방 청소를 하다가 내가 머무는 수도원의 작은 공간이 문득 궁전처럼 소중하게 생각되었다. 십자가, 성모상, 읽다가 펼쳐둔 책, 타다 남은 초, 몇 개의 시어가 적힌 메모지와 연필통, 솔방울과 낙엽 등 내가 눈으로 길들여 놓은 사소한 물건들조차 더없이 새롭게 느껴졌다. 이곳에서 나는 매일을 새롭게 기뻐하고, 새롭게 감사하며 살아가리라. 작은 것들을 늘 소중히 여기고, 놀라워하면서 끊임없이 기도하고 사랑하리라. 이러한 삶의 체험에서 때로 노래와 같은 말이 흘러나온다면 그들을 모아두었다가 시로 탄생시키는 즐거움도 맛보리.

또 새로운 한해를 맞는다. '희망'이란 단어가 새겨진 촛불 아래서 그동안 미루기만 했던 수첩 정리도 해야겠다. 나의 게으름 탓으로 미루어둔 만남, 미루어둔 기도가 더 많아지지 않도록 마음을 여며야겠다. 단순성에로의 여정을 계속한다면서도 나는 아직 복잡하고 가진 게 너무 많다. 불필요한 것은 아낌없이 떨쳐버리고 오직 사랑 하나만을 선택하는 결단과 용기를 구하며 자신과 매일을 갈고 닦는 여인—한 사람의 수녀로 거듭 태어나야겠다.

〈1987〉

함께 사는 기쁨 속에

'주께서 과연 큰일을 하셨기에 우리는 못 견디게 기뻐했나이다' 라는 시편 구절로 첫 노래를 시작하던 오늘 미사는 수도서원 25주년(은경축)을 맞는 네 분 수녀님들을 위한 축하와 감사의 미사였다.

흰옷에 빨간 장미를 달고 제단 앞에서 촛불을 봉헌하는 그분들의 모습은 참으로 숭엄하고 아름다워 보였다. 장미와 안개꽃과 백합으로 장식된 아늑하고 정결한 성당 안은 새벽부터 우리의 기도와 성가 소리로 가득 채워졌다.

'주여, 언약대로 나를 받으소서. 나 당신 안에 살리오니 나의 희망이 부끄러움을 당하지 말게 하소서' 하며 두 손을 높이 들고 봉헌의 노래를 부르는 수녀님들의 모습은 그대로 조용히 타오르는 한 자루의 촛불을 연상케 했다. 지원기, 청원기, 수련기로 이어지는 4년 간의 수련을 마치고 한 사람의 수녀로 첫 서원을 발하던 25년 전의 그날을 떠올리며 각자의 감회에 젖은 탓인지 수녀님들은 연신 눈물을 닦으셨다.

우리가 보기엔 한결같이 충실하고 겸손한 수도자의 삶을 살아오셨다 싶은데도 기도나 대화 중에 자신의 못난 점과 불충실을 울먹이는 음성으로

고백하는 그분들의 모습은 우리를 더욱 감동케 한다. 미사 후에 식탁에서도 우리는 한 가족으로서 서로를 가볍게 포옹하며 축하 인사를 나누는데, 누가 먼저랄 것도 없이 눈물로 말을 대신할 때가 많다. 얼마 전에 서원 50주년(금경축)을 지내신 칠순의 수녀님 앞에서도 우리는 마찬가지였다.

  많은 말보다는 깊은 침묵을 통해 더 잘 알아듣고 헤아릴 수 있는 선배 수녀님들의 그 기나긴 봉헌의 삶—신앙 안에 모든 어려움을 극복해 올 수 있었던 그 충실성과 인내심에 대하여 우리는 무언의 눈물로써 함께 감사하고 축하하는 것이 아닌가 싶다. 흐르는 세월 속에 희끗희끗해진 수녀님들의 머리카락도, 얼굴 위의 주름살도 조금은 쓸쓸해 보이지만 또한 정답게 느껴진다. 각자의 다른 일터에서 25년 간을 기쁘고 성실하게 살아오신 그분들의 모습이 새삼 존경스럽다.

  특히 10년 가까이 병상에 누워 계시며 오늘 처음으로 총원장님의 부축을 받아 예절 동안 잠깐 성당에 들어왔다 나가신 엘리사벳 수녀님은 미사 중에 형제 수녀들과 함께 천국을 맛보았다며 기뻐하셨다. 늘 누워 계시면서도 기도, 묵상, 독서, 편지쓰기 등으로 부지런한 일과를 보내시는 그 수녀님은 문병을 갔던 사람들이 그분이 환자라는 것조차 잊고 나올 때가 많을 만큼 늘 쾌활한 성격의 소유자시다.

  '…고통 가운데서도 언제나 기쁨을 느낄 수 있고, 주님의 사랑을 증언할 수 있기를, 그리고 언제 어디서나 '모든 이에게 모든 것이 되는' 복된 수도

자로서 복된 병상생활을 봉헌하게끔 도와 달라'고 기도를 청하시는 그분을 뵈올 때마다 나는 참 부끄러워진다. 아직 건강한 몸으로도 나는 종종 게으름을 부리고 불평을 하며, 조그만 일로도 우울해 할 뿐 아니라, 모든 이에게 모든 것이 되려는 보편적인 노력보다는 내 마음에 드는 이에게만 잘해주려 애쓰는 편협함을 버리지 못하고 있기 때문이다. 기도가 잘 되지 않거나 부탁받은 글이 잘 써지지 않을 때, 또는 어떤 사람과의 관계가 어려워질 때 나는 특히 병상에 계신 수녀님께 도움을 청했고, 그 기도의 힘을 누구보다도 많이 입었다고 생각된다.

"이봐요, 우리 축(함께 수녀 수련을 받은 반을 말함)은 언제가 은경축이지요?" "우리 그때는 멋있는 여행을 합시다" "무르익은 연륜은 역시 아름다운 거야" 여기저기서 이렇게 말하며 웃는 소리가 들린다.

우리 안 정원 잔디에 자주 산책을 나오는 까치네 일가족처럼 즐거워 보이는 나의 형제 수녀님들, 수도원의 종소리를 따라 함께 기도하고 함께 일하는 가운데 고운 정 미운 정 듬뿍 들어 이젠 잠시라도 헤어지기 어려운 수도원 가족들과 늘 함께 사는 기쁨을 새롭게 느껴보는 이 아침, 뒷산에서는 빗속을 뚫고 뻐꾹새의 노래가 들려온다. 사랑과 기도 안에 자신을 새롭게 봉헌한 모든 이들을 마치 축하라도 하듯이. 〈1987〉

한 톨의 사랑이 되어

'우리의 가난한 사람들이 때때로 굶주려 죽어야만 했다면 그것은 하느님이 그들을 보살피시지 않아서가 아니라 바로 여러분과 제가 나누어주길 원치 않았기 때문입니다. 그들에게 우리가 한쪽의 빵을 나누어주고, 한 벌의 옷을 제공해야 하는 하느님의 구원의 손으로서 사랑의 도구가 되지 않았기 때문입니다. 여러분은 그것을 의식합니까? 그것을 볼 수 있는 눈이 있습니까? 우리는 흔히 보지만 절실하게 관찰하지는 않습니다. 그들을 보는 것이 얼마나 큰 고통인지요!'

이 시대의 성녀라 불리는 인도의 마더 데레사가 어느 모임에서 호소한 이 말은 늘 잊히지 않는다. 예전에 비하면 물질적으로 모든 것이 풍부해졌고, 대부분의 우리들은 먹을 걱정 없이 살고 있지만 아직도 지구촌 여러 곳에서 수많은 이들이 굶주림에 허덕인다는 사실을 얼마나 자주 잊어버리고, 그러한 뉴스를 접할 때조차도 '강 건너 불'을 보듯 방관자처럼 지켜볼 때가 얼마나 많은가. 한국전쟁이 나던 어린 시절이나 열대지방에서 공부하던 학생시절에 잠시나마 배고픔을 체험한 것외엔 굶주림의 고통을 모르고 살아온 나 역시 이웃이 당하는 고통에 무감각하기는 마찬가지인 것 같다.

"수도자는 다른 낙이 있습니까? 먹는 것 외에?"
"하루 세끼 밥 걱정은 안 해도 되니 편하시겠습니다"라고 어쩌다 농담 삼아 던지는 이들의 말을 듣는 일은 정말 민망하고 부끄럽다. 제가 좋아하는 간식으로만 배를 불리고, 제때에 밥을 안 먹는 아이들을 억지로 달래서 밥상에 앉히는 엄마의 모  습을 보는 일, 탐욕에 가까울 만큼 많이 먹어대면서도 음식에 대해 늘 불평이 끊이지 않는 이를 보는 일, 남은 음식을 함부로 쓰레기통에 던져버리는 행동을 보는 이 등은 늘 우울함을 안겨준다. 어쩌다 절식이나 단식을 한다 해도 그 동기가 이웃을 위한 사랑과 애긍을 위해서라기보다는 자신의 건강을 챙기는 동기에서 이루어질 때가 더 많은 우리의 현실을 보는 것 또한 왠지 서운하고 가슴 아프게 느껴진다.

나의 십대 시절, 중국이나 인도의 굶주리는 이웃의 고통에 동참하기 위해 자신의 식사를 최대한으로 줄여서 했다는 프랑스의 여류철학자 시몬느 베이유의 전기를 읽고 크게 감동을 받은 일이 있다. 영양실조가 원인이 되어 34세의 나이로 세상을 떠난 그녀처럼은 아니더라도 우리 역시 조금씩 절제해서 모은 사랑의 몫을 가난한 이웃에게 떼어줄 수 있는 애덕의 실천을 할 수 있으리라 생각된다. 1년 중에 다만 몇 번이라도 고기나 과일 먹는 횟수를 줄이고, 커피·담배·술을 줄이고, 택시 타는 횟수를 줄이고, 취미 생활에 들어가는 비용을 좀더 절감해서 우리의 정성과 노력이 담긴 얼마간의 성금을 적은 액수라도 가족단위로 전달할 수 있다면 실천적 참여의식 없이 불쑥 내어놓은 큰 성금보다 오히려 의미 있고 고마운 일이 아닐까?

최근에 어떤 신부님이 우리 수녀원에 와서 한끼 식사를 하며 '놀랍다'는 표현을 할 만큼 우리의 식생활도 더욱 검박하게 간소화하였다. 눈이 퀭한 소말리아의 어린이들, 극심한 식량난에 괴로워하는 우리의 한 형제 북한 주민들을 생각하면 내가 편안하게 먹는 하루 세끼의 밥이 그저 미안할 뿐이다.

몇 달 전 하덕규, 이문세 씨를 비롯한 젊은 음악인들이 '굶주린 이웃돕기 음반'을 낸다고 부탁을 해서 '한 톨의 사랑이 되어'라는 노랫말을 적어준 적이 있다. 이 가사의 내용처럼 우리 모두 한 톨의 사랑이 되어 배고프고, 목마르고, 외로운 이웃들을 위해 조금은 힘들어도 '사랑의 의무'를 지고, 필요한 것을 채워주는 희망의 그릇이 될 수 있어야겠다.

나는 눈을 뜨고도 보지 못했네
우리 함께 행복해야 할 아름다운 세상
굶주림에 괴로워하는 이웃 있음을
나의 무관심으로 조금씩 죽어 가는
이웃 있음을 알지 못했네.
오, 친구여, 우리는
이제 한 톨의 사랑이 되어
배고픈 이들을 먹여야 하네
언젠가 우리 사랑
나누어 넉넉한 큰 들판이 될 때까지.
오, 친구여

나는 귀가 있어도 듣지 못했네

우리 함께 기뻐해야 할 아름다운 세상

목마름에 괴로워하는 이웃 있음을

나의 무관심으로 조금씩 죽어 가는

이웃 있음을 알지 못했네

오, 친구여, 우리는 이제

한 방울의 사랑이 되어

목마른 이들을 적셔야 하네

언젠가 우리 세상

흘러서 넘치는 큰 강이 될 때까지.

오, 친구여

〈1994〉

생명을 나누는 기쁨

전쟁 중이었던 월남의 어느 고아원에 박격 포탄이 떨어져서 그곳의 선교사들과 몇 명의 어린이들이 숨지고, 여덟 살쯤 된 어린 소녀가 가장 치명적인 부상을 입게 되었다. 당장 수혈이 필요해서 부상병들을 돌보던 군의관과 간호사가 검사를 했으나 위독한 소녀와 혈액형이 맞지 않아 할 수 없이 그들은 서투른 월남어에 손짓 발짓을 섞어가며 부상당하지 않은 어린이들 중에 피를 나누어 줄 사람이 없겠느냐고 물었다. 한참 후에 '헹'이라는 이름을 가진 어린 소년이 천천히 손을 들었다. 의료진들은 마침 소녀와 혈액형이 같은 그의 팔에 주사바늘을 꽂았는데 시간이 지날수록 소년은 왠지 겁먹은 표정으로 몸을 떨더니 차츰 흐느껴 울기 시작했다. 의아한 군의관은 주사가 아파서 그러느냐고 물었고, 소년은 고개를 저으며 애써 참는 듯했으나 울음을 그치지 않으므로 걱정이 되었다. 때마침 그 사리에 온 월남인 간호사의 통역을 거쳐 이유를 안 의료진들은 깜짝 놀랄 수밖에 없었다.

"이 아이는 자기가 죽는 줄 알았던 거예요. 당신들 말을 잘못 알아듣고 당신들이 이 어린 소녀를 살리기 위해 자기 피를 전부 뽑아주겠느냐고 물은 줄 알았던 거죠" 하는 것이 아닌가? 그렇다면 왜 자진해서 피를 뽑아주려고 했느냐고 다시 물으니 헹이라는 소년은 아무렇지도 않다는듯이 대답하더라는 것이다.

"그 애는 내 친구니까요"라고.

몇 년 전 가을 '더 큰 사랑은 없다'는 제목으로 어느 잡지에 소개된 이 이야기를 읽고 나서 나는 참으로 눈물겹도록 아름다운 감동을 받았다. 그 소년과 같은 용기와 사랑이 내게도 있을까 자문하며 기회가 되면 나도 작은 몫이나마 헌혈을 해야겠다고 마음먹었다.

대한적십자사에서 나온 안내서에는 헌혈을 '건강한 사람이 생명이 위급한 환자에게 대가를 바라지 않고 자기의 피를 나누어주는, 인간의 행위 중에 가장 숭고한 사랑의 표시이며 참된 용기'라고 설명해 놓았다. 또 '지금 이 순간에도 많은 환자들이 당신의 헌혈을 기다리고 있습니다' '당신의 작은 용기가 더할 수 없이 큰 사랑을 잉태하게 됩니다' '우리 인체에는 생명의 나눔을 실천할 수 있는 잉여혈액이 있습니다' 등의 구호로 사회나 교회 차원에서 캠페인을 하고 있으나 헌혈에 대한 인식 부족, 수혈로 인한 에이즈 감염으로 수혈과 헌혈을 혼동하는 데서 오는 기피현상 등으로 헌혈률은 점차 감소되고 있는 추세라고 한다.

사람이 자기 몸 속의 피를 빼서 가까운 가족, 친지도 아닌 모르는 이웃에게 준다는 것은 사랑의 행위임에 틀림없지만 선뜻 내키지 않는 일일 수도 있다. 그래서 결단을 내리고 나서도 왠지 조금은 망설여지거나 두려운 마음마저 갖게 되는 것이 아닐까. 헌혈은 자신의 마음이나 시간, 소유나 재능의 일부를 쪼개어 이웃에게 나누어주는 사랑의 선물과는 또 다른 구체적인 선물, 생명의 나눔임을 나도 이번에 첫 헌혈의 체험을 통해 다시 알게 되었다.

'04-92, 011387호, 혈액형 A, 헌혈량 320cc'라고 적혀 있는 작은 헌혈 증서를 비로소 받아들고 나는 매우 기뻤다. 1989년, 세계성체대회를 계기로 우리 수녀원에서도 1년에 한 번 정도는 헌혈의 기회를 만드는데 나는 3년 내내 시도할 때마다 불합격이다가 이번에 처음으로 성공을 한 셈이다. 헌혈이 끝나고 잠시 누워 있다가 일어나서 비닐팩에 들어 있는 나의 피를 보니 묘한 느낌이었다. 내게 주사를 놓아준 상냥한 간호사와 침대에 누워 있는 나의 동료들에게 핏빛은 붉은 장미꽃보다 몇 배 더 붉은 것 같다고 했더니 미소로 응답했다. 비록 얼마 안 되는 분량의 피였으나 물을 보는 느낌과는 확실히 달랐고, 다른 사람의 피를 보는 느낌과는 또 다른 숙연함이 내게서 웃음을 거두어갔다. 그 피가 어느 날, 미지의 이웃에게 작은 도움이 될 수 있길 희망하며 헌혈차에서 나오려니 적십자사 직원이 맛있는 빵과 주스, 볼펜 한 자루를 기념으로 주었다. 이미 수차례의 헌혈을 한 이들에 비하면 나는 이제야 시작이지만 크게 무리가 없는 한 더 자주 헌혈을 하려고 한다. 헌혈을 할 때마다 자기 친구를 위해 목숨까지 내놓으려 했던 한 어린 소년의 그 갸륵한 마음씨를 나는 더욱 가까이 느끼며, '사랑의 삶'으로 뛰어들 수 있는 믿음과 용기를 새롭히리라. ⟨1993⟩

새 달력을 걸고

12월 중순에 접어드니 나에게도 여기저기서 성탄 카드가 날아오기 시작하고, 거리에 나가면 선물꾸러미를 들고 바삐 걷는 행인들의 모습이 자주 눈에 띈다.

아침부터 가볍게 눈발이 흩날리고 제법 추웠던 오늘, 우리는 관습대로 성탄맞이 대청소를 했다. 회색 또는 푸른색 작업복에 앞치마를 두르고 열심히 유리창을 닦거나 걸레질을 하는 이들의 모습은 모두 밝고 활기차 보였다.

공동작업을 마치고 나의 방으로 돌아와 보니 책상 위에도, 방바닥에도 책과 노트며 편지들이 마구 무질서하게 널려져 있었다. 마침 볼 일이 있어 내 방에 들어왔던 어린 수녀에게 방이 지저분해서 미안하다고 했더니 "어때요 살아 움직이는 사람의 냄새가 나서 좋은데요" 하며 웃었다.

나는 남보다 유달리 깔끔한 편은 못되지만 그래도 내 주변의 것들은 꽤 정리해가며 사는 편이다. 혼자 쓰는 방 안에서의 극히 단순한 '살림살이' 조차도 바쁜 것을 핑계로 돌보지 않고 소홀히 하면 이내 지저분하게 되곤 한다.

또 한 해를 보내고 새해를 맞으면서 나뿐 아니라 많은 사람들이 미처 정리 못한 것들을 찾아서 정리하고, 평소에 챙기지 못한 인사를 카드나 연하장에 담아 보내기도 할 것이다. 연말이 가까우니 나도 괜스레 마음이 바빠져서 며칠 전엔 그동안 벼르기만 하고 못했던 수첩 정리도 해두었다.

오늘 방 정리를 하다가 읽었던 《수피의 가르침》이란 책 안에 이런 얘기가 있다.

무척 영리하고 속 깊은 한 젊은이가 어떤 공동체에 들어왔는데, 하루는 그의 지도자가 그에게 사원의 쓰레기를 치우라고 명령했으나 밖으로 나간 젊은이는 자취를 감추었다. 이튿날 아침에야 나타난 그는 맡은 일을 경시했고, 이기적이며 청소를 하지 않았다는 비난과 꾸지람을 면할 수 없었다. 혹독한 비난을 받았으므로 사람들은 이제 젊은이가 사원의 쓰레기를 잘 치우리라고 믿었으나 그의 태도는 여전했고, "저는 사원에서 오물은커녕 먼지 하나, 지푸라기 하나 보질 못했어요"라고 오히려 의외의 대답을 하는 것이었다. 이 얘기가 그 난해함으로 악명이 높아가자 한 수피(이슬람교의 명상가 혹은 신비가를 일컬음)는 훗날 이렇게 한마디 했다고 한다.

"피상적인 사람들이여, 그 젊은이는 다른 사람들이 표면적인 정화만을 생각했던 것과는 달리 바로 자기 자신을 사원의 쓰레기, 지푸라기, 먼지로 생각했던 거지요."

위의 이야기는 자칫 자아도취나 형식주의에 빠지기 쉬운 우리에게 많은 것을 깨우쳐준다. 살아가면서 우리는 얼마나 성급하게 남을 판단하면서 자신의 내면적 성찰은 소홀히 할 때가 많은가? 보다 본질적인 것보다는 비본질적인 것에 더 마음을 쓰고, 내적인 것보다는 외적인 것들에 더 마음을 빼

앗기며 시간을 보내는 적이 많지 않은지 반성해 볼 일이다.

  그러고 보니 눈에 보이는 나의 방을 치우고 정리하는 일 못지않게 눈에 보이지 않는 내 마음의 방을 깨끗이 하는 일도 매우 중요하다. 내 안에 가득 찬 미움과 불평과 오만의 먼지, 분노와 이기심과 질투의 쓰레기들을 쓸어내고 그 자리에 사랑과 기쁨과 겸손, 양보와 인내와 관용을 심어야겠다. 내 방의 벽 위에 새로운 마음으로 새 달력을 걸듯이 내 마음의 벽 위에서도 '기쁨'이란 달력을 걸어 놓고 날마다 새롭게 태어나고 싶다. 모든 것에 앞서 자신의 내면을 갈고 닦는 지혜를 구하면서……. 〈1988〉

새 옷을 입은 나무처럼

　창가에 심어 보라며 내게 하얀 조롱박 씨앗을 봉투에 넣어 보내준 어느 독자의 마음에도, 그리고 오랫동안 기다리던 첫 아기를 낳아 '해봄'이라 이름짓고 기쁨에 겨워 눈물을 흘렸다는 어느 지인의 편지에도 생명의 봄이 숨쉬고 있다. 막 옷갈이를 시작하여 묵은 잎과 새잎이 어우러져 있는 사철 나무들을 보니 새 생활에 적응하여 마음의 옷갈이를 하는 요즘의 내 모습을 보는 것 같다.
　일터를 여기저기 옮겨 다니며 다양한 체험을 하는 이들에 비하면 나는 비교적 한 곳에 머물러 같은 일을 해온 셈이어서, 장소를 옮기는 일이 그리 흔치 않았었다. 그러다가 이번에 약 2년 기간으로 새 일을 맡아 서울로 옮겨오면서 나는 부산 광안리에 함께 살던 이들과의 헤어짐도 물론 서운했지만 아침, 저녁으로 내가 바라보던 솔숲과 바다, 우리 방 앞의 채소밭을 못 보게 되는 것 또한 못내 아쉬웠다.
　요즘은 수녀원이 있는 후암시장 골목길과 사무실이 있는 명동성당 입구를 오가며 참으로 바쁘게 살아가는 많은 사람들의 모습을 본다. 전화 통화를 하거나 약속시간에 만나 이야기를 나눌 때에도 누구 하나 여유 있어 보이는 사람이 없다. 늘 "바쁘지요?"라는 인사말을 듣거나 하다 보면 왠지 좀 쓸쓸한 느낌이 들곤 한다.

시장에서 물건을 깎아 사거나, 자동판매기에서 커피 한 잔을 꺼내 마시거나 서둘러 버스나 전철을 타는 일에도 썩 익숙하질 못한 나는 인파에 쫓기고 밀리는 기분으로 길을 가다가 이방인의 심경이 될 때가 많다.

며칠 전엔 마음먹고 달과 별을 보러 밖에 나갔는데 남산 위로 부옇게 떠 있는 그 달과 별들은 내가 전에 바다 위로 본 그 맑고 투명한 모습의 달이나 별들과 너무 다르게 느껴져서 슬펐다. 하루에 몇 시간만 사용해도 이내 시커멓게 되는 흰 칼라와 손수건을 빨 때마다 서울의 공해가 얼마나 극심한가를 실감하곤 한다.

공기가 맑고 조용한 곳, 자연이 아름답게 살아 숨쉬는 곳으로 자꾸 줄달음치는 내 마음을 붙들고 나는 종종 이렇게 이야기한다. '보세요, 가장 중요한 것은 현재입니다. 자꾸 뒤를 돌아보지 말고 지금의 생활에 가능한 한 빨리 적응하면서 기쁨을 발견하는 것, 이것이 그대가 할 일이지요.' 그러면서 전과 달라진 지금의 내 생활이 내게 주는 긍정적인 가치와 고마운 것들을 이것저것 헤아려 보며 기쁨을 누린다.

여러 가지 중에서도 내게 가장 고맙게 생각되는 일은 전에 비해 기도할 시간이 줄어들었는데도 기도에 대한 갈망은 오히려 깊어졌다는 것이다. 그래서 일을 하다가도 길을 걷다가도 짧고 단순한 기도를 자주 바치게 된다. 그리고 이것은 내가 시간이 많을 때 다른 생각을 하며 정성 없이 바친 긴 기도보다 더욱 순수하고 간절하다는 느낌이 든다.

오는 5월이면 내가 수도서원을 한 지도 꼭 20년이 되는데 이 긴 세월 동안 기도에 대해 퍽도 많이 듣고, 많이 배우고, 실습도 많이 했건만 나는 아직 기도의 명수가 되질 못했다. 한번도 제대로 기도하지 못한 것 같은 좌절과 회의에 빠져 우울한 적이 얼마나 많았던가. 그러나 내가 한 편의 시를 쓰기 위해 특별한 낱말을 찾아 헤매다가 가장 평범한 낱말을 찾아내고 새로운 기쁨을 발견하듯이 가장 훌륭한 기도의 말 또한 그렇게 유별나거나 멀리 있는 것이 아닌지도 모른다. 어쩌면 나는 극히 평범하고 단순한 말로 기도하는 법을 조금씩 익혀온 터에 그나마 낙제를 면하고 늘 아름다운 '기도의 학교'인 수도원에 머물고 있는 것이 아닌가 싶다.

다양한 사연들과 함께 많은 분들이 내게 기도를 부탁해 오면 항상 부담이 되면서도 기쁜 마음이다. 왜냐하면 자기 자신만을 생각하는 수백 번의 이기적인 기도보다는 이웃을 위한 단 한번의 성실하고 뜨거운 기도가 더 가치 있을 수 있다는 것을 내게 일깨워주기 때문이다. 단순히 개인적인 필요만을 지향하고 추구하기엔 우리가 살고 있는 이 시대의 아픔과 불안이 너무 크다고 생각된다.

매일 육교 위에서 남루한 옷차림으로 구걸하는 이를 볼 때, 심장병 어린이를 돕겠다고 길에서 열심히 노래 부르는 청년을 볼 때, 소리소리지르며 데모를 하는 군중과 폭력의 난무를 볼 때, 그리고 최루가스의 폭발로 연신 눈물을 흘려야 할 때 나는 결코 안일하고 나태한 마음을 지닐 수 없다. 따라서 나의 기도 또한 절박해지는 것을 체험하며 '주여, 우리를 불쌍히 여기소서'라는 한마디를 주문처럼 되풀이하면서 하늘을 본다.

지금 이 세상 어디선가 누군지 울고 있다. 세상에서 까닭 없이 울고 있는 그 사

람은 나를 위해 울고 있다.

　지금 이 세상 어디선가 누군지 웃고 있다. 세상에서 까닭 없이 웃고 있는 그 사람은 나를 보고 웃고 있다.

　지금 이 세상 어디선가 누군지 걷고 있다. 세상에서 정처 없이 걷고 있는 그 사람은 나를 향해 오고 있다.

　지금 이 세상 어디선가 누군지 죽고 있다. 세상에서 까닭 없이 죽고 있는 그 사람은 나를 쳐다보고 있다.

　릴케의 〈엄숙한 시간〉이란 시를 자주 떠올리는 요즘, 나는 나의 기도가 좀더 구체적이고 보편적인 것이 될 수 있도록 도와준 서울의 바쁜 생활에도 감사해야겠다.
　오늘도 명동성당엔 기도하는 이들의 발길이 끊이지 않는다. 성당 안에서, 또는 성모동굴 앞에서 바쁜 중에서도 잠깐씩 틈을 내어 기도하는 이들의 그 모습에서 나는 감동을 받는다. 그들을 보며 나도 기도하고 싶은 갈망을 새롭히는 것, 그늘과 한마음으로 기도하고 싶은 것, 이것은 최근에 나의 삶을 가장 풍요롭게 해주는 기쁨 중의 하나이다.
　새봄에 새 옷을 갈아입는 나무들처럼 나도 새 마음으로 갈아입고, 갈피마다 기도가 적혀 있는 나의 연두색 노트를 펼쳐본다.
　"주님, 저는 바쁨과 기쁨이 비례하는 매일을 살고 싶습니다. 이제 당신께 무엇을 달라는 기도보다는 사랑을 전하는 기도를 더 자주 바치고 싶습니다. 때로 알아듣기 어려운 시련을 낱낱이 분석하면서 당신께 저항하기보다는 울면서라도 있는 그대로의 아픔을 봉헌하며 '때'를 기다리는 지혜를 배우고자 합니다. 그리고 주님, 번번이 남의 결점이나 잘못에 대해 화를 내기보다는 자신의 덕과 기도가 부족함을 먼저 질책할 줄 아는 겸손한 마음을 길들이며 살도록 도와주십시오. 아멘." 〈1988〉

우리 밥, 우리 쌀

1
'얘, 너 밥 먹었니?'
'엄마, 밥 주세요'
'어서 와서 밥 먹으렴'
하는 우리 말 속에
하얀 밥풀처럼 묻어오는
따뜻한 그리움, 반가움, 정겨움

밥은 우리의 생명이요
예술이며 문화인 것을
우리는 설명 없이 압니다.

어린 시절부터 밥을 먹으며
꿈과 희망을 키우고
사랑하는 법을 배워온 우리

우리의 정성스런 밥상은
세상에 살아 있는 이들끼리
생명을 나누는 축제의 자리이며
저 세상으로 건너간 조상들과의
만남의 자리이기도 합니다
그래서 밥이 없이는 살 수 없고
밥을 짓는 쌀이 없으면
늘 불안하고 초조합니다.

어쩌다 다른 나라에 가게 되면
보고 싶은 가족의 얼굴과 함께
제일 먼저 밥을 그리워하는 우리

쌀로 밥을 짓고, 떡을 만들고
숭늉과 술을 만들고, 죽을 끓이며
건강할 때도, 아플 때도
쌀을 주식으로 삼아
결코 쌀이 싫증나거나 물리지 않는
쌀의 백성, 쌀의 겨레

너무 작지만 아름다운 나라

우리가 태어난 이 땅에서
쌀을 통해 우리는
한 핏줄임을 확인합니다.

우리가 가꾼 농산물을
열심히 먹으며 열심히 살다가
언젠가는 죽어서 묻혀야 할
우리 땅, 어머니 땅—
너무 고맙게 가까이 있어서
우리는 당연한 듯
고마움의 표현을 잊고
살았나 봅니다.

농부들의 정성어린 땀과 수고도
곧잘 잊고 사는 우리에게
'가끔은 고맙다고 말해야 해' 하며
조용히 일어나 타이르기도 하는
잊을 수 없는 어머니 땅

여름엔 초록의 싱싱함으로
가을엔 황금빛 겸허함으로
환히 물결쳐 오는 들판은

눈물겹도록 아름다운
우리의 그리움,
하나뿐인 고향입니다.
오, 쌀이 있어 복된 겨레
쌀이 주는 든든한 기쁨이여, 평화여

2
다른 나라의 쌀로
밥을 지어먹는다는 생각은
한번도 해본 적이 없는 우리기에
느닷없는 '쌀 수입' 이야기는
가슴을 찢는 아픔이고
절망의 태풍이 아닐 수 없습니다.
농부가 아니라도 우리는
이 슬픔을 감당할 수 없고
흐르는 눈물을 주체할 수 없습니다.
매일의 잠자리가 편치 않습니다.
어떤 정치적인 발언도
어떤 겉도는 말로도
쉽게 위로가 되지 않습니다.
너무 많은 이유를 대지 마십시오.
복잡하게 생각하기 힘든

단순한 사람들에겐
변명도 오히려 슬픔의 짐이 됩니다.

제발, 하느님도 도와주세요.
언제나 마음놓고
우리 땅에서 우리 밥을 먹는 것,
힘이 들더라도
평화로운 마음과 보람으로
쌀농사를 지을 수 있는 것,
이것이 우리가 새해에 거는
소박한 꿈이며 푸른 희망입니다.

농촌과 농부에 대한 무관심,
우리 것을 소홀히 한
무절제한 삶의 태도,
깊이 감사할 줄 몰랐던
지난날의 뻔뻔함을 뉘우치고
우리는 이제
더 많이 사랑하겠습니다.

숨어 피는 작은 벼꽃처럼 조용하게
잘 익은 벼이삭처럼 겸허하게

한마음 한뜻을 모아

우리는 이제

더 알뜰하게 지혜로운

새 사람, 새 한국인이 되겠습니다.

제발, 하느님도 들어주세요.

쌀 나라 백성의

쌀 한 톨 안에 스며 있는 단단한 눈물

작지만 큰 기도를 꼭 들어주세요.

〈1994〉

책을 읽는 기쁨

어린 시절 내 별칭 중의 하나는 '책벌레'였다. 사유재산이 허락되지 않은 무소유의 수도자라서 책도 늘 공동으로 보는 게 원칙이지만 수도원에 입회한 지 33년 만에 비로소 서재라는 것을 하나 허락 받아 사용하게 되어 얼마나 행복했는지! 안 쓰는 유치원 교실 하나에 '해인글방'을 차린 지 만 6년 동안 모은 책들이 사면 벽을 가득 채웠다. 그러나 자꾸 넘쳐나는 책들을 한 번은 정리를 해야겠다 싶어 얼마 전 나는 대대적으로 작업을 시작하였다.

어디로 먼 여행을 간다고 생각하고 수도원의 도서실, 부산 시내의 문학관 두 곳, 장애인 시설 등지로 많은 책들을 떠나보내며 두고두고 서운한 마음이었다. 읽지 않고 꽂혀만 있는 책들에게 미안한 마음도 있고 해서 새로운 곳으로 가 더 많이 사랑 받길 원한 것인데, 책들이 사라져버린 며칠은 마음이 텅 빈 것 같고 울고 싶은 심정이었다. 몇 년간 내 곁에 있다 다른 곳으로 여행을 떠난 책들이 부디 새 주인에게 제대로 사랑 받길 기도하는 마음이다. 아직도 욕심 많은 '책벌레'인 나는 이제 종이 책뿐 아니라 자연, 사람, 사물이란 책에 숨겨진 뜻을 읽는 큰 기쁨을 새롭게 누리려고 한다.

해인글방의 책꽂이 앞에서

글자놀이

오늘은
일을 쉬고
책 속의 글자들과 놉니다

글자들은 내게 와서
위로의 꽃으로
향기를 풀어내고
슬픔의 풀로 흐느껴 울면서
사랑을 원합니다
내 가슴에 고요히
안기고 싶어합니다

책 속의 글자들도
때론 외롭고
그래서 사랑이 필요하다는 걸
처음으로 알았습니다

—너무 바쁘지 않게
너무 숨차지 않게
먼 길을 가려면
나와 친해지세요—

눈을 동그랗게 뜨고
나를 쳐다보는 글자들에게
나는 웃으며 새 옷을 입혀줍니다
사랑한다고 반갑다고
정감 어린 목소리로 말해주다가
어느새 나도
글꽃이 되는 꿈을 꿉니다

책과의 여행

가장 고요할 때
가장 외로울 때
내 영혼이
누군가의 사랑을 기다리고 있을 때
나는 책을 연다
밤하늘에서 별을 찾듯 책을 연다
보석상자의 뚜껑을 열듯
조심스러이 책을 연다

가장 기쁠 때
내 영혼이
누군가의 선물을 기다리고 있을 때
나는 책을 연다
나와 같이 그 기쁨을 노래할
영혼의 친구들을

나의 행복을 미리 노래하고 간

나의 친구들을 거기서 만난다

아, 가장 아름다운 영혼의 주택들

아, 가장 높은 정신의 성城들

그리고 가장 거룩한 영혼의 무덤들

그들의 일생은 거기에 묻혀 있다

나의 슬픔과 나의 괴롬과

나의 희망을 노래하여 주는

내 친구들의 썩지 않는 영혼을

나는 거기서 만난다

그리고 힘주어 손을 잡는다

고故 김현승 시인의 〈책〉이라는 시의 전문이다. 좋은 책을 만날 때마다 나는 이 아름다운 시를 떠올리곤 하는데 아직 읽어보지 못한 분들을 위해 여기에 소개한다.

수없이 되풀이해 읽어도 읽을 때마다 새로운 고전인 《성서》와 《논어》, 작가를 직접 만난 후, 그 인품의 향기에 끌려 더 즐겨 읽게 된 피천득 님의 《수필》, 법정 스님의 머리말이 너무 아름다워 더 자주 읽게 된 《어린왕자》와 톨스토이의 《인생론》 등 내게도 개인적으로 소유하고 있는 책들이 몇 권 있긴 하지만 요즘은 좋은 책들을 나만의 소유로 묶어두기보다는 더 많은 이들이 볼 수 있도록 '여행'을 떠나보내는 방법을 택하고 있다.

진정 책과의 여행이 없었다면 어린 시절부터 나는 몹시 우울하고 메마른 삶을 살았을 것이다.

한국전쟁이 막 끝나고 난 후의 1950년대, 초등학교에 다니는 어린 소녀의 마음을 달래준 것은 안데르센과 더불어 국내외 여러 작가들의 아름다운 동화들이었고, 5, 6학년 땐 언니·오빠가 구독하는 『학원』이란 잡지를 참 열심히도 읽었다.

중학교에 들어가 문예반 일을 하면서 작문 선생님의 지도로 여러 아름다운 시들을 접할 수 있었고, 친구들과는 으레 시집들을 생일 선물로 주고받곤 했다. 한용운, 김소월, 윤동주, 서정주, 신석정, 유치환, 노천명, 김남조 그리고 '청록파'의 박목월, 박두진, 조지훈 시인들의 시들을 애송하며 편지에도 자주 인용하곤 했는데, 내가 어른이 되어 그 중의 몇 분을 직접 만났을 땐 설레는 기쁨을 감출 수가 없었다.

'삶이 그대를 속이더라도 슬퍼하거나 노하지 말아라 / 슬픔의 날을 참고 견디면 머지않아 기쁨의 날이 오리니' 하는 푸슈킨의 시구詩句나 '뼈에 저리도록 생활은 슬퍼도 좋다 / 저문 들길에 서서 푸른 별을 바라보라'고 하는 신석정의 시구는 '죽는 날까지 하늘을 우러러 한점 부끄럼이 없기를……' 로 시작되는 윤동주의 〈서시〉와 더불어 내게 깊은 인상을 남겼다. '산 넘어 저쪽 더욱 멀리 행복이 있다고 사람들은 말하네 / 나는 그를 찾아 남 따라 갔다가 눈물만 머금고 되돌아왔네' 하는 칼붓세의 시는 현실에 충실해야 할 삶의 지혜에 눈을 뜨게 했다. 졸리는 오후 수업 시간이면 신지식의 〈하얀 길〉〈감이 익을 무렵〉 등의 고운 단편들을 읽어주던 영어 선생님도 잊을 수 없고 그 영향으로 난 막연히 작가를 꿈꾸었다. 학교에서 집에 돌아오면 책을 대여해주는 동네 책방에 가서 얼마나 많은 책을 빌려다 읽었는지 장편소설들은 그때 다 빌려 읽은 셈이다. 지금 생각하면 좀 건방지지만 외국소설과 시는 번역이 썩 마음에 안 든다는 이유로 국내 작품들을 더 많이 읽은 것 같다.

강신재의 〈젊은 느티나무〉, 황순원의 〈소나기〉에 나오는 순결한 사랑의 주인공들을 아끼고, 이광수의 〈사랑〉, 김래성의 〈애인〉, 심훈의 〈상록수〉, 정비석의 〈산유화〉 등을 아직 어린 나이에 읽었다. 〈산유화〉에 나오는 삼청공원이 마침 우리 집 근처여서 나는 곧잘 친구들과 그곳에 오르며 소설에 나오는 김소월의 시들을 낭송하곤 했다.

여고에 들어가서 백일장에 입상하는 등 조금씩 인정을 받기 시작하자 나는 틈틈이 시작詩作을 하며, 독서에 몰두했다. 은근히 나를 좋아했던 먼 친척뻘의 오빠가 갈피마다에 꽃잎을 끼워 선물로 준 단테의 〈신곡〉을 뜻도 잘 모르면서 읽었고, 타고르, 릴케, 헤세의 시에 맛들이기 시작했으며 앙드레 지드의 〈좁은문〉과 괴테의 〈젊은 베르테르의 슬픔〉 등에 도취되었다. 또 한편으로는 인류사에 빛나는 위인들이나 성인들의 전기를 읽으면서 그야말로 '되고 싶은 것'이 너무 많아 잠을 설치며 방황하고 고민하기도 했다.

수녀원에 들어와서 몇 년 간 나는 《성서》나 《그리스도를 본받음》 등의 심신서적 외엔 거의 읽지 않고 있다가 1970년대 필리핀에서 영문학을 공부하며 셰익스피어의 희·비극, 호머의 서사시들, 영시英詩들을 알뜰히 탐독하는 기쁨을 누렸다. 그때 많은 것을 가르쳐준 델 프라도Del Prado 교수는 학식과 덕망과 미모가 빼어난 여성이었는데 지금도 그는 '네가 우리 반에 있었을 때의 문학수업 시간을 잊을 수 없다'며 편지를 보내오곤 한다. 그의 지도로 나는 〈에밀리 디킨슨과 김소월의 자연시 비교 연구〉란 제목의 논문을 쓰게 되었는데 자신의 삶만큼이나 특이한 에밀리 디킨슨의 시들에 깊이 매료되었다.

바쁜 일정 중에도 종종 후배들에게 교양 문학을 강의하는 지금의 내게 어린 시절부터 많이 읽어둔 책과, 책을 통한 인생 체험들은 얼마나 큰 도움이 되는지 모른다. 규칙적인 수도 생활을 하다 보면 책 읽을 틈이 그리 많은 편은 아니지만 그래도 짬짬이 떠나는 책과의 여행은 늘 계속될 것이다. 좋은 것을 선택할수록 책은 배신을 모르는 충실하고 미더운 동반자가 되어 준다. 살아 있는 동안 좋은 책과의 여행을 계속하려면 깊이 고독할 줄도 알아야 한다. 책이 있는 한 나의 삶은 결코 메마르지 않을 것이며 책과의 여행에서 얻은 체험을 이웃과도 나눌 수 있는 순례자일 때 나의 삶은 더욱 풍요롭게 빛날 것이다. 〈1993〉

책을 읽는 기쁨 – 독서 일기에서

"아름다운 나를 다시 읽어주세요."
"새로운 나를 어서 읽어주세요."

조그만 서가에 꽂힌 나의 책들이
두 눈을 동그랗게 뜨고
서로 먼저 말을 건네 오네.

"그래, 알았어. 미안해."
"내가 돌보지 않아 답답하지?"
보채는 책들에게 대답하며
나도 마음이 급해진다.

모든 일 비켜두고
책 속으로 길을 떠나면
내 눈이 밝아진다.

기쁨이 일어선다.

*

어려서부터 늘상 '책벌레'라는 별명이 따라다니고 때로는 어른들의 책까지 앞당겨 본다 하여 꾸중도 많이 들었던 내가 처음에 수녀원에 와서 가장 힘들었던 일 중의 하나는 규칙적인 생활로 인해 아무때나 책을 읽을 수 없는 것, 내 마음대로 책을 골라 볼 수 없는 것, 그리고 원하는 만큼 책을 소유할 수 없는 것 등이었다. 이젠 아무리 많은 책들이 생겨도 내게 꼭 필요한 것 외엔 다 도서실로 보내고도 갈등을 느끼지 않을 만큼 자유로워진 셈이지만, 이상하게도 가을이 되면 책 욕심이 고개를 들어 도서실의 책들을 다 내 방에 들여놓고 시를 쓰는 내 모습을 상상하며 웃어보기도 한다. 서가라 이름하기엔 극히 작은 나의 책장에는 《성서》《논어》《도덕경》외에도 타고르의《기탄잘리》, 롱펠로우의《애반젤린》, 박목월 님과 김현승 님을 비롯한 여러 시인의 시집들, 린드버그의《바다의 선물》, 정채봉의《그대 뒷모습》, 법정 스님의《무소유》와 피천득의《수필》, 그리고 몇 권의 동시집, 신화집, 우화집, 그밖의 종교서적들과 몇 권의 논문집이 있다. 침대 밑에도, 베개 밑에도 나는 늘 내가 읽고 보는 책들을 넣어두곤 하는데 좋은 책들이 숨쉬는 이 방이 나에겐 늘 명상의 쉼터이며, 기쁨의 보석을 캐는 보물섬이다.

*

오늘은 권영상 님의 동시집《밥풀》을 읽었다. 그의 동시들은 늘 몇 번을 되풀이해 읽을 만큼 매력이 있다. 이 시집 안엔 없지만 내가 좋아하는 그의 '단춧구멍'이란 시를 다시 읽어본다.

단추가 떨어져나간 뒤에야

처음으로 단춧구멍을 봤다.

매일 거울 앞에 서서 옷을 입으면서도

단추 뒤에 감추어지는

단춧구멍을 본 적이 없는데

단추가 떨어져나간 옷을 입고

돌아온 때에야

처음으로 단춧구멍을 봤다.

늘 단추 뒤에 가리어만 살아

부끄럼을 잘 타는 단춧구멍

그 빈 단춧구멍 하나가

아무일 없이 다니던 이 길을

이토록 부끄럽게 할 줄이야.

*

오하시 시즈꼬大橋鎭子, 일본의 『생활수첩』 발행인이라고 소개된 이 작가의 《아침 햇살로 다가오는 행복》이란 책을 단숨에 다 읽었다. '여성들이 누릴 수 있는 작은 기쁨 글 모음'이란 부제가 인상적인 이 책에는 120가지나 되는 우리 주변의 밝고 산뜻한 이야기들이 물방울 무늬처럼 퍼져 있다. 날씨, 음식, 옷, 대화, 선물, 편지 등등 극히 평범하고 사소한 것들 모두가 다 좋은 글감이며 나눔의 대상이 되는 소중한 것임을 작가는 짤막한 글들을 통해서 일깨워주고 있다.

*

시도 아름답지만 소설을 읽으면 다양한 세계와 인간의 모습을 잘도 엮어 내는 작가들의 솜씨에 감탄하며 한없이 빠져들게 된다. 때로는 '괜히 읽었다'는 후회와 함께 마음에 짙은 그림자를 남기는 것들도 있지만 어떤 소설은 우리 마음을 아름답게 정화시켜 주고, 내면적인 생활에 도움을 준다. 오늘은 서울에서 아름 엄마가 보내준 이상문학상 수상작과 그밖의 작품집을 읽었는데 양귀자의 《숨은 꽃》 중의 몇 구절은 잊히지지 않는다.

'버리겠다면서 다 버릴 생각은 추호도 없고, '이게 아닌데'라고 중얼거리면서도 욕심을 포기하지 않는 이 질긴 모순을 나는 차마 바라볼 수가 없다' 라든가, '작은 꽃, 작은 눈물 그런 것들로 무찌르기에 이 세계는 너무나 거대하다' 라든가, '사는 일이 가장 먼저란 말이오…사는 일에 비하면 나머지는 다 하찮고 하찮은 것이라 이 말입니다' 등의 말들은 내 가슴에 박혀 떠나질 않는다. 내가 좋아하는 양귀자 씨가 그의 《원미동 사람들》이란 소설에서 이웃의 삶과 모습을 묘사했듯이 나도 내가 사는 수도원과 사람들의 이야기를 시나 소설로 엮어볼 수도 있지 않을까 하는 생각을 문득 하다가 접어두었다. 나는 아직 나의 삶을 묵묵히 익혀두어야 할 단계에 있으므로.

*

읽으려고 따로 포개둔 책들 중에 오늘은 《파라독스 중국 우화》를 펴들었더니 예융례葉永烈라는 분이 쓴 〈붉은 꽃과 푸른 잎〉이라는 짧은 우화가 유난히 향기를 더해준다.

여러 사람으로부터 칭찬의 말을 많이 듣는 어떤 고운 꽃 한 송이가 어느 날 자만심에 빠져 바람의 힘을 빌려 가지에서 뛰어내리지만 얼마 못 가서 이내 시들어버렸고, 사람들은 이 꽃을 쓰레기통에 팽개쳐버리고 만다. 다른 꽃들은 푸른 잎을 떠나지 못했는데 이는 말없는 푸른 잎이 자양분을 공급해 주고 있기 때문에 자기들이 더 붉고 아름답고 향기로워질 수 있다는 것을 깨달았던 것이다. '그래, 꽃은 곱지만 푸른 잎이 없다면 어찌 고와질 수 있었겠는가?'라는 말로 끝이 나는 이 이야기를 읽고 나는 몇 년 전 어느 암자에서 본 달맞이꽃들의 모습이 생각났다. 꽃들을 받쳐주기 위해서 일제히 소리를 내며 피어오르던 수많은 잎새와 꽃받침들을 보면서 나는 그 숨은 힘의 아름다움에 얼마나 놀라워 했던가.

수도원에 오래 살다 보면 숨어서 푸른 잎의 몫을 하는 이들을 많이 만나게 되고, 이분들이야말로 그 한결같은 성실성과 인내, 밑바탕에 겸손으로 수도원 밖에까지 향기를 날리는 사람들임을 알게 된다.

*

나와 함께 수련을 받은 ㅎ수녀님은 나보다 두 살 위인데 워낙 말수가 적고 큰 키에 피부는 가무잡잡한 편이어서 우리는 그를 '월남아저씨'라고 놀리기도 했다. 그와 나는 남들의 눈에 띌 만큼 유난스런 사이는 아니지만, 내게 어려운 일이 생길 때면 언제라도 달려가서 도움을 청하거나 부탁을 할 수 있는 만만한 사람 중의 하나이다. 20여 년을 가까이 지내면서도 나는 그가 자기 자신에 대해서는 물론, 특히 남에 대해서는 더욱더 이러쿵저러쿵 비난이나 불평의 말을 하는 것을 한 번도 들은 적이 없다. 그는 재미없으리만치 묵묵하고, 좋은 말조차 아끼는 듯 늘상 듣는 쪽에 있고, 받아들이는 쪽에 있으므로 나는 그 앞에서 자연히 말을 많이 하게 되고, 푸념도 자주 늘어놓는 편이다. 그래도 그는 이래라저래라 충고하는 법도 없고, 빙그레 웃는 것이 고작일 뿐이다. 어떤 모임에서 돌아가며 말을 할 때도 그의 말은 가장 짧고 단순하고 겸허하다. 자기 자신에게 견디기 어려운 일이 생겨도 '기도해 달라'는 말뿐 자세한 내용 설명이 없는 그는 늘 가장 수수하고 평범한 자리, 수고는 많이 하면서도 잊히기 쉬운 자리에 기쁘게 머무는 듯하다.

다른 사람 같으면 몇 번씩 소임을 바꾸고도 남았을 20여 년의 세월에도 그는 임상병리사로서 현미경 앞에 앉아 있는 병원 일만 계속하고 있다. "너무 한 가지 일을 오래 하는 게 지루하지 않아요?"라고 어쩌다 내가 물어도 미소만 짓는 사람. 말을 안 해도 냉소적이거나 근엄한 분위기가 아닌 그의 따뜻하고 부드러운 침묵이 나는 좋다. 얼마 전 내가 병원에 가서 진찰 받을 때도 그가 옆에 있으니 든든하고, 내가 머무는 곳의 옆방들이 며칠 간 비어 혼자 자는 것이 어려웠을 때도 그가 옆방에 와 머무니 마음이 놓였다. 내가 그를 필요로 할 때마다 그는 늘 조용히 다가와서 힘이 되어주었으나 나는 한번도 제대로 고마움을 표현하지 못하고 살아온 것 같다. 오늘 〈붉은 꽃과 푸른 잎〉의 우화를 읽다가 문득 생각난 ㅎ수녀님, 그는 종종 나로부터 잊혀지면서도 그 서운함을 내색하지 않고 묵묵히 다가와서 모나고 뾰족한 모양의 나를 둥글고 느긋한 사랑으로 받쳐준 고마운 사람이었음을 오늘 새로이 깨닫는다. 내일은 그에게 내가 읽은 우화를 이야기하며 "수녀님은 제게 푸른 잎 같은 분이세요"라고 해볼까? 그는 또 말없이 웃기만 하겠지.

나도 스스로의 힘만 믿고 바람을 타는 꽃잎처럼 되지 말고, 잎새에 의지하여 제자리를 잘 지키는 꽃잎이 되면 좋으련만, 누군가를 받쳐주는 푸른 잎새 같은 사람이 되면 더욱 좋으련만. 이 나이가 되도록 나는 철없고 깊이 없는 꽃잎의 삶을 산다고 생각되어 부끄러울 따름이다. 〈1993〉

책의 향기

책을 많이 읽은 날은 색유리가 아름다운 성당에 들어온 것 같은 느낌이다. 책 속에 수 놓여진 여러 빛깔의 사색이 나를 황홀케 하면 나는 종일토록 즐거워 절로 노래가 흥얼거려진다. 고전을 읽은 날은 나의 내면에서 은은한 풍금 소리가 들리는 것만 같고, 현대 작품들을 읽은 날은 경쾌한 피아노 소리가 들리는 것만 같다.

*

좋은 책에서는 좋은 향기가 나고, 좋은 책을 읽은 사람에게도 그 향기가 스며들어 옆 사람까지도 행복하게 한다. 세상에 사는 동안 우리 모두 이 향기에 취하는 특권을 누려야 하리라. 아무리 바빠도 책을 읽는 기쁨을 꾸준히 키워나가야만 우리는 속이 꽉 찬 사람이 될 수 있다. 언제나 책과 함께 떠나는 여행으로 삶이 풍요로울 수 있음에 감사하자. 책에서 받은 감동으로 울 수 있는 마음이 있음을 고마워하자. 책에서 우연히 마주친 어느 한 구절로 내 삶의 태도가 예전과 달라질 수 있음을 늘 새롭게 기대하며 살자.

*

'이 시대에 와서는 진리가 하도 모호하고 거짓이 굳어져버려 진리를 사랑하지 않고서는 진리를 알 수가 없을 정도다' '나는 그리스도교를 진짜라고 믿다가 틀리기보다는 틀리고 나서 그것이 진짜임을 발견하는 편이 더 무서울 것 같다'고 말했던 파스칼. 오늘은 도서실에서 파스칼의 책들을 빌려왔다. 단숨에 이해하긴 어렵지만 그의 《팡세》《소품집》 등은 읽을 때마다 새롭다. 그의 글도 글이지만 위대한 수학자, 물리학자이면서도 의심 없이 하느님을 믿고 열렬히 사랑했던 그의 삶을 나는 사랑한다. 그가 39세의 나이로 일찍 세상을 떠나지 않았다면 더 많은 책들을 우리에게 남겨주었을 텐데….

*

책에서 만난 좋은 구절들을 잊지 않고 기억하기 위해서는 타이프를 쳐두거나 컴퓨터에 입력해 두는 편리한 방법이 있겠으나 독서 카드나 노트에 직접 써 놓는 정성스러운 방법이 가장 좋다고 생각된다. 여성, 행복, 예술, 신앙 등등 여러 주제로 내가 분류해서 발췌해 둔 독서 카드들은 이미 10여 년이 지나 빛깔이 바랜 것도 많지만 소중하게 여겨진다. 요즘은 나도 게을러져서 책의 좋은 내용들을 쉽게 복사할 때가 많지만 길지 않은 문장들은 되도록이면 노트에 적어 두곤 한다.

'참된 신앙은 어느 요일엔 어떤 음식을 먹고, 어느 요일엔 교회에 가서 어떤 기도를 드리는가 함을 아는 데 있지 않다. 항상 모든 사람을 사랑하고, 좋은 삶을 영위하며 항시 자기가 삶에서 기대하는 것을 이웃에게 베푸는 데 있다'는 톨스토이의 말에 크게 별표를 해두었던 나의 지난날의 모습이 보인다.

*

'단 한 번의 비가 와도 풀들은 푸르름이 몇 배나 더해진다. 그와 마찬가지로 보다 좋은 사상을 받으면 우리의 앞날의 희망은 빛나며, 만일, 우리가 항상 현재에 살며 적은 양의 이슬을 받아도 그 영향을 남김없이 나타내는 풀잎같이, 우리가 당면하는 모든 우연지사에 대처한다면 그리고 지나간 기회를 놓쳐버린 잘못을 보상하기 위해 시간을 보낸다면 우리는 축복을 받을 것이다. 우리는 봄이 왔는데도 겨울 속에서 방황하고 있다.' 헨리 데이비드 소로우H.D.Thoreau의 실제 생활 보고서인 《숲속의 생활》을 읽으면 고독 속에 빛나는 그 사색의 깊이에 놀라게 되고, 구도자적인 삶의 아름다움에 이끌리게 된다. 작가처럼 2년 2개월까진 아니더라도 우리 역시 삶의 어느 기간을 어느 고독한 장소에서 홀로 자신과 마주하는 시간이 필요하지 않을까?

*

피천득 선생님의 수필을 통해 내가 더욱 좋아하게 된 영국의 수필가 챨스 램Charles Lamb. 오늘은 〈회복기의 환자〉라는 그의 수필을 읽고 깊이 공감했다. '병이 들었을 때 인간은 그 스스로에게 자아의 폭을 얼마나 크게 확장시키는가! 환자는 전적으로 자기 자신만을 위한 존재가 된다. 집안 구석구석 내려앉은 정적과 무서운 침묵 속에서 그는 당당하게 누워서 자기의 주권을 즐기고 있다. 환자는 얼마나 마음대로 변덕을 부릴 수 있는가!' 그의 글에는 항상 따뜻한 정감과 유머가 들어 있다. 오래 전부터 잘 알고 있는 사람의 이야길 전해 듣는 것만 같은 램의 글을 다른 사람들에게도 권하고 싶다.

*

내가 여학교에 다닐 때 열심히 책을 빌려 읽던 책방 골목길이 지금도 가끔 꿈에 보인다. 빌리는 값도 쌌지만 주인아저씨의 친절한 미소가 좋아 자주 드나들었던 그 책방. 국내외의 많은 명작들은 대개 그때 빌려 읽었고, 책을 구하기 어려운 시절이기에 더 열심히 읽었다. 무엇이든지 너무 풍부하고 보장되어 있으면 사람은 금방 게을러지고 갈망도 그만큼 줄어드는 것 같다.

*

오늘은 오랜만에 광안리 바닷가에 산책을 나갔는데 방학 때라 그런지 많은 젊은이들로 붐볐다. 근래에 와서 많이도 들어선 해변 일대의 카페, 레스토랑, 노래방들 사이에 조그만 서점 하나 없는 것이 못내 아쉽다. 어디를 가나 사람들이 책방부터 찾고, 틈만 있으면 책을 읽고, 만남에서의 화제도 책 읽은 이야기를 많이 나누는 그런 날들을 꿈꾸어본다. '책을 펴자. 미래를 열자'라는 구호를 내걸고 올해는 특별히 '책의 해'라며 홍보도 많이 하지만 책을 읽어야 할 중요성만 강조할 게 아니라 우리 모두 실제로 책을 많이 읽고 사랑해서 책을 읽는 기쁨에 사로잡힌 '책의 해'가 되면 좋겠다.

〈1993〉

메모하는 기쁨 속에

연필 들고 바라보아라
푸른 산 여기저기
새 시상詩想 혼자 키워
써내린 분신들
모퉁이길 걸어서 돌면
주머니 속 피리 소리
눈 들어 젖은 생각
이미지로 말려본다
새하얀 여백에다
침 묻혀 뼈를 씻고
종이 하나 접고 푼 기억
무릎 치는 깨달음이여.

노창수 시인의 〈메모지〉라는 시를 읽다가 내 수도복 주머니 속의 조그만 메모수첩을 만지작거리니 시인의 표현대로 '주머니 속 피리소리'가 금방이라도 들려오는 것만 같다.

  길든 짧든 한 편의 글을 쓰려면 나 역시 얼마나 많은 메모지를 버려야 하는지 모른다. 무엇이든지 미리 메모해 두지 않고는 작품을 만들기 어렵다. 나는 어려서부터 워낙 메모하기를 좋아했다. 더구나 요즘은 무엇이든지 잘 잊어버리는 나이가 되다보니 생활 전반에 걸쳐 메모는 매우 중요한 몫이 된 셈이다. 시를 쓰기 위해서 뿐 아니라 소임에 필요한 사항을 적기 위해서, 부탁받은 일들을 잊지 않기 위해서 나는 늘 메모지를 가까이 둔다. 그래서 수도복의 속주머니뿐 아니라 내가 쓰는 책상 위에, 성당 자리에, 서가 위에, 침대 머리맡에, 손가방에 작은 수첩이나 메모지를 즐겨 놓아두다 보니 이왕이면 예쁜 메모지들을 좋아하는 종이 욕심쟁이가 되어버렸다.

  메모하는 습관은 창작을 하는 데도 도움이 되지만 평범한 삶에 활기를 불어넣는 데도 도움이 된다. 책을 읽다 발견한 모르는 낱말, 산이나 바다로 산책을 하다 발견한 특이한 모양의 꽃, 나무, 조가비들의 모습을 적어두었다가 도서실에 가서 사전을 통해 알아 가는 순간은 얼마나 기쁘고 흐뭇한지 모른다. 우리가 걸핏하면 '이름 모를 꽃' '이름 모를 새' 라는 표현을 하는 것은 좀 무책임한 것이 아닐까? 사람에게 고유의 이름이 있듯이 꽃, 나무, 새, 조가비들의 이름도 우리가 조금만 노력하면 알아서 불러줄 수 있을 텐데 많은 경우엔 우리가 무관심하고 게으르기 때문에 더 모르는 것 같다.

  혹시 책을 읽다 만난 어느 좋은 구절을 말이나 글로 인용하고 싶다면 이 또한 책이름과 지은이의 이름을 즉시 메모해서 기억해 두면 될 텐데 우리는 너무 자주 '어느 책에선가 읽은 일이 있다' '누군가의 글이었던가' 하고 얼버무리는 식의 표현을 자주 하고 있으며, 이런 표현에 아예 익숙해져버

린 듯하다. 다른 이들이 쓴 글에서 이런 식으로 인용되었거나 작자 미상으로 표기된 나의 글들도 나는 꽤 여러 번 보아왔다.

이것저것 너무 잘 잊어버려 큰일이라는 주위의 사람들에게 나는 "메모하는 습관을 들이세요"라고 말하곤 하는데 듣는 쪽에선 "메모한 것까지도 잊어버릴 텐데 어떻게 합니까?" 하면 나도 함께 웃다가 "그래도 안 하는 것보다는 훨씬 나을 걸요"라고 대답한다.

새로운 글을 쓰는 일도, 해야 할 일을 제대로 챙기는 것도 메모를 통해서 많은 도움을 받고 시간을 절약하게 되므로 나는 더욱 열심히 메모를 한다. 하루의 일과를 끝내고 나면 나는 우선 주머니 속의 메모지를 꺼내 내 나름대로의 분류법으로 정리를 하면서 내가 아직 이 세상에 살아 있음을 새롭게 확인하고 감사하게 된다. 그리고 내일을 위해 다시 작은 메모 수첩과 몽당연필을 주머니에 넣으면서 더욱 새롭게 채워질 내 시간 속의 말들과 삶의 무늬들을 그려본다. 부지런히 메모하는 나의 움직임이 계속되는 한, 내 매일의 삶 또한 희망과 기쁨으로 이어질 것을 믿고 기도하는 마음으로.

〈1994〉

나의 애송시

나는 생각한다. 나무처럼 사랑스런 시를
결코 볼 수 없으리라고.
대지의 단물 흐르는 젖가슴에
굶주린 입술을 대고 있는 나무,
온종일 하느님을 보며
잎이 무성한 팔을 들어 기도하는 나무,
여름엔 머리칼에다
방울새의 보금자리를 치는 나무,
가슴에 눈이 쌓이는,
또 비와 함께 다정히 사는 나무.
시는 나와 같은 바보가 짓지만
나무를 만드는 건 하느님뿐.
―조이스 킬머 〈나무들〉

내가 중학교 문예반에 들어가 문예반 담당 선생님으로부터 처음 들었던

정지용의 〈향수〉〈고향〉을 비롯해 윤동주의 〈서시〉, 타고르의 〈기탄잘리〉, 푸쉬킨의 〈삶이 그대를 속이더라도〉, 칼 붓세의 〈산너머 저쪽〉 등은 오랜 세월이 지난 지금도 잊혀지지 않는 아름다운 시들이다. 새로운 시집을 대할 때마다 새로이 발견되는 좋은 시들이 하도 많아 그 중 하나를 가려 뽑아 애송시로 삼기란 쉬운 일이 아니건만 내가 수녀원에 와서 만나게 된 조이스 킬머의 〈나무들〉이란 시는 근래에도 가장 즐겨 외우는 시들 중의 하나이다.

한 그루 나무에 대한 시인의 명상은 참으로 단순하면서도 깊이 있는 매력으로 살아와서, 수도원의 나무들을 바라보노라면 으레 이 시가 떠오르고 나도 한 그루 나무가 되는 느낌이다. 시인의 표현대로 나무는 가장 조용하고 기품 있는 기도자, 명상가, 시인의 모습으로 서서 우리를 초대하는 것 같은 생각이 든다. 전문 중에서 특히 내가 좋아하는 구절은 '시는 나와 같은 바보가 짓지만 나무를 만드는 건 하느님뿐'이란 끝 연인데 읽을 때마다 내 마음엔 잔잔한 파문波紋이 일어난다. 이 말이 그대로 나 자신의 기도로 느껴진다. 신의 무한성과 인간의 유한성을 다시 한번 생각하게 해주고, 신 앞에서의 나라는 존재, 신과 이웃과 나와의 관계 등을 좀더 진지하게 돌아보게 하는 여운을 남긴다.

교훈적인 냄새를 강하게 풍기지 않으면서도 나의 내면을 들여다보게 하는 조용한 시, 나무의 모습이 한 폭의 수채화처럼 그려진 이 꾸밈없고 간결한 시를 나는 많은 이웃에게 적어 보내고, 직접 읽어주기도 하면서 이 시를 쓴 시인에게 고마운 마음을 새롭힌다.

이러한 나눔의 기쁨에서 힌트를 얻어 나는 '나무의 상징을 통해 본 수도자의 모습'이란 제목으로 강의를 한 적도 있었고 소나무, 미루나무, 향나무, 대나무, 느티나무 등 각종의 나무 이름으로 그룹 이름을 만들어서 함께 묵상하고 작업하는 문학수업을 수녀원에서 주관하기도 했다.

지금은 비교적 많은 나무들이 있는 집에서 살고 있지만 언젠가 나무들을 잘 볼 수 없는 메마른 곳에 살게 되더라도 나는 이 시를 애송하며 내 안에 한 그루 나무를 키우리라. 아니, 나도 나무가 되리라. 자기가 서야 할 땅에 깊이 뿌리를 내리고 서서 사계절의 변화에 적응하는 나무처럼 나도 인생의 사계절을 다 받아들여 적응할 줄 아는 성실한 시의 나무, 기도의 나무가 되리라. 하늘의 것, 땅의 것을 모두 다 큰 사랑으로 껴안을 수 있는 다정하고 어진 사랑의 나무가 되리라.

하느님과 이웃의 몫을 내 것인 양 가로채거나 우쭐대지 않는 한 그루의 겸허한 나무, 명상과 기도를 많이 하되 말은 아끼며 안으로 지혜를 모으는 고운 바보가 되리라.

⟨1991⟩

시와 함께 걷는 길

내게 있어 시는 무엇인가? 잠든 나를 흔들어 깨우는 종소리 같고, 아침을 알리며 미소 짓는 한 송이 나팔꽃 같다. 시를 빚어내는 일은 늘 행복하지만 그만큼의 아픔을 수반한다. 마음 안에 잉태되었던 어떤 시상詩想이 제 모습을 갖추고 한 편의 시로 탄생되기 위해서는 참으로 많은 노력과 시간이 필요하고, 하도 애를 쓰다보면 실제로 몸살이 나는 것을 나도 여러 번 경험하였다.

파를 다듬듯이 / 시를 만지다가 잠이 들었다 / 흙을 털고 뿌리를 도려내고 / 껍질을 벗기며 / 희디흰 알몸이 나올 때까지 / 눈을 감아도 피할 수 없었다 / 마약처럼 매운 냄새 코를 찌르고 / 잠든 머리맡에 / 꿈결같이 놓인 시 한 단

황경식 시인의 이 시는 읽는 순간부터 마음에 와 닿았다. 이미지의 신선함, 문체의 간결함이 돋보이는 이 시를 읽으며 내 코를 찌르는 파 냄새, 마음을 아리게 하는 시 냄새.

*

간밤엔 아주 오랜만에 시를 쓰고 싶은 고운 갈망에 잠을 설쳤다. 지상에 머무는 동안 꼭 마음에 드는 시를 못 쓰게 되더라도 시를 안고 사는 것만으로도 고맙고 기쁘다.

마음속에 보글보글 끓고 있던 시 / 다 익었나 꺼내 보면 / 아직도 설익었으니 / 나는 언제 한번 / 맛있는 찌개 같은 시 한 편 / 내놓을 수 있을까. 문득 이런 구절이 떠오르던 날.

*

누구나 시인이 되고 싶다는 가을. 그래서 가을엔 유난히 시인 지망생들의 편지가 내게도 많이 날아드는 것일까. 그들이 시인으로서의 꿈을 키우는 것은 좋지만 너무 성급하게 시집부터 내고 싶어 하는 것, 써 보낸 시가 대개는 시가 아닌 산문에 더 가까우며 맞춤법이 많이 틀리는 것 등은 적이 실망이 되고, 걱정이 된다. 그들을 위한 도움말을 생각하다가 우선 나 자신을 위해서도 몇 가지의 실천사항을 새롭게 해본다.

1) 쓰기 전에 먼저 오래오래 그리고 깊이 생각할 것
2) 다른 이들의 좋은 글들을 많이 읽고, 새겨 읽을 것
3) 우리말 공부를 충실히 할 것(어떤 사물에 대해 묘사할 때는 백과사전이나 도감을 공부하여 묘사를 바르게 할 수 있도록 힘쓸 것)
4) 떠오른 생각들은 일단 메모한 다음 두고두고 발전시켜 나갈 것
5) 늘 진실하고 겸허한 태도로 글을 쓰며 다른 이의 평가도 받아들이되 너무 매이지는 말 것
6) 어떤 글에서든 다른 이에 대한 섣부른 판단이나 어설픈 추측을 피할 것

*

우리가 아무 생각 없이 살아가는 동안 / 가을빛은 제 몫을 다한 / 늘 우리들 뒤 켠에 서서도 / 욕심을 내지 않은 가을 햇살 / 오늘은 또 누구를 만나려는지 / 일찌감치 사과밭에 와서 / 고 작은 사과를 만지작거린다 / 햇살은 가을 위해 모두를 주면서도 / 소리 내지 않고 조용히 다닌다

—노원호의 〈가을을 위하여〉

한 편의 시를 통해 시인들의 생각 속에 언제라도 들어갈 수 있음은 얼마나 멋진 일인가! 나의 제일 큰 취미는 역시 좋은 시 찾아 읽고 이웃과 나누는 것인데 이런 기쁨을 받아들이지 않는 이들을 간혹 만나게 되면 무척 서운한 마음이다.

*

'수녀님의 삶 자체가 한 편의 시지요?' 하며 내게 악수를 청했던 어느 먼 나라의 독자의 말처럼 나도 나의 삶 전체를 시가 되게 하고 싶다. 삶의 열매가 시이게, 시의 열매가 삶이게 하고 싶다. 윤동주님의 시에서처럼 '잎새에 이는 바람에도 나는 괴로워했다'라고 고백할 수 있는 민감성으로 깨어 있는 시인, 그러면서도 '나한테 주어진 길을 걸어가야겠다'며 자신에게 맡겨진 일에 최선을 다하는 성실하고 아름다운 시인이 되고 싶다. '시는 사람이 생각하는 것처럼 감정만은 아니다. 시는 참으로 경험인 것이다. 시는 언제까지나 끈기 있게 기다리지 않아서는 안 되는 것이다'라고 《말테의 수기》에서 이야기한 릴케의 말도 자주 기억하기로 하자.   〈1994〉

우리의 말이 향기로우려면

우리는 매일 많은 말을 듣고 또 하고 산다. 우리가 만나는 사람의 수만큼이나 말의 양과 질도 매우 다양하며 인간들끼리의 좋은 관계도 나쁜 관계도 말에서 비롯될 때가 많다.

말을 할 수 있음에도 오직 침묵과 기도의 삶에 몰입하기 위해 꼭 필요한 말은 수화手話로 한다는 엄격한 관상수도회인 트라피스트 수도자들은 말을 안하는 그만큼 말로써 죄를 지을 확률도 적어지겠구나 하고 생각해 본 일이 있다.

늘 가까이 대하는 가족, 친지, 이웃끼리도 서로 만만하게 여겨져서 주고받는 말들이 때로는 깊은 오해와 상처를 불러일으키는 경우도 있고, 초면에 말을 잘못해서 좀체 좋은 관계가 이루어지지 않는 경우를 보더라도 참으로 말을 잘하기는 어렵다는 생각이 든다.

오랜 병고에 시달리며 누워 있는 이에게, 사랑하는 이와의 사별의 슬픔으로 괴로워하는 이에게 또는 사업에 실패하거나 시험에 떨어져서 낙담하고 있는 이에게 적절한 위로의 말을 찾아 하는 것은 어떤 좋은 일이 있을 때 축하나 감사의 말을 건네는 것보다 훨씬 어렵게 느껴진다. 꼭 합당한 말

이 없는 것도 아닐 텐데 막상 표현을 하자면 생각은 안 나고 말이 궁해 답답해지는 것을 나도 여러 번 경험했다. "어설프게 위로한다며 오히려 상처를 주기보다는 아예 입 다물고 가만히 있는 게 더 낫지 않을까요?" 하는 말도 종종 듣게 되지만 이는 너무 소극적인 태도인 것 같다.

우리가 글씨를 배우고, 피아노를 배우고 뜨개질을 배우듯이 삶의 질을 높여주는 좋은 말을 배우는 데도 많은 연구와 노력의 연습 과정이 꼭 필요한 것이 아닐까? 평소에 좀더 관심을 갖고 우리말 공부를 하고, 남의 말을 열심히 듣고, 좋은 책을 통해서 좋은 말을 배우며 실제로 잘 활용하려 애쓴다면 우리 자신도 모르게 매일의 언어생활이 좀더 아름답고 깊이 있게 변화되리라 믿는다. 우리의 품격을 떨어뜨리는 저속한 말, 너무 피상적이고 충동적이고 겉도는 말, 자기중심적이고 무례한 말을 습관적으로 하지 않으려면 우리 마음과 삶의 태도부터 맑고, 곱고, 선하게 가꾸어야 하리라. 우리의 말이 향기로우려면 우리의 삶 또한 향기로워야 하고, 그렇게 하기 위해서는 끝없이 노력하는 수행자修行者의 모습으로 매일을 살아야 할 것이다. 나는 가끔 이런 기도를 해본다.

매일 우리가 하는 말은

역겨운 냄새가 아닌

향기로운 말로

향기로운 여운을 남기게 하소서

우리의 모든 말들이

이웃의 가슴에 꽂히는

기쁨의 꽃이 되고, 평화의 노래가 되어

세상이 조금씩 더 밝아지게 하소서

누구에게도 도움이 될 리 없는

험담과 헛된 소문을 실어 나르지 않는

깨끗한 마음으로

깨끗한 말을 하게 하소서

나보다 먼저

상대방의 입장을 헤아리는

사랑의 마음으로

사랑의 말을 하게 하시고

남의 나쁜 점보다는

좋은 점을 먼저 보는

긍정적인 마음으로

긍정적인 말을 하게 하소서

매일 정성껏 물을 주어

한 포기의 난초를 가꾸듯

침묵과 기도의 샘에서 길어 올린

지혜의 맑은 물로

우리의 말씨를 가다듬게 하소서

겸손의 그윽한 향기 그 안에 스며들게 하소서 〈1994〉

복음적인 말씨

'네 땅을 가시나무 울타리로 둘러싸고 금은보화를 안전한 곳에 잠가 두듯이, 너는 말할 때 경중을 가려서 하며 네 입에 문을 달고 자물쇠를 잠가라.(집회서 28, 24~25)'

'속되고 헛된 말은 피하시오. 그것 때문에 사람들은 더욱더 하느님께로부터 멀어지고 그들이 하는 말은 암처럼 퍼져나갈 것입니다.(디모 후 2, 16~17)'

'흰 구슬 한 쪽의 흠은 갈면 되지만 말에 나타난 흠은 어찌할 수 없거늘(詩經)'

위의 구절들은 구약, 신약, 동양고전 중에서 말에 대해 언급한 많은 내용들 중의 일부이다. 인간이 얼마나 신중하고 분별 있게 말을 해야 하는지, 또한 그 영향력이 얼마나 큰 것인가를 시사해 주는 좋은 예라고 하겠다.

얼마 전 내가 어느 친척의 집을 방문했을 때의 일이었다. 초등학교에 다니는 그 집 아이가 제 친구의 흉을 보기 시작하자, "경수야, 그렇게 함부로 남의 말을 하는 게 아니라고 그랬지?" 하고 제 엄마와 할머니가 타이르니까 "아이 참, 이젠 안 그럴게요" 하며 멋쩍은듯이 웃는 것을 보았다. 집집마다 어른들이 이 집에서처럼 아이들의 언어생활을 바로잡아 줄 수 있다면 얼마나 좋을까 하는 생각이 들었다. 화가 난다고 해서 함부로 거친 말을 내뱉거나, 여럿이 모인 자리에서 남의 험담을 일삼는 습관을 어른들이 고치지 않는 한, 아이들에게도 모범이 될 수 있는 아름다운 언어생활은 기대하기 어렵다. 우리는 누구나 진실하고, 품위 있는 말씨, 부드럽고 친절한 말씨, 겸허하고 긍정적인 말씨를 듣기 좋아한다. 그래서 남에게도 은연중에 그것을 요구하고 기대하지만 실상 자신은 그것을 실천하는 노력이 부족한 게 아닐까? 말을 분명 잘못해 놓고도 적당히 둘러대고 합리화시킬 때가 많은 것 같다. 나 역시 하루를 돌이켜보거나, 고백성사를 보기 전에 구체적으로 성찰을 할라치면 말에 대하여 걸리는 부분이 없을 때가 없다.

크리스천은 예외 없이 그의 삶의 자리에서 복음福音을 살고 또 선포하도록 불림을 받은 사람들이다. 그렇다면 그의 말씨 또한 '복음적'이어야 하지 않을까? 남에게 기쁨을 주는 복음적인 말씨란 예수님처럼 온유하고 겸손한 마음에서 우러나오는 말씨, 남을 사랑하고, 이해하고 아끼는 말씨, 그리고 하느님과 이웃에 대한 믿음과 신뢰가 가득 찬 말씨가 아닐까 싶다.

교황 요한 바오로 2세가 한국에 오셨을 때 그분은 '찬미예수'라는 말을 즐겨 쓰셨다. 수도원에서 그렇게 하는 것처럼 각 가정에서도 아침에 일어나자마자 가족들끼리 '찬미예수'라는 인사말로 하루를 시작하면 어떨까. 우리의 매일이 그리고 삶 전체가 '찬미예수의 삶'이 되려면 푸념이나 불평보다는 찬미와 감사의 말을 더 많이 하도록 꾸준히 노력해야 하겠다. 늘 예수님과 함께, 기도하는 마음으로 말을 한다면 우리는 '복음적인 말씨'를 익힐 수 있고, 각자의 자리에서 나름대로 이미 빛과 소금의 역할을 하게 되는 것이다.

'주 야훼께서 나에게 말솜씨를 익혀주시며 고달픈 자를 격려할 줄 알게 다정한 말을 가르쳐 주신다. 아침마다 내 귀를 일깨워 주시어 배우는 마음으로 듣게 하신다.(이사야 50, 4)'

내가 자주 읽는 이 성구聖句를 컬러 펜으로 곱게 써서 벽 위에 붙여놓고 나는 오늘도 새로운 마음으로 기도한다.

'주님, 당신이 도와주시지 않으면 저는 당신을 향한 찬미와 감사의 말도, 이웃을 위한 격려와 사랑의 말도 제대로 할 줄 모릅니다. 오늘도 제 귀를 열어주시어 당신과 이웃의 말을 깊이 들을 수 있도록 도와주소서. 또한 제 입술에서 나오는 말이 당신께는 영광이 되고, 이웃에게는 기쁨이 될 수 있도록 도움의 은총 베풀어주소서. 아멘.' 〈1986〉

잘 준비된 말을

 매우 어쭙잖은 글이긴 하지만 나는 어느새 글을 쓰는 사람으로 알려지게 되어 원고청탁도 꽤 자주 받게 되고, 그러다 보니 더러는 거절을 한다 해도 늘 글빚을 많이 지고 사는 셈이다. 전문적으로 글을 쓰는 사람이든 아니든 간에 시나 산문 등을 하나의 작품으로 탄생시키기까지는 참으로 남모르는 아픔과 인내, 아낌없는 정성과 노력이 요구된다. 나 역시 글을 쓸 때는 마음에 드는 적절한 표현을 찾기 위해 수없이 종이를 버리며 잠을 설칠 때도 많고, 옆 사람이 눈치를 챌 만큼 끙끙 몸살을 앓곤 한다. 글을 쓰기 위해 이렇듯 힘든 과정을 거칠 때마다 나는 겉으로 드러나는 나의 언어생활을 한 번씩 되돌아보게 된다. 내가 말을 할 때도 글을 쓸 때만큼 심사숙고하고, 이것저것 미리 헤아려 분별 있는 말을 하도록 애쓴다면, 성급하고 충동적인 말로 다른 이의 마음을 상하게 하는 일은 거의 없을 것이라는 생각이 든다. 깊이 생각하지 않고 쉽게 뱉어버린 말들 때문에 빚어지는 오해나 불신이 우리 주변엔 얼마나 많은가?
 누가 어쩌다 한결같이 겸허하고, 예의 바르고, 품위 있는 말씨를 쓰면 다시 한번 그 사람을 쳐다보며 감탄할 만큼, 요즘 우리의 언어생활은 퍽도 거칠고 삭막해졌음을 자주 절감한다.

　흔히 글은 오래오래 종이에 남는 것이고, 말은 그냥 사라지는 것쯤으로 생각해 버리기 쉽지만, 한 마디의 말 또한 듣는 이의 마음속에 오랫동안 간직될 수 있는 것이라고 한다면 우리는 얼마나 신중을 기해야 할 것인가? 한 사람의 펜으로 쓰여진 글은 그 사람 특유의 개성을 지닌 작품이 되듯이 한 사람의 입에서 나온 말 또한 그 사람의 인격을 드러내는 하나의 작품이라고 할 때, 우리는 결코 함부로 말할 수가 없으리라. 너도나도 바쁘게 살다 보니 별로 생각할 시간이 없다고 해도, 우리는 매일 잠깐씩 일부러라도 틈을 내어, 마음 깊은 곳으로 들어가 자신의 언어생활을 점검해 보고 늘 잘 준비된 말을 할 수 있도록 최선을 다해야 할 것이다. 말을 할 때마다 마음의 준비를 하며, 꾸준히 자신을 성찰해 간다면 아무래도 부정적인 말보다는 긍정적인 말을 더하게 될 것 같다. 자기와 남을 이롭게 하고 기쁘게 하는 좋은 말, 선한 말만 골라 하기에도 시간이 모자라는데, 남을 비난하고 상관도 없는 일에 끼어들어 흥분하거나, 불평과 짜증과 푸념으로 시간을 보낸다면 얼마나 어리석은 일이겠는가? 마음먹기에 따라서 우리는 얼마든지 말의 질을 높일 수가 있고, 이것은 곧 삶의 질을 향기롭게 높이는 것이라 생각된다.

　이유 없이 남을 깎아내리는 말, 무례하고 오만하고 이기적인 말, 천박하고 상스러운 말은 아예 입에 담지를 말자. 잘 안 된다면 적어도 우선은 횟수를 줄이려고 노력하자. 우리의 말씨가 거칠어지는 것이 시대 탓, 무분별한 매스 미디어 탓이라고만 하지 말고, 우리의 끊임없는 노력으로 매일의 언어생활을 참으로 선하고, 진실하고, 아름다운 작품으로 꽃피우자.

'미리 준비하고 말하라. 경청하는 자가 많을 것이다. 네가 듣기를 좋아하면 배우는 게 많고, 귀를 기울일 줄 알면 현자가 되리라'는 성서의 말씀을 다시 새겨들으며 나도 말에서뿐 아니라 모든 면에 잘 준비된 현자賢者로 살아갈 수 있기를 기도해 본다. 〈1989〉

섣달이면 켜지는 마음의 꽃등

해마다 날아오는 성탄카드가 몇 년 전부터는 내게도 수백 통이 되다 보니 카드를 보낸 분들의 정성스런 사연을 나도 모르게 놓치지나 않을까 싶어 한번 읽고 모아 둔 것을 후에 정리하는 과정에서 다시 한번 읽곤 한다.

이 글의 청탁을 받고 나는 작년 12월에 받은 편지 묶음들을 다시 풀어 읽어 보니 대개가 늘 건강하고 좋은 글 많이 쓰라는 내용의 성탄 카드였고, 내용 없이 이름만 사인된 연하장은 어느 국회의원으로부터 온 것 한 장뿐이었다.

카드의 겉그림들이 모두 아름답고 다양해서 그냥 버리기는 아깝고 어떤 모양으로든지 다시 이용할 생각을 해본다. 직접 수를 놓거나, 그림을 그리거나, 꽃잎과 나뭇잎을 붙여서 만든 카드들은 더욱 눈여겨보게 되는데, 받는 이를 기쁘게 하는 것은 아무래도 겉모양보다는 카드 속에 담겨 있는 글의 내용인 것 같다.

인쇄된 축하의 말끝에 '건강하세요' '기쁜 성탄, 복된 새해 맞이하세요'라고 극히 간단한 내용과 함께 이름만 쓴 것들이 있는가 하면, 카드 안의 흰 공간을 최대한으로 이용하여 촘촘히 정성스런 사연을 적은 것들도 많다.

어떤 이는 자기가 좋아하는 애송시를 붓글씨로 적어 카드에 붙이기도 했다. 어디서나 들을 수 있는 형식적이고 상투적인 말보다는 받는 사람에게 어울리는 구체적이고 진실어린 내용이 훨씬 더 가슴에 와 닿는다. 사랑과 격려, 축원과 기도로 가득한 카드 속의 말들을 나도 몇 개 골라서 읽어본다.

'이모, 기도해 주셔서 감사해요. 제가 그린 이 그림을 받아주시고 잠시나마 기뻐하세요. 성탄과 새해에는 주님의 별빛 같은 축복을 받으세요. 안에 들어 있는 작은 그림은 보너스로 드릴게요' 라고 쓴 어린 조카애의 글, '찌든 마음 가다듬고 조용히 구세주 예수님을 맞이합시다' 라고 쓰신 어머니의 글, '날마다 해가 뜨듯 날마다 반짝이는 은혜의 빛을 주님, 내 누이에게 내려 주소서' 라고 한 오라버님의 글에서 깊은 정을 느낀다. '민들레의 영토에서 바다 가득한 넉넉한 사랑으로 이 한 해를 사신 이여, 다가올 새해에도 당신의 사랑으로 낳은 빛난 언어로 살아가소서' '넉넉한 가을 들판에 서 계신 해인 수녀님, 새해에도 시 쓰시는 수녀님 두 손과 뜨거운 가슴에 주님의 평화가 함께 하시기를' 이라고 쓴 독자들의 글을 읽으면 짐짓 좋은 시를 쓰고 싶은 마음이 새로워진다.

또 '늘상 접하는 수녀님의 시 때문에 얼굴 한번 안 보고도 항상 곁에 계신 것 같습니다. 그동안은 소나기같이 내리쏟는 사랑만을 갈구해 왔는데 이제부터는 '몽당연필' 같이 닳아지는 사랑을 배우고자 합니다' 라고 어느 교도소에서 날아온 카드와 '기다림이 징역살이인 슬픈 인생은 억누를 담장이 높을 뿐이지만 하늘이 내 집 같은 희망은 분명 사랑의 확신입니다' 라는 어느 무기수의 고백이 적힌 카드는 나를 참으로 숙연하게 한다.

1년에 한 번 성탄 카드를 쓰는 일은 억지로 마지못해 하는 부담스런 의무가 아니라 평소에 못다한 인사까지 더불어 챙길 수 있는 흔연한 사랑의 의무, 즐거운 의무여야 할 것이다. 전화와 팩시밀리가 아무리 신속하고 편리해도 고운 카드 안에 정성껏 쓰는 축하의 말을 대신해 주지는 못할 것이다.

나도 어느 해인가는 팔이 아프도록 사인을 해서 수백 통의 성탄카드들을 독자와 친구들에게 보내기도 했으나 분량이 많다 보니 두세 줄의 좋은 말을 써넣기도 여간 힘겨운 게 아니었다.

좀더 긴 글을 써서 복사를 해 보낼까도 생각했으나 친필에서 배어나는 따뜻한 정감이 없을 것 같아 그만두고 말았다. 이번 크리스마스에는 또 몇 통의 카드들을 받게 되고 또 보내게 될지 알 수 없지만 내가 보낼 때는 우선 어린이, 장애인, 수인囚人들, 일반 독자, 가족, 친지 등의 순서대로 쓰려고 나름대로 정해 놓고 있다.

내가 많은 이들로부터 사랑받고 있다는 기쁨과 동시에 내가 이웃에게 자신을 더 많이 내어 주어야 할 사랑의 빚쟁이임을 조용히 일깨워주는 수많은 카드와 편지들. 이들 앞에 약간은 어깨가 무거우면서도 새로운 고마움으로 내 마음엔 환한 꽃등이 켜진다.

그리고 카드 속에 쓰여 있는 모든 좋은 말—믿음과 희망과 사랑의 말들이 내 삶의 길에서 그대로 이루어지길 기도하고 노력하리라 다짐해 본다.

비록 어느 날 내게 더 이상 많은 카드가 오지 않고 내가 보내지 않너라도 행복하고 충일한 삶의 주인이 될 수 있도록……. 〈1991〉

꽃씨
여섯

십대들을 위하여

초등학교 교과서에 〈말의 빛〉〈별을 보며〉라는 나의 동시들이 실리고, 중학교 교과서에 〈민들레의 연가〉라는 수필과 〈듣게 하소서〉라는 시가 실리면서 부쩍 어린 독자들의 이메일과 편지를 많이 받게 되었다.

어느 학급에선 작가에게 직접 편지하라는 숙제를 주기도 하는가 본데 나는 어린 친구들에게 되도록 답을 해주려고 애쓰는 편이다. 나의 어린 벗들은 사랑, 가족, 친구, 우정에 대해서 좋은 글을 써달라는 구체적인 부탁을 더러 받기도 한다. 내가 자연의 나이를 생각하면 너무도 차이가 나는 어린이들이지만 나는 늘 푸른 기도 안에서 늙지 않은 마음의 나이로 오늘도 그들과 좋은 벗이 되려고 한다.

수녀원의 텃밭에서

친구야, 너는 (동시)

친구야, 너는
어디엘 가도
내 곁에 있단다

싸우고 나서
다신 안 만나겠다는 결심도
하루가 못 가고
나와 다른 네 생각이
때로는 못마땅해서
잠시 미움을 품다가도
돌아서면 금방 궁금하고
보고 싶어 어쩔 줄을 모르잖니?

기쁠 때나 슬플 때나
단 한순간도 너를
잊은 적이 없는 내가
늘 새롭게 신기하단다

네가 있어 나의 삶은
둥근 달처럼 순하고
둥근 해처럼 환하다
작은 근심들도
마침내 별빛이 된다

친구야, 너는
나의 고운 그림자
나를 나이게 하는 꿈
부를수록 새로운 노래임을
이렇게 설레며 고마워하는
내 마음 알고 있니?
네게 보이니?

우정일기 · 1

내 마음속엔 아름다운 굴뚝이 하나 있지. 너를 향한 그리움이 하얀 연기로 피어오르다 노래가 되는 너의 집이기도 한 나의 집. 이 하얀 집으로 너는 오늘도 들어오렴, 친구야.

*

전에는 크게, 굵게 쏟아지는 소낙비처럼 한꺼번에 많은 것을 이야기하더니 지금은 작게, 가늘게 내리는 이슬비처럼 조용히 내게 오는 너. 네가 어디에 있든지 너는 쉬임 없이 나를 적셔준다.

*

소금을 안은 바다처럼 내 안엔 늘 짜디짠 그리움이 가득하단다. 친구야. 미역처럼 싱싱한 기쁨들이 너를 위해 자라고 있단다. 파도에 씻긴 조약돌을 닮은 나의 하얀 기도가 빛나고 있단다.

*

네가 아프다는 말을 듣고 나는 아무일도 할 수 없구나. 네 대신 아파 줄 수 없어 안타까운 내 마음이 나의 몸까지도 아프게 하는 거 너는 알고 있니? 어서 일어나 네 밝은 얼굴을 다시 보여주렴. 내게 기쁨을 주는 너의 새 같은 목소리도 들려주렴.

*

　내가 너를 보고 싶어하는 것처럼 너도 보고 싶니, 내가? 내가 너를 좋아하는 것처럼 너도 좋아하니, 나를? 알면서도 언제나 다시 묻는 말. 우리가 수없이 주고받는 어리지만 따뜻한 말. 어리석지만 정다운 말.

*

　약속도 안 했는데 똑같은 날 편지를 썼고, 똑같은 시간에 전화를 맞걸어서 통화가 안되던 일, 생각나니? 서로를 자꾸 생각하다 보면 마음도 쌍둥이가 되나보지?

*

　'내 마음에 있는 말을 네가 다 훔쳐가서 나는 편지에도 더 이상 쓸 말이 없다' 며 너는 종종 아름다운 불평을 했지? 오랜만에 네게 편지를 쓰려고 고운 편지지를 꺼내놓고 생각에 잠겨 있는데 '무슨 말을 쓸거니?' 어느새 먼저 와서 활짝 웃는 너의 얼굴. 몰래 너를 기쁘게 해주려던 내 마음이 너무 빨리 들켜버린 것만 같아서 나는 더 이상 편지를 쓸 수가 없구나.

*

　"밥 많이 먹고 건강해야 돼. 알았지?" 같은 나이에도 늘 엄마처럼 챙겨주는 너의 말. "보고 싶어 혼났는데…너 혹시 내 꿈꾸지 않았니?" 하며 조용히 속삭이는 너의 말. 너의 모든 말들이 내게는 늘 아름다운 노래가 되는구나, 친구야.

*

　나를 보고 미소하는 네 사진을 한참 들여다보아도, 네가 보내준 편지들을 다시 꺼내 읽어봐도 나의 그리움은 채워지질 않는구나. 너와 나의 추억이 아무리 아름다운 보석으로 빛을 발한다 해도 오늘의 내겐 오늘의 네 소식이 가장 궁금하고 소중할 뿐이구나, 친구야.

*

　비 오는 날 듣는 뻐꾹새 소리가 더욱 새롭게 반가운 것처럼 내가 몹시 슬픔에 젖어 있을 때 네가 내게 들려준 위로의 말은 오랜 세월 지나도 잊히지 않는단다.

*

　아무도 모르게 숲에 숨어 있어도 나무와 나무 사이를 뚫고 들어와 나를 안아주는 햇빛처럼 너는 늘 조용히 온다.

*

　네가 평소에 무심히 흘려놓은 말들도 내겐 다 아름답고 소중하다. 우리 집 솔숲의 솔방울을 줍듯이 나는 네 말을 주워다 기도의 바구니에 넣어둔다.

*

　매일 산 위에 올라 참는 법을 배운다. 몹시 그리운 마음, 궁금한 마음, 즉시 내보이지 않고 절제할 수 있음도 너를 위한 또 다른 사랑의 표현임을 조금씩 배우기 시작한다. 매일 산 위에 올라 바다를 보며 참는 힘을 키운다. 늘 보이지 않게 나를 키워주는 고마운 친구야.　　　　　　　　　〈1993〉

우정일기 · 2

내 얕은 마음을 깊게 해주고, 내 좁은 마음을 넓게 해주는 너. 숲속에 가면 한 그루 나무로 걸어오고, 바닷가에 가면 한 점 섬으로 떠서 내게로 살아오는 너. 늘 말이 없어도 말을 건네 오는 내 오래된 친구야, 멀리 있어도 그립고 가까이 있어도 그리운 친구야.

*

사랑하는 사람들은 누구나 다 천사의 몫을 하는 게 아니겠어? 참으로 성실하게 남을 돌보고, 자기를 잊어버리고, 그래서 몸과 마음이 늘 사랑 때문에 가벼운 사람은 날개가 없어도 천사가 아닐까? 오늘은 그런 생각을 해보았어.

*

친구야, 이렇게 스산한 날에도 내가 춥지 않은 것은 나를 생각해주는 네 마음이 불빛처럼 따스하게 가까이 있기 때문이야. 꼼짝을 못하고 누워서 앓을 때에도 내가 슬프지 않은 것은 알기만 하면 먼 데서도 금방 달려올 것 같은 너의 그 마음을 내가 읽을 수 있기 때문이야. 약해질 때마다 나를 든든하게 하고, 먼 데서도 가까이 손잡아 주는 나의 친구야. 숨어 있다가도 어디선지 금방 나타날 것만 같은 반딧불 같은 친구야.

*

 방에 들어서면 동그란 향기로 나를 휘감는 너의 향기. 네가 언젠가 건네준 탱자 한 알에 가득 들어 있는 가을을 펼쳐놓고 나는 너의 웃음소릴 듣는다. 너와 함께 있고 싶은 나의 마음이 노란 탱자처럼 익어간다.

*

 친구야, 너와 함께 별을 바라볼 때 내 마음에 쏟아져 내리던 그 별빛으로 나는 네 이름을 부른다. 너와 함께 갓 피어난 들꽃을 바라볼 때 내 마음을 가득 채우던 그 꽃의 향기로 나는 너를 그리워한다.

*

 네가 만들어준 한 자루의 꽃초에 나의 기쁨을 태운다. 초 안에 들어 있는 과꽃은 얼마나 아름답고 아프게 보이는지. 하얀 초에 얼비치는 꽃들의 아픔 앞에 죽음도 은총임을 새삼 알겠다. 펄럭이는 꽃불 새로 펄럭이는 너의 얼굴. 네가 밝혀준 기쁨의 꽃심지를 돋우어 나는 다시 이웃을 밝히겠다.

*

 너는 아프지도 않은데 '아프면 어쩌냐?' 미리 근심하며 눈물 글썽인다. 한동안 소식이 뜸할 뿐인데 '나를 잊은 것은 아닌가?' 미리 근심하며 괴로워한다. 이러한 나를 너는 바보라고 부른다.

*

 '축하한다. 친구야!' 네가 보내준 생일카드 속에서 한 묶음의 꽃들이 튀어나와 네 고운 마음처럼 내게 와 안기는구나.
 나를 낳아주신 엄마가 더욱 고맙게 느껴지는 오늘. 내가 세상에 태어나지 않았다면 너를 만날 수도 없었겠지? 먼 데서 나를 보고 싶어하는 네 마음이 숨차게 달려온 듯 카드는 조금 얼굴이 상했구나. 그 카드에 나는 입을 맞춘다.

*

 친구야, 너는 눈물에 대해 많이 생각해 보았니? 너무 기쁠 때에도, 너무 슬플 때에도 왜 똑같이 눈물이 날까? 보이지 않게 숨어 있다가 호수처럼 고여오기도 하고, 폭포처럼 쏟아지기도 하는 눈물. 차가운 나를 따스하게 만들고, 경직된 나를 부드럽게 만드는 고마운 눈물. 눈물은 묘한 힘을 지니고 있는 것 같아. 내 안에도 많은 눈물이 숨어 있음을 오늘은 다시 알게 되어 기쁘단다.

*

 아무리 서로 좋은 사람과 사람끼리라도 하루 24시간을 함께 있을 수는 없다는 것—이것은 어려서부터 지금까지 나를 늘 쓸쓸하게 하는 것 중의 하나란다. 너무 어린 생각일까?

*

 나는 따로 집을 짓지 않아도 된다. 내 앞에서 네가 있는 장소는 곧 나의 집인 것이기에, 친구야.
 나는 따로 시계를 보지 않는다. 네가 내 앞에 있는 그 시간이 곧 살아 있는 시간이기에, 친구야.
 오늘도 기도 안에 나를 키워주는 영원한 친구야. 〈1993〉

외로움을 사랑하자

나는 종종 외로움을 호소하는 이들의 편지나 전화를 받고, 또 어떤 때는 "수녀님은 외로움을 어떻게 극복하십니까?"라는 질문을 받기도 합니다. 많은 사람들은 특히 수도자가 혼자 산다는 이유만으로도 남보다 더욱 외롭다고 생각하는 경향이 있는 것 같습니다.

며칠 전에 나는 어느 친지의 장례식에 다녀왔는데 오랫동안 암으로 고생하던 젊은 부인과 사별하고 깊은 슬픔을 주체하지 못하는 남편의 모습을 지켜보면서 아무리 서로 사랑하는 사이일지라도 죽음의 여정은 혼자 떠날 수밖에 없다는 엄연한 사실이 더욱 새롭게 느껴졌습니다. 태어날 때와 마찬가지로 죽을 때도 혼자인 인간의 실존적인 고독, 외로움, 쓸쓸함은 어쩌면 당연한 것이 아닌가 싶습니다. 그런데도 우리는 너무 쉽게 외로움을 타거나 이를 견뎌내기 어려워하는 게 아닐까 하는 생각을 종종 하게 됩니다.

몸과 마음이 몹시 지치고 아플 때, 깊은 밤 홀로 깨어 문득 죽음을 의식할 때, 가까운 가족, 친지조차 나를 이해하지 못하고, 아무도 내 말을 정성껏 들어주는 이가 없다고 느낄 때, 도달해야 할 목표는 아직도 멀고, 다른 이와 비교해서 내 능력과 재능이 처진다고 생각될 때, 다른 이의 행동이 너

무 이기적으로 느껴질 때 우리는 슬픔이 깔린 외로움을 맛보지만 이를 피해 멀리 도망치기보다는 오히려 있는 그대로 받아들이고 대면하는 노력이 필요합니다. 즉 낯선 손님이 아닌 정다운 친구로 외로움을 진지하게 맞아들이고 길들여 가자는 것이지요. 새 옷, 새 구두, 새 만년필도 편안한 내 것을 만들기 위해선 한참을 길들여야 하듯이 처음엔 낯설었던 외로움도 나와 친숙해지면 더 이상 외로움이 아닐 수 있습니다.

'나는 외롭다'고 누군가에게 전화를 걸거나 어떤 모양으로든지 자신의 외로움을 선전하고 싶을 때, 또는 외로움을 잊으려고 쾌락에 탐닉하거나 집을 뛰쳐나가고 싶은 유혹을 느끼는 바로 그 시간에 우리는 오히려 외로움 속으로 들어가 자신의 모습과 삶을 조용히 돌아볼 수 있는 슬기를 지녀야겠습니다. 외로움에 매여 사는 노예가 되지 않고 외로움을 다스리는 자유를 누릴 때 우리는 깊은 명상과 사색, 창조적인 작업을 할 수 있고, 감상적인 자기 연민에서 빠져나와 이웃에게도 눈을 돌리고 봉사할 수 있는 기쁨과 여유를 찾게 될 것입니다.

그대 아름다운 것 치고
외롭지 않은 것 보았는가
보들레르의 휘굽은 선율
아인슈타인의 피는 우주
석가의 대비, 그리스도의 사랑
이 깊은 사랑, 높은 질서
또한 외로움이 피우는 꽃

이 외로움은 그대 높이고
아름답게 하는 것이어니
그대 외로움 고이 지니고
아예 말하지 말라.

〈나무〉〈신록예찬〉 등의 아름다운 수필로 유명한 이양하님의 글을 나의 벗들에게도 들려드리고 싶습니다. 이 글에서처럼 우리가 모두 높고 아름다운 세계로 나아가기 위한 높고 아름다운 외로움의 순례자가 된다면 더 이상 외로움을 두려워하지 않아도 되겠지요? 〈1994〉

그 이름만 들어도 즐거운 친구

친구는 별이다.

마음이 어두울 때 친구가 찾아오면

어두운 밤하늘에 별님이 찾아온 것처럼

내 마음의 어둔 밤은 밝게 빛난다.

친구는 나비다.

나비가 안 오면 외로워지는 꽃처럼

친구가 안 오면 나는 외롭다.

벌에게 여왕벌이 없으면

어떻게 될까? 산송장이 되겠지.

나에게 친구가 없으면 어떻게 될까?

시체처럼 되겠지.

따뜻해지지 못하겠지.

친구, 그 이름만 들어도 즐거운 친구여

얼마 전에 만난 내 여동생이 중학교 1학년인 제 딸아이, 계현의 것이라며 보여준 이 글은 문학적 가치 여부를 떠나 친구를 소중히 여기는 마음이 제법 잘 표현된 것 같다.

이 글을 읽고 나서 나는 '친구'를 주제로 한 다른 시들을 뒤적여보고 내가 어릴 적에 즐겨 부르던 노래 '사우思友'를 비롯해 친구 예찬의 노래들을 아는 대로 흥얼거려보기도 했다. 또 '성실한 친구는 안전한 피난처요, 그런 친구를 가진 것은 보화를 가진 것과 같다'는 성서의 말씀도 새롭게 떠올랐다.

세상을 살아오면서 우리는 많은 친구들을 사귀지만 10대에 사귄 벗들과의 우정은 그 빛깔과 무게가 유다른 것 같다. 하교 길에는 헤어지기 아쉬워 일부러 천천히 걷고, 되돌아 걷기도 하면서 이야기의 꽃을 피우던 친구들, 희망찬 미래를 꿈꾸며 함께 울고 웃었던 정다운 친구들, 누구보다 가까우면서도 때로는 경쟁의 대상이 될 수밖에 없어 서로 괴로워하기도 했던 어린 시절의 친구들이 나도 문득 그립고, 보고 싶을 때가 있다.

서로 연락이 끊겼다가 수십 년 후에 만났어도 서슴없이 "얘, 야"라고 말할 수 있는 옛 친구들을 떠올려보는 일은 얼마나 즐거운가. 편지 끝에는 '너를 사랑하는' '늘 함께 있는'라고 쓸 수 있는 벗이 가까이 있음은 얼마나 미덥고 행복한 일인가.

어려운 일이 있을 때는 부담 없이 의논 상대가 되어주고, 명절 때는 수녀원으로 떡을 해오기도 하며, 가는 길이 달라도 따스한 눈길로 사랑과 격려를 아끼지 않는 내 어릴 적의 친구들은, 내가 세상 물정을 잘 모를 때마다 "얘는 언제나 철이 들지?"라고 편잔을 주며 깔깔대곤 한다.

우리가 한 그루 우정의 나무를 아름답게 가꾸기 위해선 한결같은 마음의 성실성과 참을성, 사랑의 노력이 필요하다. 지나친 고집과 독선, 교만과 이기심 때문에 때로는 좋은 벗을 잃어버리는 쓰라림을 체험하기도 하는 우리이기에 늘 정성스럽고 진지한 자세로 깨어 있지 않으면 안 된다.

나와는 다른 친구의 생각이나 성격을 불평하기보다는 배워야 할 좋은 점으로 받아들이고, 그의 기쁨과 슬픔을 늘 나의 것으로 받아들이는 넓은 마음을 지니자. 그가 나의 도움을 필요로 할 때는 늘 흔연히 응답할 수 있는 민감함으로 달려가자.

가까운 것을 핑계 삼아 말을 함부로 하지는 말되 할 말은 꼭 하기로 하자. 충고 역시 뒤에서 흉을 보는 비겁한 방식으로가 아니라 앞에서 당당히 말할 수 있는 용기와 지혜 안에서 이루어지도록 최선을 다하자.

별것도 아닌 사소한 일로 아직도 화해가 안되고, 용서가 힘든 친구가 있다면, 나의 무관심으로 인해 전에는 가까웠다가 어느새 멀어지고 서먹해진 친구가 있다면 지금이라도 미루지 말고 어떤 사랑의 표현을 하라.

가을 열매처럼 잘 익은 마음, 자신을 이겨내는 겸허함과 기도의 마음으로……. 〈1993〉

작은 감사

엄마, 저는요
새해 첫 날
엄마가 저의 방에 걸어주신
고운 꽃달력을 볼 때처럼
늘 희망과 설렘이 피어나는
그런 마음으로 매일을 살고 싶어요.

첫눈이 많이 내린 날
다투었던 친구와 화해하고
손잡고 길을 가던 때처럼
늘 용서하고 용서받는
그런 마음으로 매일을 살고 싶어요.

엄마, 저는요
장독대를 손질하며 콧노래를 부르시고

꽃밭을 가꾸시며
종종 하늘을 올려다보시는
엄마의 그 모습처럼
늘 부지런하면서도 여유 있는
그런 마음으로 매일을 살고 싶어요.

항상 나의 마음 가까이 있는 십대의 소년, 소녀들에게 이 한 편의 동시와 함께 새봄의 인사를 드립니다.

이 시는 얼마 전 내가 작은 사고로 병원에 입원하고 있었을 때, 병실 흰 벽에 걸린 꽃달력을 바라보다가 쓰게 된 것입니다. 하루 종일 누워 지내다 보니 평소엔 무심히 보아 넘겼던 꽃 한 송이, 햇빛 한줄기, 바람 한 자락도 예사롭지가 않았고 삶의 유한성, 아픔을 받아들이기 어려운 나 자신의 참을성 없음과 무력함을 절감하지 않을 수 없었습니다.

또한 욕심을 줄이고 아주 작은 것으로도 기뻐하고 감사할 수 있는 법을 배우는 좋은 기회이기도 했습니다. 그리고 안팎으로 큰 아픔의 무게에 눌려 신음하는 이들을 위해 절로 기도가 되곤 하였습니다.

나에게 편지를 통해 갖가지 사연과 함께 기도를 부탁해 온 십대들의 모습도 자주 떠올리곤 했는데 그 중엔 『십대들의 쪽지』를 통해 알게 된 친구들도 많았답니다.

길에서, 버스 안에서, 또는 책방이나 문구점에서 나는 십대들의 모습을 유심히 살펴보는 버릇이 있습니다. 비록 말을 나누지 않더라도 늘 정답고 사랑스럽게 느껴지는 나의 어린 친구들이 요즘은 공부에 시달려 너무 바쁘게만 사는 게 무척 안쓰럽고 근본적으로 제도가 바뀌기 전엔 도울 수도 없다 싶으니 더욱 안타까울 뿐입니다.

십대들뿐 아니라 우리 주위의 모든 이들이 다 숨가쁜 매일을 살고 있는 것 같습니다.

"가능한 한 '많이', 그리고 가능한 한 '빨리' 라는 것이 현대생활의 구호이다. 여기서 쾌락은 점점 증가하지만 기쁨은 점점 적어지는 결과가 된다"라고 한 헤르만 헤세의 말이 더 자주 기억되는 요즈음입니다.

나는 새로운 일을 맡아 요즘 서울에 와 지내고 있는데 정말 정신없이 바쁘게 살고 있는 사람들의 모습을 보니 얼떨떨하고 아직은 쉽게 적응이 되지 않습니다.

전에 비해 나의 일도 더 바빠진 셈이지만 이런 때일수록 마음의 여유를 잃지 않고 살아야겠다고 생각하며 몇 가지의 결심을 세웠습니다.

그 중의 하나가 늘 반복되는 일들을 새로운 마음으로 기쁘게 하자는 것입니다. 꾸준히 그렇게 하다 보면 마음의 기쁨 때문에 절로 여유가 생기고, 바쁜 중에도 생기는 자투리 시간들을 이용하여 남을 기쁘게 하는 일에도 인색하지 않을 수 있기 때문입니다.

'바쁘다' '지겹다' '속상하다' '죽겠다' 는 말을 연발하기 전에 다만 작은 것 한 가지라도 기뻐하고 감사할 거리를 찾는다면 바쁜 생활 중에서도 우리의 마음은 늘 생기를 잃지 않게 되고, 이것이야말로 소중한 삶의 지혜라고 생각합니다.

⟨1989⟩

봄마다 새로운 꽃씨를 뿌리며

얼마 전 나는 여행길에서 우연히 만난 어떤 분으로부터 조그만 화분 하나를 선물 받게 되었는데, 그것을 방에 갖다 놓고 한동안 무심히 지냈더니 곱게 피었던 꽃들이 다 시들어버려 보기 흉하게 되었습니다.

실망한 나는 시든 꽃들을 아예 다 뽑아 없앨까 하다가 그래도 한가닥 희망을 갖고 며칠 간 정성껏 물을 주고 햇볕을 쪼여주며, 관심의 눈길을 보냈더니 다시 샛노란 꽃을 피워주어 얼마나 기뻤는지 모릅니다.

화분에 물을 주어 고운 꽃을 피워 내듯이 우리도 우리 자신에게 사랑이란 물을 주어 우리의 존재를 꽃 피워야 합니다.

우리가 다른 사람들로부터 사랑을 받고 그들을 사랑하는 것도 중요하지만 자기 자신을 긍정적으로 사랑하는 일 또한 매우 중요한 일이라 생각합니다.

자기를 올바로 사랑하지 않고는 남을 사랑할 수도 없으며, 현재의 삶도 사랑할 수 없기 때문입니다.

내게 보내오는 십대들의 편지 속에서 종종 '죽고 싶다'는 말이 버릇처럼 반복되는 것을 보면 슬퍼집니다. 이젠 공부도 하기 싫고 모든 것이 다 여의치 않아 차라리 수녀원에나 가고 싶으니 그 절차를 알려 달라고 조를 땐 안타깝기 그지없습니다.

수녀원이란 곳이 어떤 좌절과 실의에 빠졌을 때 달려가는 '인간과 세상으로부터의 도피처'는 결코 아니기 때문입니다.

부모, 형제, 친구들과의 관계에서 오는 우리의 고민은 어쩌면 상대방에 대한 지나친 기대에서 올 때가 많은 듯합니다. 그들을 원망하고 미워하기 전에 '나 자신은 그들을 이해하고 사랑하는 일에 최선을 다했는가?'를 한번쯤 자문해야 할 것입니다.

우리가 사랑해야 할 현재의 사람들이 언젠가는 보고 싶어도 너무 멀리 있거나 소식을 모르는 과거의 사람들이 될 수 있다는 걸 생각하면 어떻게 불신과 미움의 포로로 시간을 보낼 수 있겠습니까.

흐르는 세월과 함께 어느 날은 지금의 선생님, 친구들과도 헤어지고 또 어느 날은 부모님을 떠나 각자의 길을 향해 떠날 것입니다.

그때 가서야 '내가 좀더 잘했어야 하는 건데'라고 후회하지 말고 지금 기회가 있을 때 좀더 이해하고 사랑하는 사람이 되어야겠지요.

새봄의 들풀처럼 아름답고 싱싱한 나의 친구들이여, 젊음 하나만으로도 축복받는 여러분 자신을 진심으로 사랑하십시오. 소중한 젊음의 때, 희망의 때를 자신의 게으름 탓으로 낭비하지 않도록 애쓰십시오.

하루 한 순간이 다 유일무이唯一無二한 것임을 명심하십시오. 삶에 대한 경이로 모든 것을 새롭게 받아들이는 회복기의 환자처럼 우리는 매일을 감사하며 살 수 있어야겠습니다.

그리하면 극히 당연한 것으로 여겨졌던 햇빛, 공기, 물, 바람, 그리고 학교, 우리 집, 가족, 이웃, 모두가 새로운 의미로 살아올 것입니다.

봄마다 새로운 꽃씨를 뿌리듯 우리 마음의 밭에 날마다 새로운 감사의 꽃씨를 뿌리며 다가오는 한 해도 기쁘게 나아갑시다. 〈1988〉

사물을 소중히 여기는 마음

내가 서울에 와서 전철을 타고 다닌 지 그리 얼마 되진 않았지만, 대합실의 의자 바닥 위에 종이컵이나 담배꽁초 등이 널려 있는 것을 자주 봅니다.

오늘은 길에서 어떤 남자 대학생이 바로 가까운 곳에 휴지통이 있음에도 불구하고, 담배꽁초를 불도 끄지 않은 채 땅바닥으로 휙 내던지는 것을 보았습니다.

이런 일이 있을 때마다 나는 뒤처리를 하려고 애는 쓰지만, 얼마쯤은 불쾌하고 씁쓸한 느낌을 갖게 되는 것 또한 사실입니다.

예전에 비해 훨씬 풍요로운 물질문명의 혜택을 누리고 사는 요즘의 우리는, 일상용품조차도 너무 쉽게 쓰고 쉽게 버리며, 사물을 대하는 태도에서도 알뜰한 마음과 정성이 부족한 것 같습니다.

흔히 내버림직한 물건들이 수녀원에서는 쓸모 있게 사용되는 일이 많습니다. 그중 몇 가지만 예를 든다면, 마가린을 담았던 빈 통은 야외에 나갈 때 반찬통으로 쓰이거나 바닥에 구멍을 뚫어 화분으로 쓰입니다.

음료수가 담겼던 깡통을 은박지나 헌 포장지로 싸서 쓰고 난 성냥개비를 모아 두기도 하고, 빈 로션병은 복도나 화장실에 두고 조그만 들꽃을 꽂는 꽃병으로 쓰입니다.

　사전류가 들어 있던 케이스를 적당히 변형시켜 볼펜이나 메모지를 꽂아 두는 일도 있고, 약품이 담겼던 통들을 고운 그림으로 장식해서 반짇고리 대용으로 쓰기도 합니다.

　얼마 전에 방 정리를 하던 나는 그림이 아름다운 묵은 달력들을 오려서 날짜가 있는 부분은 메모지를 만들고, 그림이 있는 부분은 크고 작은 봉투를 만들어 그 위에 리본을 달아 포장지 대용으로 몇 번 썼는데 그것을 받는 사람마다 재미있는 아이디어라며 즐거워했습니다.

　그야말로 '별것 아닌 것'으로도 이웃과 기쁨을 나눈 셈이지요. 물론 고급스러운 것과는 거리가 멀지만 이런 식으로 쓰던 물건을 이용하는 것은 언제나 소박하고 부담 없는 즐거움을 줍니다.

　휴지는 꼭 휴지통에 버리고, 껌은 종이에 싸서 버리고, 물과 전기와 그 밖의 물건들을 아껴 쓰는 일 등은 우리 개개인이 조금만 노력하면 얼마든지 가능한 일인데도 소홀히 하는 경우가 많음은 안타까운 일이 아닐 수 없습니다.

　꼭 절약의 목적만을 위해서가 아니더라도 우리는 모든 물건을 귀하게 여기는 습성을 키워야 합니다.

　자기가 쓰던 물건이라고 해서 성급하게 버릴 생각부터 하기보다는 그 이용도를 다시 한번 생각해 보고, 꼭 버려야할 경우라면 그것과의 길들여진 관계를 생각하면서 조금은 서운하고 고마운 마음으로 버려야 하지 않을까요?

　자기 주위의 물건들을 소중하게 생각하는 마음 없이 어떻게 다른 사람들을 귀히 여기고 존경할 수 있겠습니까?

또다시 새로운 마음으로 새 학기를 시작한 여러분도 매일 한번쯤은 자신의 주위를 찬찬히 둘러보십시오.

모든 물건들이 다 제자리에 놓여 있는지? 내가 쓰는 물건을 따뜻한 애정과 알뜰한 정성으로 돌보기보다는 그저 건성으로 대하며 함부로 낭비하고 있는 것은 아닌지?

또는 끝까지 쓰지도 않고 싫증을 내며, 자꾸 새것만 원하는 욕심쟁이는 아닌지도 살펴보시기 바랍니다. 자기에게 꼭 필요 없는 것을 무조건 쌓아두기보다는, 필요한 이에게 양보하고 나누는 것 또한 지혜로운 일입니다.

사람 못지않게 여러분 주변의 사물 또한 소중히 여기고 성실히 다루십시오. 일상생활 안에서 꾸준히 키워나가는 좋은 습성과, 작은 일에 대한 충실성 없이 우리는 결코 올바른 사람으로 성장할 수 없기 때문입니다.

〈1990〉

새 학기를 맞는 십대들에게

봄을 닮은 청소년 여러분, 안녕하신지요?

새 생명, 새 출발, 새 마음 등의 단어가 떠오르는 새봄입니다. 얼마 전에 책방과 문구점에 들렀더니 새 책, 새 노트를 사려고 붐비는 이들이 하도 많아서 나는 서둘러 그 자리를 빠져 나와야만 했습니다.

학년과 학기가 바뀔 때마다 새로운 결심과 희망으로 책가방을 챙기며 설레었던 나의 여학교 시절이 문득 그리워지기도 했습니다. 그 시절에 비하면 지금은 과목도 더 많아지고 경쟁도 더 심해져서 학교에 가는 일 자체가 큰 부담으로 느껴질 수도 있겠지만 어쨌든 학교라는 배움터에서 많은 것을 배우며 친구들과 함께 할 수 있는 시간들은 참으로 소중한 선물이요 축복이 아닐 수 없습니다.

이제 새봄과 더불어 새 학년이 된 여러분에게 나는 오늘 벗으로서 세 가지를 당부하고 싶습니다.

첫째는, 학교에서 만나는 모든 친구들을 '경쟁의 대상'으로 삼기보다는 오히려 나의 도움과 관심을 필요로 하는 '사랑의 대상'으로 생각하고, 내가 먼저 그의 좋은 친구가 되도록 최선을 다하십시오. 때로는 손해를 보는 것 같은 느낌이 들더라도 꾸준히 그를 '위하는 마음'으로 다가설 수 있는 인내와 용기가 필요합니다.

내가 아는 어떤 학생은 자기가 복사한 유인물을 친구와 함께 나누어 가질 경우 원본이나 잘 보이는 부분은 친구에게 먼저 주고, 자기는 그 다음 것을 선택했다는 말을 듣고 나는 감동을 받은 일이 있습니다.

둘째는, 공부를 하든지, 운동을 하든지, 심부름을 하든지 그 어떤 종류의 일을 하건간에 그저 마지못해 기계적으로 할 것이 아니라 이왕이면 기쁘게 마음과 정성을 담아서 하자는 것입니다.

'마음에 없으면 보아도 보이지 않고, 들어도 들리지 않고 먹어도 그 맛을 모른다'고 한 동양의 고전 《대학大學》에서의 말처럼 마음이 없이 건성으로 하는 행동은 아무런 의미가 없기 때문입니다.

새해나 새 학기와 같은 새로운 계기가 올 때마다 좀더 나은 삶을 살아보겠다고 우리가 다져 먹는 '새 마음'이란 것도 결국은 무슨 일이나 함부로 해치우지 않고 성실하고 정성스럽게 하겠다는 다짐이요, 단조롭게 반복되는 일들조차도 짜증이나 불평이 아닌 감사로 받아 안겠다는 겸허하고 새로운 마음일 것입니다.

셋째는, 우리에게 주어진 시간을 최대한으로 슬기롭게 활용하는 습관을 들이자는 것입니다. 자투리 시간이라도 낭비하지 않도록 늘 준비성 있고 계획성 있는 삶을 살도록 노력한다면 바쁜 중에서도 은은한 기쁨이 샘솟는 매일이 될 것입니다. 오늘 내가 해야 할 일을 자꾸 미루지 않고 제때 제때 행하는 습관이 몸에 밴다면 내가 의무적으로 해야 할 일들이 하고 싶은 것으로 변화될 수도 있지 않을까요?

  여러분은 이러한 제 말을 잔소리로 듣지 않고 좋은 말로 받아들이는 '사랑의 귀'를 가지셨으리라 믿습니다. 소나무, 회양목, 히말라야송 등의 상록수들이 유난히 많고, 봄의 꽃들이 다투어 피며, 귀여운 까치들이 자주 날아드는 이 남쪽(부산)의 수녀원 정원에서 나는 여러분 모두에게 봄 인사를 전하며 헤르만 헤세의 시 〈봄의 말〉 첫 구절로 이 편지를 끝맺습니다.

어느 어린이나 알고 있다.
봄이 말하는 바를.
살아라, 뻗어라, 피어라, 바라라, 사랑하라
기뻐하라, 새싹을 움트게 하라
몸을 던져 삶을 두려워 말아라!

〈1991〉

꽃씨
일곱

글방 정리를 하다 보면 여기저기 쓰다 만 편지들이 눈에 띈다. 겉봉에 주소만 적힌 것도 있고 안의 내용을 다 채우지 못하고 해를 넘긴 것도 있다. 너무 늦게 답을 하여 되돌아 온 것들도 있다. 문득 미안한 마음이 들어 다시 작업을 시작해 보기도 하지만 어느 것은 이미 연락이 끊기어 불가능한 것들도 있다. 수녀원에 입회하기 전에도 입회하고 나서도 나는 참으로 많은 편지를 받고 많은 편지를 썼다. 편지로 집을 한 채 지어도 될 만큼.

바다가 보이는 수녀원에서

여기에서 내가 공개적으로 편지를 보낸 이들 중, 독자 평이처럼 소식이 끊긴 이도 있고, 서주희는 교통사고 후유증으로, 파푸아 뉴기니에서 선교하시던 마르티나 수녀님은 내가 한 번 만나기도 전에 갑자기 세상을 떠나 나를 슬프게 하였다. 편지를 할 적마다 꽃잎을 즐겨 넣으시던 나의 어머니도 이젠 구순이 지나 그토록 고운 편지를 더 이상 쓰실 수 없는 것도 슬프다.

내가 세상에 살아 있는 동안은 광안리 바다가 보이는 이 수녀원에서 많은 편지를 받고 또 쓰게 될 것이다. 나에겐 편지가 편지 이상의 의미를 지닌다. 편지를 통해 세상과 사람들을 만나고 이해하고 삶에 필요한 공부도 하는 지식과 사랑의 도구가 되어 준다. 편지의 끝에는 늘 '바다가 보이는 수녀원에서'라고 즐겨 쓰곤 하였다. 30여 년 정든 광안리 바닷가에 요즘도 종종 산책을 나가지만 예전에 비해 복잡하게 변해 버린 바닷가, 다리가 놓여 수평선이 잘 안 보이는 바닷가가 가끔은 낯설기도 하다. 얼마 전 큰 태풍으로 우리 수녀원 곳곳에는 바다에서 날아온 소금들이 붙어 있다. 유리창도 깨지고 항아리도 부서졌다. 수십 년 정든 광안리 앞바다는 나에게 끊임없는 시의 소재가 되어 주었다. 복도에서 식당에서 옥상에서 바다를 내다볼 수 있는 행복을 항상 새롭게 감사하며 나는 오늘도 푸른 바다를 마음에 들여놓는다.

바닷가에서

오늘은
맨발로
바닷가를 거닐었습니다

철석이는 파도 소리가
한번은 하느님의 통곡으로
한번은 당신의 울음으로 들렸습니다

삶이 피곤하고
기댈 데가 없는 섬이라고
우리가 한번씩 푸념할 적마다
쓸쓸함의 해초도
더 깊이 자라는 걸 보았습니다

밀물이 들어오며 하는 말
감당 못할 열정으로
삶을 끌어안아보십시오
썰물이 나가면서 하는 말
놓아버릴 욕심들은
미루지 말고 버리십시오

바다가 모래 위에 엎질러놓은
많은 말을 다 전할 순 없어도
마음에 출렁이는 푸른 그리움을
당신께 선물로 드릴게요

언젠가는 우리 모두
슬픔이 없는 바닷가에서
하얗게 부서지는 파도로
춤추는 물새로 만나는 꿈을 꾸며
큰 바다를 번쩍 들고 왔습니다

새해 첫날의 엽서

새 달력에 찍혀 있는
새로운 날짜들이
일제히 웃으며 뛰어와
하얗게 꽃으로 피는 새해 첫날

묵은 달력을 떼어내는
나의 손이 새삼 부끄러운 것은
어제의 시간들을
제대로 쓰지 못한
나의 게으름과 어리석음 때문이네

나의 주변 정리는 아직도 미흡하고
어제 하던 일들의 마무리도 안 했는데
불쑥 들어서는 손님처럼
다시 찾아오는 새해를, 친구여

우리는 그래도
망설임 없이 기쁨으로 맞이하자

우리에게 늘 할 말이 많아
잠들지 못하는 바다처럼
오늘도 다시 깨어나라고
멈추지 말고 흘러야 한다고
새해는 파도를 철썩이며 오나 보다

살아 있음의 축복을
함께 끌어안으며, 친구여
새해엔 우리 더욱
아름다운 모국어로
아름다운 말을 하고
아름다운 기도를 하자
우리의 모든 말들이 향기로워
잊혀지지 않는 시가 되게 하자

우리의 좁디좁은 마음엔
넓은 바다를 들여놓아
넓은 사랑이 출렁이게 하고
얕고 낮은 생각 속엔

깊은 샘을 들여놓아
깊은 지혜가 샘솟게 하자

이제 우리는
죽음보다 강한 사랑으로
이웃과 함께 해야 할
무겁고도 아름다운 멍에를
새해 선물로 받아 안자

—자꾸 밖으로 겉돌기 쉬운 마음
골방으로 들여놓고 자기 안을 보기
—바쁜 중에도 이웃을 향해
웃을 수 있는 여유 지니기
—자랑할 일 있어도 들뜨지 않고
겸허한 자유인이 되기
—어떤 작은 약속에도 깨어 있는
충실한 생활인이 되기

새해라고 하여
이런저런 결심을 내세우는 것조차
부끄럽고 부끄럽지만, 친구여
우리가 서로를 더 많이 사랑한다면

이 세상 모든 이가 형제라고 할 만큼
서로를 더 많이 아끼고 위해 준다면
우리의 새해는 기쁨의 춤을 추겠지?
꽃 속에 감추어져 있는 꽃술들의
그 미세한 떨림과 움직임의 순간처럼
우리가 진정
작은 것의 아름다움을
제대로 읽어내고 소중히 여기는
고운 감각을 지닌다면
우리는 더욱 행복한
새해의 새 사람이 되리라 믿는다
흰 눈 속의 동백꽃 같은 마음으로
우리는 희망 찬 새해의 연인이 되자
친구여.

〈1994〉

3월의 꽃바람 속에 —주희에게 띄우는 글

오늘 정원에 나가 보니
어느새 매화가 피어날
채비를 하고
새들의 지저귐도 꽤 요란한 걸 보면
곧 봄이 오려나 봐.
'3월'이란 단어만 들어도
가슴이 뛰는 내가
3월의 꽃바람 같은 마음으로
이름도 고운 너 서주희에게
새봄의 첫 편지를 쓴다.

'다치기 전에는
숨을 쉬고 산다는 것조차
행복이 될 수 있다는 걸 몰랐다.
그러나 이젠 없어서 슬프기보다는

조금이라도 있음을 기뻐하고 싶다
주어진 것에 만족할 줄
모르는 이에게
평범 그 자체
자기가 가지고 있는 모든 것이
축복임을 이야기하고 싶다.'
'불행 속에도 기쁨은 있다' 라는
수기로 『샘터』의 인간승리상을 받은
주희를 대구까지 문병 갔다 온 뒤
마음이 아파
다시 『샘터』에 찾아가 이야기한
어느 마음 고운 독자의 제언에 따라
나는 1년 전 주희에게 글을 띄웠고
곧이어 병원으로 찾아갔을 때
주희는 얼마나 기뻐했는지
필담으로 인사를 나누며
유심히 바라본 주희 얼굴은
희랍조각처럼 아름다웠어.

1986년 불의의 교통사고를 당한 뒤
벌써 8년째나 누워 지내는 주희 앞에
우리는 무엇이라고 위로를 할까?

"저를 아는 대부분의 사람들이
제가 전신마비라는 사실을
자각하지 못하는 것 같아요.
가끔씩 밖에서 들어와 제 손을 잡고
'내 손 차갑지?' 라고 묻는데
전 싱긋 웃고 말지요."
주희가 편지에 적어 보낸 말에서
때론 성한 사람들은
얼마나 자기중심적이며
기껏 앓는 이를 위로한다 하면서도
얼마나 자기 방식대로 치우치는가를
다시 생각하게 된다.
나도 예외는 아니어서
손가락까지 마비된 어느 장애인에게
부채를 선물로 들고 간 일이 있었지.
몸이 불편한 이들에게 우리는
좋은 친구가 되어야겠다는 마음보다
자꾸 무언가를 베풀어야겠다는
성급함이 앞서는 게
실수의 원인인 것 같아.

'사랑하며 사는 사람들은
다른 사람보다 좋은 일도
많을 거예요' 라고
주희는 내게 말했지?
그토록 오랜 병고 속에서도
표정이 맑고, 마음이 고와
천사 같다는 말을 자주 듣는 주희,
나의 글들을 즐겨 읽고
사랑의 말을 건네준 주희에게
나도 사랑을 전하며
늘 보고 싶다는 '바다'를
조가비에 담아 보낼게.
요전에 바다 산책을 나갔다가
하얀 조가비를 엮어 만든
목걸이를 샀어.
누워서도 목에 걸고 있으면
파도소리가 들리지 않을까?

주희가 옛날에 불국사에서
한껏 멋 내고 찍은 사진을
요즘도 가끔 들여다보곤 해.
직접 만난 일은 없어도

주희에게 다정한 글과 카드를 보냈던
이곳의 젊은 예비수녀들도
안부를 전한대.
그들이 보내는 사랑의 편지들은
늘 재미있고 기쁨에 차 있어서
주희의 얼굴에도 웃음이 피어날 거야.
주희의 오랜 벗인 『샘터』를 통해
우린 다시 한번 주희를 불러 본다.
봄을 기다리는 마음으로.

소리를 들을 수 없는 어둠이
아주 조금씩이라도 트여서
사랑하는 이들의 음성과 자연의 소리
아름다운 음악을 들을 수 있는
우리 주희가 되길 간절히 기도한다.

〈1994〉

오빠에게

'따가운 햇볕이 차츰 숨을 죽여 가고 '가을바람'이라고 이름 붙이기엔 너무 이른 미풍이 불고, 가끔씩 성난 하늘의 눈물 같은 소나기가 내리는 여름의 그림자를 나는 사랑한다. 여름과 가을 사이에 너무도 분명히 존재하는 이 계절, 그러므로 일년은 다섯 개의 계절로 나누어져야 옳다.'

이것은 제가 사랑하는 조카이며 오빠의 사랑스런 맏딸이기도 한 향이의 표현인데 저는 바로 이러한 계절의 길목에서 오빠께 글을 쓰고 있습니다.

그간도 안녕하신지요? 만 2년 간의 서울생활을 끝내고 다시 부산 광안리에 있는 수녀원 본원에 와서 살게 된 것이 저는 얼마나 기쁘고 감사한지요.

'…인자한 눈빛으로 나를 달래다
호통도 곧잘 치시는 오라버니 산.'
'…더 커서 슬픔을 배웠을 제
내가 뛰어가던 바다는
실연 당한 오빠처럼
시퍼런 울음을 토해 내고 있었네.'

저의 시에도 종종 '오빠'라는 단어가 등장하고 있는 것만 보아도 오빠는 제게 늘 정답고 가까운 존재입니다. 자주 만나지 못해도 생각하면 늘 든든하고 미더운 사람, 많은 말로 표현을 하진 않지만 은근한 정을 지닌 사람입니다. 이러한 오빠께 저는 지난날 참으로 많은 편지들을 보냈습니다.

오빠가 군에 계셨던 저의 중학교 시절엔 맑고 고운 꿈 이야기를 적어 보냈고, 제가 집을 떠나 고등학교에 다녔을 때는 사랑을 앓는 사춘기 소녀의 독백을 써 보냈고, 수녀원에 와서 얼마 동안 외국에 나가 있을 때는 아예 일기식의 편지를 노트에 적어 보내기도 했었습니다.

제가 살아오면서 저로부터 '오빠'라고 불림을 받고 싶어하던 이들이 몇 명 있었으나 왠지 쑥스러워 응할 수가 없었고, 고종사촌인 종률 오빠 외에는 오직 친오빠인 인구 오빠가 있을 뿐입니다.

저의 방에는 40여 년 전에 찍은 것으로 보이는 빛바랜 가족사진이 있는데 보는 이마다 "여기에 수녀님은 없는데 왜 이걸 세워두었지요?"라고 묻습니다. 우리 4남매 중에 막내인 여동생과 저는 세상에 태어나기 훨씬 전에 만주에서 찍었다는 이 사진 속에서 아버지, 어머니, 누나, 삼촌, 고모들 사이에 귀엽게 앉아 있는 너댓 살짜리 어린 소년을 보고 "애가 누구지?"라고 저의 동료들이 물으면 "응, 우리 오빠야. 지금은 머리가 희끗희끗한 네 아이의 아버지이고……"라고 대답하곤 하지요. 어려서부터 주위 사람들의 귀여움을 독차지했다고 어머니가 자랑하시곤 했던 오빠의 옛 모습을 들여다보며 저는 세월이 물 흐르는 소리를 듣습니다. 이북에 납치되신 아버지가 어느 날 문득 우리 앞에 웃으며 나타나시는 꿈을 꾸어보기도 합니다.

우리가 서울 청파동에 살던 시절, 제가 대여섯 살 때라고 기억되는데 아버지가 퇴근하실 무렵이면 저는 꼭 집 밖에서 기다리곤 했지요. 그 무렵 동네 골목에서 친구들과 어울려 놀던 오빠의 그 모습을 저는 생생히 기억합니다. 8년이라는 나이 차이 때문인지 그때만 해도 오빠는 저를 별로 상대해 주지 않는 느낌이어서 오빠와 저 사이에 작은언니나 작은오빠가 한 명 더 있었으면 얼마나 좋을까 하고 생각하기도 했답니다.

제가 초등학교에 다닐 때는 길에서 종종 "쟤가 인구 동생이야. 인구하고 닮았지?" 하는 오빠 친구들의 말을 들었었고, 저는 그때마다 얼굴을 붉히며 달아나곤 했지요. 한번은 제가 동화에 가까운 단편소설 초안을 노트에 끄적거려 놓은 것을 오빠가 읽어 보고, 제가 잠자리에 든 사이 어머니께 "어머니, 이것 좀 보세요. 아직 어린 아이가 어떻게 이런 걸 쓸 수 있는지 정말 놀랍다니까요" 라고 칭찬 반 꾸중 반으로 하는 얘길 죄다 듣고도 그냥 자는 척했던 일도 있습니다. 고운 헝겊, 고운 종이들을 즐겨 모으거나 오리는 것을 좋아하는 저를 보고 오빠는, "쟤는 이담에 커서 시집을 가면 혼수 이불 꽃무늬까지 예쁘다고 오리겠지? 신랑 코는 예쁘다고 안 오릴지 모르겠네"라고 해서 그게 농담인 줄 알면서도 울어버리고 말았지요. 오빠의 이런 저런 익살과 유머는 끝이 없어서 우리 가족은 웃는 일이 많았고, 집안은 마치 노래, 웅변, 연극, 시낭송을 잘하는 오빠의 독무대 같기도 했습니다. 오빠의 시낭송을 듣고, 시 노래를 훔쳐보며 저는 이미 오빠를 흠모하고 흉내내는 어린 시인이었는지도 모릅니다. 그토록 활달하고 용기 있는 것 같으면서도 정작 마음에 둔 여학생에겐 좀더 적극적으로 다가서지 못하고 끙끙 앓던 오빠의 그 모습을 지켜보면서, 저는 누구를 정말 좋아하면 소심하고 수줍어지는가 보다라고 처음으로 느꼈답니다.

　우리 집의 맏이인 언니가 어느 날 가르멜 수녀원에 간다고 짐을 꾸릴 때 오빠는 오빠를 극진히 아꼈던 하나뿐인 누나를 놓치고 싶지 않아 두고두고 서운해하며 눈물을 흘렸었지요. 저는 그때만 해도 수녀원이란 곳이 어떤 곳인지 잘 몰랐으므로 우리 마음을 아프게 하는 언니가 원망스럽기조차 했습니다. 그 후 언니의 영향을 많이 받은 저 역시 수녀가 되겠다고 했을 때 오빠는 "이제 겨우 대화 상대가 될 만하니 너마저 떠나는구나" 하며 아쉬워 하셨지요. 혹시라도 제가 마지못해 수도생활을 하는 것은 아닌가 싶어 수련시절에 일부러 부산까지 찾아와서 지금이라도 늦지 않으니 마음을 바꾸려면 일찍 바꾸는 게 좋다고 하면서 '네 동생을 취직시키든지, 좋은 사람 있으면 혼인을 시키든지…' 수도생활을 반대하는 오빠 친구의 편지를 보여주기도 하면서 "끝까지 할 수 있겠느냐"는 최종적 물음을 던지고 가셨습니다.

　제가 수도자로서의 마지막 공적 약속인 종신서원을 하던 1976년 2월 2일, 성당 가족석에 앉아 있던 오빠는 제가 서원장을 옆에 끼고 흰 초를 들고 입당하는 모습이 마치 아득한 저 세상 어딘가로부터 걸어 들어오는 것처럼 보여서 예기치도 않던 큰 울음이 터졌다고 했습니다. 그때의 느낌을 오빠는 저의 세 번째 시집 끝에 써 놓았는데 그 글을 보고 울었다는 독자들이 꽤나 많았답니다.

　오빠와 많은 분들의 근심과 노파심 속에서 시작했던 저의 수도생활도 이제는 연륜이 꽤 깊어졌고, 저는 아직 덕이 부족한 채로지만 무척 만족스럽고 안정된 한 사람의 수녀가 되어 있습니다.

어린 시절, 오빠의 충실한 애독자였던 제가 어쩌다 보니 오빠보다 먼저 책을 내게 된 것도 새삼 송구하고, 그 옛날처럼 '인구 동생인 해인이' 보다 '해인 수녀의 오빠인 인구' 로서 오빠가 표현될 때는 민망하기 그지없습니다. 그래도 늘 웃으시며 오빠로서의 따스한 격려와 충고를 잊지 않으셨지요. 제가 책을 낼 때마다 바쁜 중에도 큰 힘이 되어주시고, 어려운 일이 있을 땐 선뜻 의논 상대가 되어주시는 오빠가 가까이 계시기에 저는 늘 든든합니다.

전공인 바이올린은 비켜두고 오로지 살림에만 몰두하는 아내의 수수한 옷차림과 은은한 미소를 사랑하고, 오빠를 닮은 1남 3녀들을 끔찍이 아끼며, 아이들의 성적이 잘 나오면 하루에도 몇 번씩 남에게 자랑하지 않고는 못 배겨 아내로부터 핀잔을 듣기도 하는 오빠, 우이동 이웃들과의 친교로 언제나 친구가 많고, 화제가 풍부하고 그래서 일이 많은 오빠의 바쁜 삶은 보기가 좋습니다.

'극과 극은 통한다' 는 한 말씀으로 우리의 가슴에 파문을 일으키신 분, 순결하고 여리신 수녀님들의 사생활을 탤런트적 '끼' 가 다분하신 연극배우의 모션으로, 감동을 더스틴 호프만의 연기력으로 보여주시며 '먹는 것은 아름답다', '불곰' 이라 불려지기를 꺼리지 않으시는 분으로 오빠의 서울예전의 광고창작과 학생들로부터도 사랑을 받으시는 오빠, 돌밭에서 힘들여 채집해 온 수석들을 들기름으로 닦으며 흐뭇해하시던 오빠, 제가 서울 수녀원에 있을 때 동네에서 만든 무공해 식품이라며 제가 좋아하는 두부 한판을 새벽같이 주문해서 날라다 준 오빠의 그 모습은 특히 잊을 수가 없습니다.

  오빠는 어느새 50대 중반이 되고, 저는 40대 중반이 되어 우리가 살아온 날들보다는 살아갈 날이 더 적은 사람들이 되었군요. 어쩌다 오빠가 저를 다른 이들에게 소개할 때는 "내 동생과 얘기해 보세요. 생각보다는 재미있어요"라고 했고, 또 때로는 저를 '명랑이'라고 부르기도 했음을 기억하시는지요? 저는 앞으로도 기쁘고, 고맙고, 재미있게 지내면서 날마다 새롭게 행복의 조각보를 깁는 삶을 꾸려갈 테니, 오빠는 오빠대로 더욱 열심히 사시길 바랍니다. 평소의 오빠의 신념대로 양심의 소리를 어기지 않는 깨끗하고 정직한 삶, 가족과 이웃에게 책임과 성실을 다하는 매일을 꾸려감으로써 오빠의 집에 가득한 수석과 난처럼 무게 있고 향기로운 삶의 주인이 되십시오. 팔순이 가까운 연세에도 거뜬히 성지순례 다녀오신 어머니도 평안하시겠지요? 언니와 저는 수도원에서, 오빠와 동생은 가정에서 각각 다른 길을 가고 있지만 세월이 갈수록 우리의 사랑은 기도 안에 더 빛나고 아름답게 결속되어 있음을 느낍니다. 우리 수녀원 솔숲의 소나무 같은 오빠에게 소나무빛 사랑과 존경을 드리며 이 글을 접습니다. 안녕히 계십시오.

1990. 8
부산 광안리수녀원에서 아우 수녀 올림

'바다' 아저씨께

그렇게
누워만 계십니까, 어머니
잠시도 떼지 않는 시선
돌이킬 수 없는 수평선
그렇게 누워서
나를 지켜보십니까, 어머니

저는 바닷가에 나갈 때마다 아저씨의 자작시 〈바다〉를 꼭 한번씩 외워 보곤 합니다. 제게 보내주신 여러 편의 시들 중에서도 이 짧은 시는 가장 기억에 남습니다. 부산 아미동 까치고개 넘어 우리가 '천사의 집'이라고 부르기도 하는 작은 다락방에 '상행성 척수마비증'이란 병으로 꼼짝도 못하고 온종일 누워서 지내는 장애인이지만 마음은 늘 바다처럼 넓게 열려 있는 미카엘 아저씨.

실제로는 바다를 볼 수 없는 아저씨를 위해 저는 오늘 파도에 씻긴 작은 조가비들을 주워다 깨끗한 유리병에 넣어두었습니다. 소라, 새조개, 바퀴

고둥, 대추고둥, 분홍꽃가리비 등등, 이름도 다양한 조가비들에 묻어 있는 흰 모래들을 일부러 털지 않고 그냥 가져가 바다 냄새를 맡게 해드리고 싶어요. 제가 좋아하는 음악인 '갈매기의 꿈'도 녹음해 두었습니다. 그 안에 나오는 파도 소릴 들으시라고요.

많은 사람들의 존경을 받는 장기려 박사님이 머릿글을 쓰시기도 했던 아저씨의 소설집《5월의 환상》앞부분에 당신의 인생관이 잘 요약되어 있습니다.

'나쁘다는 것에도 좋은 것이 더 많고, 못 쓰겠다는 것에도 아름다운 것이 더 많다. …24시간 참고, 24시간 온유하고, 24시간 교만하지 않고 살아가리라'고 하셨지요. 또 자신의 명상과 기도의 체험으로 '인간의 생명은 신神과의 계약 속에 있으며 생명의 유지는 두 덩이의 보리떡과 두 잔의 물이면 족하다. 자신의 처지를 다른 사람들과 비교하지 않으면 이 한세상을 아름답게 살 수 있다'고 하신 말씀을 저는 자주 기억합니다.

'나는 내가 죽음 앞에 임했을 때 아름답게 열린 세상을 그려보는 일을 하고 싶었다. 창조된 것은 어느 것 하나 아름답지 않은 것이 없었고, 가치 없는 것이 없었다'고 하셨지요. 깊은 절망과 고통의 한가운데서 어느 날 구원의 천사로 다가와 한결같은 사랑과 인내로 아저씨의 반려자가 되어주고 2남 1녀를 낳아준 아저씨의 아내는 또 얼마나 훌륭한 여성인지요. 항상 서로 아끼고 화목하는 가족들의 모습이 이웃의 귀감이 되어 성당에서 모범가족상을 받은 일도 있는 아저씨 댁을 방문하고 오면 밝고 따스한 마음이 됩니다. 육체적인 장애나 가난을 조금도 부끄럽게 여기지 않고 밝고 떳떳하게 살아가는 복된 아저씨와, 누구의 동정이나 도움에 의존하지 않고 열심히 일하여 가족들을 뒷바라지 하는 아저씨의 헌신적인 아내와 성실하고 긍정적인 자녀들은 누구에게나 자랑하고 싶은 우리의 좋은 이웃입니다. 항상 손거울을 통해서 방문객의 얼굴을 찬찬히 훑어보는 그 특이한 '반사법'에 처음엔 저도 좀 당황했으나 이젠 동화나라의 요술쟁이 아저씨라고 농담하는 여유도 갖게 되었고, "휠체어만이라도 타실 수 있으면 정말 좋을 텐데요" 하고 어리석은 말도 되풀이하지 않게 되었습니다.

요즘은 어떤 책을 읽고, 어떤 글을 쓰고 계시는지요? 이웃의 도움으로 개축한 지붕 밑 방에 하얀 칠을 하고, 하얀 커튼을 달았다고 해서 '백악관'에 놀러오라고 초대해 주신 '바다' 아저씨. 제게 처음으로 아저씨를 소개해 주신 석 신부님과 함께 머지않아 찾아뵙고 바다 이야기를 들려드리고 하얀 조가비도 건네드리면 소년처럼 수줍게 웃으며 즐거워하실 아저씨의 그 모습을 그려봅니다.

자연이 아무리 놀랍게 아름답더라도 그것을 감상해 줄 인간이 없다면 얼마나 쓸쓸할까요. 요즘은 어느 때보다도 인간의 오묘함에 대해서 자주 묵상하며, 특히 저와 인연을 맺게 된 많은 이들 하나하나가 더 아름답고 소중하게 생각됩니다.

수녀원 라일락 언덕길에서 종소리를 들으며 바다를 내다보면 제 좁은 마음도 어느새 넓어지는 것 같습니다. 늘 기도해 주시는 정성에 감사드리며 아저씨께 봄과 바다를 드립니다. 〈1993〉

조용한 행복 속에 – 요한 신부님께

요한 신부님, 주님의 은총 속에 그동안 안녕하신지요?

저의 책상 서랍에는 신부님이 여행길에서 보내주신 꽃, 새, 산, 호수 등이 담긴 그림 엽서들이 가득합니다. 몇 줄 안 되는 짧은 사연 속에도 아는 이들 이름을 일일이 열거하여 안부를 부탁하는 그 자상한 일면도 제겐 새로웠답니다. 해외에서도 열심히 생활하신다는 소식을 다른 이로부터 전해들을 때마다 일찍 세상을 뜬 동생 신부님 몫까지 살아가시는구나 하고 생각합니다. 며칠 전엔 분도 신부님과 어린 시절부터 가까이 지내셨다는 친구 신부님을 만나 무척 반가웠답니다. 죽은 이는 잊혀져가면서도 종종 우리네 가슴에 추억과 더불어 아름다운 파문을 일으키는군요.

그곳 날씨는 어떤지요? 이곳은 겨울인데도 역시 남쪽답게 따뜻한 편이고, 수녀원 소나무 숲길 입구에 서 있는 빨간 동백꽃나무 한 그루가 유난히 남쪽 겨울의 정취를 더해주고 있습니다. 지난 가을, 저희 수녀회 설립 60주년 기념식수로 심어진 그 옆의 느티나무는 잎새를 다 떨군 채 쓸쓸해 보입니다. 그 정원에서 바라다 보이는 종탑엔 세 개의 새로운 종이 달려서 아름답고 힘찬 소리를 내는데 우리는 그 종을 '은혜의 종' 이라고 이름 붙였지요. 그래도 제겐 종종 20여 년 간 우리와 정들었던 옛 종의 모습이 어른거리고, 늘 들어왔던 그 소리가 문득 그리워질 때가 있습니다. 사람뿐 아니라 사물과의 관계에 있어서도 오래된 것과의 결별은 슬픈 것인가 봅니다.

  요즘 저는 그 어느 때보다도 은혜로운 매일을 살고 있습니다. 기쁨이나 행복이 외부에서 오는 것이 아니고 내면에서 스며나오는 조용한 빛이며, 겸허한 노력에 의해 발견되어지고 키워진다는 것을 살아갈수록 더욱 잘 알아듣게 됩니다. 수도원에서의 규칙들도 멍에보다는 자유로 느껴지고, 함께 사는 이들의 모습 또한 더없이 아름답고 새로운 '작품'으로 살아오는 걸 보면 저도 이제 뒤늦게 철이 드는 것 같기도 합니다. 바느질방, 부엌, 다리미방, 도서실, 정원 등지에서 일을 하다가 시간이 되면 함께 기도하고, 식사하고, 이야기를 나누며 일상의 삶을 엮어 가는 저의 동반자들이 늘 보아도 새로운 해와 달과 별과 같은 모습으로, 가장 큰 사랑을 바쳐야 할 애인들의 모습으로 떠오르기까지 꽤나 오랜 시간이 걸린 것 같아 안타깝지만 이제라도 늦진 않으리라 믿어요. 아주 작은 것이라도 아름답거나 사랑스러운 것들을 대하게 되면 말보다는 눈물이 먼저 앞을 가리곤 하는 요즘입니다.

  저는 일주일에 한번 수녀원에서 교양문학 수업을 진행하는데 제가 예전에 수업을 받던 그 자리에 앉아 눈을 반짝이며 제 얘기에 귀를 기울이는 젊은이들을 보노라면 제 마음엔 색색의 과꽃 빛깔로 꽃물이 듭니다. 각자가 선택한 애송시를 낭송하는 시간에 창 밖으로 타오르는 저녁노을을 보고 새 소리를 들으면 우리의 삶이 하나의 시와 같다는 생각을 새롭게 됩니다. 파밭, 배추밭, 마늘밭에서 바라보는 바다는 또 다른 하느님의 푸른 모습으로 저를 초대하곤 합니다. 며칠 전에 바닷가로 산책을 나갔을 땐 모래밭을 거니는 비둘기떼 옆으로 갈매기들이 날아와 자연스럽게 어울리는 모습은 얼마나 평화롭게 보였는지 잊혀지질 않습니다. 우리도 그러한 새들과 같은 자유로 마음이 열린 '평화의 일꾼'이 되어야겠지요? '내가 아니면 누구? 지금 아니면 언제?'라고 늘 자문하면서 오늘의 일을 내일로 미루지 않는 새해가 되길 빌어봅니다. 끝으로 권영상님의 〈밥풀〉이란 동시에 제 마음을 담아 보내며 우리 모두가 이 작은 밥풀처럼 으깨어질 준비가 되어 있는 삶을 살 수 있도록 기도합니다.

밥상을 들고 나간 자리에
밥풀 하나가 오도마니 앉아
깊은 생각에 잠겼다
바같을 나가려든 참에 다시 되돌아봐도
밥풀은 흰 성자의 모습으로
그 자리에 앉았다
바쁜 걸음 아래서도 발길을
무서워하지 않았다
밟히면 그 순간 으깨어지고 마는 두려움
그런 두려움 없이
이 아침 분주한 방바닥에 앉아
깊은 생각에 잠겼다
나이 어린 성자의 얼굴로

〈1993〉

선생님의 독자로서 —이어령 선생님께

존경하는 이어령 선생님.

그동안 안녕하신지요? 얼마 전에 제가 보내드린 두 권의 책은 받으셨는지 궁금합니다.

예전에 선생님께서 두어 번 들르신 일이 있는 저희 수녀원 뜰엔 요즘 석류꽃, 도라지꽃, 수국꽃, 안개꽃들이 아름답고, 하얀 치자꽃 향기가 바람에 실려와 우리 마음속까지 파고듭니다. 여름이 되니 산숲의 나무들은 더욱 싱그러운 초록의 향기를 토해 내고 뻐꾹새들은 비 오는 날에도 멈추지 않고 생명의 찬가를 부른답니다.

몇 년 전 여름, 문화부에서 주최한, 청소년을 위한 사랑과 희망의 엽서 쓰기에 대한 일로 장관실에서 잠시 만나뵈었을 때 "장관이 되면 그래도 내 뜻대로 무슨 일을 좀 할 수 있을 줄 알았더니, 그게 아니더군요. 책이나 실컷 읽고 싶은 마음이 가득하지요" 하며 웃으시던 모습이 눈에 선합니다. 따님의 근황을 묻는 제게 이런저런 얘기를 하시다가 문득 "하느님만 영원할 뿐, 인간끼리의 사랑이나 약속은 다 믿을 수가 없는 것 같아요… 수녀님은 맑고 고운 시 더 많이 쓰시고, 수도생활에 정진하세요"라고 격려하시며 작은 선물도 하나 주셨지요. 이젠 무거운 짐을 내려놓고 좀더 자유롭고 홀가분한 마음으로 책도 읽고, 글도 쓰고, 강연도 하시며 알찬 매일을 보내고 계실 테지요? 언젠가 소설가 최인호님이 『샘터』에 쓴 〈큰형님 이어령〉도 재미있게 읽었답니다. 그러고 보니 저는 아주 어린 시절부터 선생님의 충실한 독자로서 선생님의 저서들을 읽으며 상상 속에서만 그 모습을 그렸기에 제가 수녀원에 와서 직접 뵙게 되었을 땐 감회가 깊었답니다. 이제 새삼 선생님과 관련된 회고담을 적으려니 제겐 두 가지 잊혀지지 않는 일이 있습니다.

제가 수녀로서 첫 서원을 하고 서울로 파견되어 일하던 1969년과 1970년 사이, 정확한 날짜는 기억할 수 없지만 저와 선배 수녀 한 분이 어느 날 퇴근길에 서울역 앞을 지나갈 무렵이었습니다.

어둑한 저녁이라 우리는 걸음을 빨리 하고 있는데 느닷없이 술 취한 남자 한 분이 우리 앞을 가로막더니 대뜸 "나, 누군지 알아요? 내가 바로 이어령이란 말입니다" 하는 것 아니겠어요. 아무리 세상물정 잘 모르는 수녀들이라도 〈흙 속에 저 바람 속에〉, 〈바람이 불어오는 곳〉 등의 신문 칼럼으로 그 당시 장안의 폭발적인 인기를 모으던 진짜 이어령 선생의 얼굴쯤은 익히 알고 있는 터이기에 저는 약간 겁에 질리면서도 자신 있게 "저, 아저씨는 이어령 씨가 아닌데요. 죄송하지만 아저씨는 아니에요"라고 했더니, 계속 자기가 맞다고 따라오는 바람에 정말 혼이 난 일이 있었습니다.

그때는 정신 나간 그 사람이 두려워 마음놓고 웃지도 못했지만, 우리는 종종 그 이야길 하며 "아마 그 사람은 이어령 씨처럼 유명해지고 싶은 꿈을 꾸었던 모양이지?" 하며 그 사람을 측은해 하면서도 안 웃을 수가 없었답니다.

『문학사상』 권두 칼럼인 선생님의 〈말〉을 즐겨 읽던 1970년대, 저는 자주 선생님의 그 예리하게 빛나는 언어 선택을 부러워하며 우리말의 아름다움을 새삼 절감하면서 음미하곤 했습니다.

1975년 10월 19일, 문학사상사 주최로 독일의 여류작가 루이제 린저 여사의 강연회가 부산에도 있어서 저는 몇몇 수녀님들과 그곳엘 다녀왔고, 그분의 이야기 중 기억에 남는 것을 몇 개 적어놓은 것을 발견했습니다.

'사람이 속을 털면 털수록 그 사람과 가까워진다고 믿는 것은 환상입니다. 사람과 사람이 가까워지는 데는 침묵 속의 공감이라는 방법밖에 다른 방법이 없는 것 같습니다.'

'상대방을 향한 보살핌은 결과적으로 자기 자신을 향한 보살핌이 됩니다. 두 사람이 제가끔 자유로워지고 싶어서 사슬을 잡아끌 때 각자의 고통은 훨씬 가중하고 맙니다.'

'때때로 우리는 선택을 잘못한 것 같은 느낌을 갖게 됩니다. 어떤 때, 혼자 있을 때, 고독할 때 우리는 자신의 다른 모습이 어둠에서 떠오르는 것을 보고, 자기 자신을 바라보고는 슬픔에 가득 찬 마음으로 손짓을 하고 말합니다. 너무 늦었다고.'

루이제 린저 여사의 강연이 있던 다음날, 우리 수녀원 객실 담당이던 저는 선생님이 린저 여사와 함께 우리가 경영하는 '분도 치과'에 오셨다는 말씀을 전해 듣고 잠시 내려가서 인사를 나눈 뒤에 린저 여사로부터 주소와 사인도 하나 받았습니다.

"부산에서 제일 좋은 치과가 어디냐고 물었더니 여기라고 해서 이렇게 이분을 모셔왔지요."라고 제게 설명하시면서 선생님은 그때 마침 우리 집에 묵고 계셨던 고故 지학순 주교님을 린저 여사가 만나고 싶어 하니 기회를 마련해 줄 수 있겠냐고 물으셨습니다. 그 이튿날 선생님은 제게 전화를 주신 다음, 다시 우리 수녀원을 방문하셨고, 저는 정성껏 간식과 인삼차를 대접했던 기억이 납니다. 루이제 린저 여사가 지학순 주교님과 대화를 나누는 동안 저는 줄곧 선생님과 이야기를 나누었지요.

'그분은 좀체 가까이하기 어려운 차가운 인상이었으나, 오늘은 처음보다 덜했고, 솔직한 마음의 이야기까지 부담 없이 나눌 수 있어 기뻤다'고 저는 옛 노트에 메모를 해두었군요. 우리와 만난 뒤, 선생님은 린저 여사와 함께 진주로 떠나셨는데 배웅하러 따라 나간 저에게 선생님은 코스모스 꽃길 옆에서 우리 수녀원이 참 아름답다고 언젠가 다시 오고 싶다고 하셨습니다.

그리고 잠시 머뭇거리시다가 "저, 실은 린저 여사가 말입니다. 클라우디아 수녀를 처음 보았을 때 라파엘이 그린 어떤 성모상의 모습과 비슷하다고 생각했다는군요" 하며 빙긋 웃으셨고, 저는 린저 여사에게 영어로 고맙다고 인사했었는데, 선생님은 다 잊으셨을 테지요? 그 시절, 저는 종신서원을 앞둔 젊은 수련생이었고, 《민들레의 영토》라는 첫 시집을 준비하고 있는 중이기도 했습니다.

그 후로 저는 공적인 장소 외에는 선생님을 자주 뵈올 수가 없고, 연락도 뜸했지만 늘 글을 통해 뵈올 수 있었으며, 선생님은 제가 아는 문인들을 통해 더러 안부를 물으시고, 제가 쓰는 시에 대한 애정과 관심을 보여주곤 하셨습니다. 문화부에 계실 때에도 여러 차례 좋은 행사에 초대해 주셨지만 저는 한번도 참석을 못했고, 선생님은 거절할 수밖에 없는 제 입장을 늘 충분히 이해하고, 헤아려 주시곤 했기에 얼마나 감사했는지요.

〈시인의 왕국을 찾아온 세계의 시인들에게〉라는 제목의 1990년 세계 시인 대회에서 선생님의 축사는 무척 아름답고 힘있게 느껴져 요즘도 가끔 읽어보곤 한답니다. 선생님은 시인을 '반딧불처럼 사라져 가는 작은 생명의 불빛들을 지키는 사람'으로 비유하셨지요? 썩 대단한 시인은 못 되지만, 저도 조그만 반딧불처럼 숨어서 믿음과 희망과 사랑의 노래를 부르고, 그 노래를 삶으로 채워 가는 작은 시인이고 싶습니다.

가녀리고도 강인한 민들레를 닮고 싶은 수녀들이 날마다 기도의 시편을 읊는 이 '민들레의 영토'에 언제 한번 다시 방문하셔서, 아무리 오래 들어도 지루하지 않은 선생님 특유의 그 멋진 강연을 해주지 않으시려는지요? 예술, 인생, 문화, 여성, 문학, 종교, 기호학—그 어떤 주제라도 좋습니다. 예전엔 저희 수녀원에서 시인 릴케의 이야기를 감명 깊게 해주셨습니다. 며칠 전에 우리 수녀원 도서실에 갔더니 선생님의 저서들이 수십 권 꽂혀 있어 반가웠습니다.

이 남쪽 항구 도시에 사는 가장 큰 기쁨 중의 하나는 매일 바다를 볼 수 있다는 것입니다. 많은 시인들의 바다 노래 중에서도 오늘은 허영자님의 〈깊은 바다와 같이〉라는 시가 생각납니다.

깊은 바다와 같이

기다릴 것

참을 것 그리고 고요할 것

목 메이는 함성도

무리무리 꽃더미 같은 목숨도

한 조각 난파선으로 깨어지고

순백의 돛폭

머언 항해의 꿈은

벼랑에 부딪는 물보라로 부서져 흩어진다

길은 어디쯤 뚫려 있는가

길은 어디쯤서 막혀 있는가

잠들지 말 것

기다릴 것

참을 것 그리고 고요할 것

새까만 인도의 수도자

간디같이

또한

깊은 바다와 같이

　

　선생님의 매일도 깊은 바다와 같길 비오며, 두서 없는 제 얘길 여기서 맺을까 합니다. 말을 누구보다 아껴야 할 수도자가 너무 쓸데없는 말을 많이 한 것 같아 부끄럽고 죄송하기도 하지만, 오늘은 후회하지 않으럽니다.

계유년, 닭띠 해에 회갑을 맞으시고, 가까운 이들로부터 향기로운 글 모음 꽃다발을 받으시는 선생님께 12년 아래의 이 닭띠 수녀도 조그만 풀꽃 하나 꺾어드릴 수 있음을 기쁘게 생각하며 축하드립니다. 더 하고 싶은 얘기는 기도 안에 침묵으로 봉헌하며 선생님의 앞으로의 삶과 글이 은총 속에 더욱 빛나고 풍요로우시길 기원합니다.

부산 광안리 '민들레의 영토' 수녀원에서
이해인(클라우디아) 수녀 올림
〈1993 · 이어령 선생 회갑기념문집〉

겨울 엽서 —벗 승자에게

퇴색된 잔디밭에 피어 있는 붉은 동백꽃의 선연한 빛깔이 유난히 아름답게 느껴지는 겨울 오후입니다.

'겨울이 되어서야 소나무, 전나무가 더디 시드는 것을 알게 된다'는 《논어》의 한 구절을 생각하며 수녀원 뒷산의 소나무들을 다시 바라봅니다. 늘 함께 살던 사람들의 좋은 점도 왜 하필이면 그들이 멀리 떠난 연후에야 더욱 돋보이게 되는가를 더불어 생각했지요.

얼마 전에 새로 이사를 했으니 언제라도 와서 쉬라는 벗의 말을 듣고는 그곳에 가지 않고도 집을 한 채 얻은 듯 부자가 된 것 같은 느낌입니다.

＊

'작은 이모, 올해도 별처럼 말똥말똥 샘물처럼 맑은 눈빛을 잃지 마시고 편안하고 즐겁게 보내세요.' 노란 색종이를 접어 만든 카드에 어린 조카 계현이가 또박또박 연필로 쓴 글을 보니 절로 미소가 떠오르네요. 그 애 말대로 밝고 맑은 마음으로 또 한해를 살고 싶고, 쓸 만한 동시도 몇 개 쓰고 싶군요.

마음 깊이 숨겨둔 보물상자에서 어쩌다 하나씩 내가 꺼내 쓰는 시의 보석은 날이 갈수록 초라하고 부끄러워 다시는 꺼내 쓰지 않으리라 결심하다가도 종종 다른 이가 그것을 애용하는 걸 보면 왜 조금은 더 빛나고 아름다워 보일 때가 있는지―그래서 나는 또 숨겨둔 보석을 서슴없이 꺼내어 쓰고, 그러다가 또 후회하고, 이러한 내 마음을 벗은 이해할 수 있지요?

*

　일을 위한 것이지만 며칠 간 여행을 다녀왔습니다. 나보다 먼저 태어난 많은 이들이 먼저 세상을 떠나 묻혀 있는 이 땅에서 때로는 기차를 타고, 버스를 타고, 걷기도 하면서 산과 강, 빈 들판과 겨울나무, 마을과 사람들을 보면서 많은 생각을 했습니다. 여행길에 서면 그 누구도, 그 무엇도 가깝게 느껴지지 않는 것이 하나도 없습니다. 그러면서도 이에 얽매이지 않는 자유로움과 평화로움, 이것이 여행자의 기쁨인 듯해요. 나날의 삶을 더욱더 새로운 경이와 신비로 받아들인다는 벗의 말을 자주 기억하고 있는 요즘입니다.

*

　많은 사람들 앞에서 여러 차례의 강연을 하고 난 후에 몸살과 더불어 심한 후유증을 앓게 됩니다. 아무래도 말을 많이 하는 쪽보다는 듣는 쪽에 있는 것이 수도자의 몫인 듯해요. 평소엔 아무렇지도 않게 들어 넘길 수 있는 말들이 몸이 좀 불편할 땐 곧잘 서운하고 언짢게 들리는 것은 그만큼 자의식이 강하기 때문이겠지요? 며칠간 누워 지내는 동안의 예기치 않은 적막감을 통해 배우는 게 많아요. 많은 경우에 다른 이의 아픔을 비켜가거나 무관심했던 자신을 성찰하게도 되는 좋은 기회입니다.

*

  20세기의 성자로 불리던 교황 요한 23세의 《영혼의 일기》를 다시 탐독하여 내 영혼의 양식으로 삼습니다. 어느 해 겨울에 그분은 이렇게 썼습니다. '부디 내 영혼에 틈이 생기지 않기를—나의 영혼에 거의 알아챌 수 없으리만치 적으나 나를 배반하여 생긴 조그마한 틈바귀들에 많은 주의를 해야 한다. 그것은 쓸데없는 말이거나 약간의 자만심이거나 혹은 일하기 전후에 조급히 드린 기도일 수도 있다.' ⟨1988⟩

달빛 아래서 — 임영무 선생님께

　존경하는 선생님, 그간도 안녕하시온지요? 지난여름 선생님께서 제게 선물로 주신 난蘭에 처음으로 꽃이 피는 날, 꼭 글을 드리겠다고 약속하고도 지키지 못했음을 용서하십시오. 일명 '춤추는 소녀Dancing Girl'라고도 불린다는 노란 나비 모양의 그 꽃은 제가 여기저기 들고 다니며 자랑을 했었고, 꽃이 다 질 때까지 마음껏 바라보며 사랑하는 기쁨을 누렸습니다.

　오늘은 저녁미사가 있어 평소보다는 좀 늦은 시간에 식당으로 가는데 멀리 바다 위로 휘영청 떠오른 보름달이 퍽도 아름다웠습니다. 만지면 금방 물소리라도 날 것 같은 달을 향하여 저는 이렇게 말했습니다..

　"어쩌면 그럴 수 있니? 너는 나만의 달은 아니면서 모든 이의 것, 모든 이의 달이면서 나만의 것이구나. 사랑하는 마음이 가득히 차오르면 할 말을 잊은 것처럼 너무 완벽하게 차올라 나를 압도하는 달이여, 내가 살아서 너를 보는 기쁨이 앞으로 얼마나 될까?"

　늘 차고 또 기우는 달의 모습을 통해서 저는 인간이 겸손히 받아들일 수밖에 없는 삶의 유한성과 죽음의 의미를 생각해 보곤 합니다.

　그러고 보니 제가 선생님께 지도를 받던 P여중의 문예반 시절, 처음으로

써본 시의 제목이 〈달밤의 소녀〉인데 지금 읽어보면 형편없는 작품이지만 '문학의 밤'에서 그 시를 낭독했을 때의 기쁨과 설렘은 아직도 잊을 수가 없습니다. 누구보다 꿈과 욕심이 많았던 그 어린 '달밤의 소녀'가 어느 날 수녀가 되어 선생님 앞에 섰을 때, 끝내 말씀을 낮추지 못하시며 조금은 어색해 하셨지요. 제가 수도자의 길로 가는 것을 별로 달가워하지 않으시던 선생님이 저와 소식이 끊긴 동안 가톨릭 신자가 되시어 열심히 생활하시는 모습이 제겐 얼마나 반갑고 기쁜 선물인지요.

얼마 전엔 서울에 갔다가 P여고에서 문예반장직을 맡고 있는 조카 진이의 권유로 그곳의 시화전을 한바퀴 둘러보며 옛 생각을 많이 했습니다. 소녀들의 꿈과 사색을 키워주던 오래 된 은행나무 아래서 노란 은행잎을 줍듯이 저는 한 장 한 장의 추억을 주우며 세월의 물 흐르는 소리를 들었습니다. 우리가 쓰던 교실과 운동장에서 많은 소녀들이 밝게 웃고 있는 모습도 새삼 신기하게 느껴졌습니다.

삶이란 결국 머물지 않고 떠나는 여행과 같고, 인간은 집착했던 자기의 자리를 남에게 선뜻 내어줄 준비가 되어 있는 여행자의 모습으로 살아야 함을 이 한해를 보내며 다시 깨닫습니다. 지금 제가 머물고 있는 이 방도 시시로 주인이 바뀔 것이고, 언젠가는 영원히 비켜나야 하겠지요. 제가 세상을 떠나고 나면 누군가 또 제 이름(수도명)을 다시 받게 될 것입니다. 이런 생각을 하노라면 마음엔 달빛같이 차가운 고요함과 엄숙함이 스며듭니다. 우리보다 앞서 세상을 떠난 많은 이들이 잠들어 있는 대지 위에서 오늘을 숨쉬며 살고 있다는 사실에 거듭 놀라고 숙연해질 때가 있습니다.

저는 평소에 이미 고인故人이 된 이들의 편지나 글모음을 묵상자료로 찾아 읽곤 하는데 최근엔 H.골비처 외 2인이 엮은 《죽으며 살리라》라는 책을 감명 깊게 읽었습니다. 히틀러 집권 하에서 처형된 신부 · 목사 · 수녀 · 시인 · 외교관 · 교수 · 학생 등이 그 가족이나 친지에게 마지막으로 쓴 편지들은 하나같이 절실한 감동으로 저의 내면을 흔들었습니다. 이 책 속의 주인공들처럼 저도 충만한 삶을 향한 여정에서, 마지막 순간까지 깊은 사랑과 믿음으로 깨어나는 여행자가 되고 싶습니다. 다시 읽고 싶은 이 책을 오늘 선생님께도 한 권 보내드립니다.

   교직을 천직으로 삼으시고 수십 년을 한결같이 곧고 바르게만 걸어가시는 선생님께 주님의 크신 축복이 함께 하시길 비오며 늘 감사드리는 민들레 수녀 올림. 〈1987〉

글 욕심도 버려야만 −독자 평이에게

평이는 이 여름을 어떻게 보내고 계시는지요? 우리 집 뜰에는 요즘 푸른 수국水菊들이 여기저기 무더기로 피어 있습니다. 꽃들 중에서 가장 하늘빛을 닮은 시원한 꽃, 꽃잎 하나하나가 한데 어울려 큰 원을 이루고 있는 모습이 특이한 아름다움을 자아내는군요.

얼마 전에 소포로 보낸 고사리와 취나물은 고맙게 잘 받았습니다. 몇 해 전 초여름, 산에서 열심히 고사리를 캐던 기억을 떠올리며 평이가 정성껏 말려서 싸 보낸 그 선물을 몇 번이고 들여다보았지요. 분량에 관계없이 우리 1백2십 명의 식구가 골고루 나누어 먹는 방법을 연구할 작정이에요. 오늘 편지를 받고 평이가 전에 보낸 글을 다시 꺼내 읽었습니다.

'…수녀님의 글 모음과 시집을 읽고 깊은 사랑과 안온을 얻었고, 저 혼자만 순수한 사랑의 체로 걸러진 글들을 읽기가 죄스러워 여러 전우들에게 빌려주고 있습니다. 저는 산사山寺에서 행자 생활을 하다가 군軍에 입대한 불교도입니다. … 한치의 앞도 사려할 수 없는 불확실성의 시대를 살고 있는 저와 수녀님. 수녀님의 시를 읽으면 항상 빚을 진 듯한 느낌이 들곤 하는데 앞으로도 때묻지 않은 생명의 옥필로 사랑을 모르는 이들에게 사랑과 자비의 음성을 들려주실 줄 믿겠습니다. 저도 항상 덕을 쌓아 제 몫의 삶에 최선을 다하는 들꽃의 향기만큼이라도 이웃을 위해 베풀겠습니다.'

어느 때보다도 많은 기도가 필요한 이 시대에 남다른 결심으로 구도자求道者의 길을 가려 하신다니 반갑고, 늘 부족하기 짝이 없는 나의 글들을 그리 좋게 읽어주니 고마운 마음 가득해요. 여러 독자들이 편지를 통해 보내오는 과분한 칭찬과 격려의 말은 내게 힘과 기쁨이 되면서도 이에 비례하는 부끄러움과 두려움 또한 감출 수가 없습니다. 좋은 글을 많이 써달라는 독자들의 한결같은 부탁과 기대가 갈수록 큰 부담으로 느껴지고, 그래서 글을 쓰는 일도 전보다 더 어렵게 생각되는 게 아닌지 모르겠어요.

지난 몇 년 사이 내 이름 앞에 상표처럼 따라다니던 '베스트셀러 시인'이란 말과 이에 따르는 각양각색의 긍정적·부정적 평가들, 본인의 의사와 상관없이 이루어진 부정출판물들과 잡지기사들—이런 것들은 참으로 민망하고, 내 힘으로 감당키가 어려웠습니다. 작품 자체의 가치성 여부와 상관없이 '이름값' 때문에 청탁을 받는다는 느낌을 떨쳐버릴 수 없어 거절한 적도 많았지요. 하여튼 요즘은 청탁에 의해 글 쓰는 일을 되도록 줄이고 있습니다.

그전처럼 누구도 너무 의식하지 않고, 자연스럽고 단순한 마음으로 꼭 쓰고 싶은 글만 쓸 수 있는 제가 되길 바랍니다. 좋은 욕심이라도 지나치면 해가 되는 것처럼 글에 대한 지나친 욕심도 버릴 수 있어야만 비로소 참된 자유를 누릴 수 있는 것 같습니다. 지난번 글에서 평이도 아집을 떨쳐버리는 빈 마음虛心에 대해 얘기했는데 정말 청빈하고 겸허한 마음을 지녀야만 좋은 작품이 나온다고 생각해요. 인기나 명예에 편승하여 성급하게 글을 쓰거나 한꺼번에 여기저기서 많은 책을 내는 일 따위는 별로 바람직하지 않다고 봅니다.

  그리하다 보면 자신의 내면의 샘에 맑은 물이 고일 틈이 없기 때문이지요. 나도 어떤 이기적인 목적이나 허영심에 의해서 글을 쓰는 일이 없도록 평이도 기도 중에 기억해주세요. 러시아 작가 보리스 파스테르나크의 '창조의 목적은 헌신에 있지 명성도 성공도 아니다. 글은 초고草稿인 채 아쉬위함이 좋다'라는 말을 요즘 자주 떠올리며 아직 손질하지 않은 초고들로 가득한 나의 시 노트들을 새롭게 바라보곤 합니다. 제대 후엔 다시 입산할 예정인지요? 종종 가신다는 송광사엔 나도 작년 여름에 처음 갔는데 그곳 불일암에서 하루 묵으며 달맞이꽃 피는 소리를 듣던 일이 잊히지 않아요. 애독하시는 《법구경》과 《숫타니파타》는 나도 종종 읽어보며 영적 생활에 도움을 받습니다. 얼마 안 남은 군생활을 충실하게 마치시길 빌며 나도 평이의 표현을 빌어 끝인사 드립니다.

  부처님의 보살핌 안에 안녕히 계십시오.　　　　　　　　　〈1987〉

잘 듣는 삶을 —노엘 수녀님께

노엘 수녀님.

지난 입동 전날, 제게 보내주신 편지는 잘 받았습니다.

겉봉에 붙어 있는 로마의 우표부터가 매우 종교적인 분위기를 자아내더군요. 그곳 날씨는 어때요? 여기 부산은 요즘 겨울답지 않게 포근하답니다.

이번 주엔 우리도 김장을 하는데, 싱싱한 배추들이 줄지어 선 우리 목공장 앞의 그 배추밭을 상상해 보세요.

그곳을 지나칠 때마다 배추 한 포기 값이 토큰 한 개 값도 못하게 됐다며 울상을 하던 어느 농부의 모습이 떠올라 마음이 아픕니다.

오늘은 가우데테(Gaudete · 카톨릭에서 대림 셋째 주일을 일컫는 말로 성탄이 가까이 옴을 기뻐함) 축일이어서 저도 평소에 아껴두었던 새 수도복, 새 구두를 꺼내 단장을 하고, 촛불처럼 환히 기쁨이 타오르는 마음, 새로운 마음으로 성당에 달려갔지요.

'메마른 땅과 사막아, 기뻐하여라, 황무지야, 네 기쁨을 꽃피워라. 아네모네처럼 활짝 피어라. 기뻐 뛰며 환성을 올려라. …사람들이 야훼의 영광을 보리라. 우리 하느님의 영광을 보리라. 늘어진 두 팔에 힘을 주어라. 휘

청거리는 두 무릎을 꼿꼿이 세워라… 그때에 소경은 눈을 뜨고, 절름발이는 사슴처럼 기뻐 뛰며 벙어리도 혀가 풀려 노래하리라'

이사야서에 의한 오늘의 제1독서 말씀에서처럼 모든 이가 구세주 예수의 오심을 기뻐하고, 반기며 그의 사랑 안에 구원받는 성탄이 되면 좋겠습니다.

어제, 오늘 사이엔 예년의 관례대로 예비수녀들이 직접 만든 구유들을 전시했는데 짚, 나무토막, 솔방울, 나뭇잎, 도토리, 조가비, 돌멩이 등등 각종의 다양한 자료들로 저마다 창의성을 발휘해서 정성껏 만든 구유 앞엔 예수아기께 드리는 사랑의 쪽지가 붙어 있었어요. 그냥 '一心(일심)'이라고 쓴 자매도 있고 또 어떤 자매들은 이 시대에 절실히 요구되는 용서, 화해, 평화를 간청했는데 그것을 읽는 순간 가슴이 찡했어요. 이제 성탄 대미사곡을 연습하고, 은인들이나 은퇴사제들께 드릴 성탄과자를 포장하고, 또 여기저기서 성탄 카드를 받기 시작하니 성탄이 가까운 것을 더욱 절감하게 되는군요. 수녀님도 기억나세요? 우리가 수련 받던 시절, 대림절에 받은 우편물들은 미리 개봉하지 않고 아껴두었다 성탄축일에야 함께 보며 기뻐하던 일 말입니다. 극히 조그만 일을 통해서도 절제와 기다림의 의미를 배우며 일상의 삶을 길들였던 그 시절이 문득 그리워질 때가 있습니다. 살아가면서 이런 정신이 무디어져 가는 자신을 보는 것은 슬픈 일이에요. 그래서 이번엔 저도 선물로 받은 카드나 소포 중 가장 보고 싶은 것을 몇 개 골라 성탄날 보려고 옷장 속에 넣어두었습니다. 성탄 임박해서는 좀더 고요히 지내고 싶어 올해는 큰맘 먹고 아예 12월 초부터 몇 수녀님들의 도움을 받아 수백 통이 되는 독자들의 편지를 분류해 카드를 쓰기 시작했어요. 특히 한번도 답을 못한 이들에겐 간단하게라도 일일이 인사말을 곁들이자니 그야말로 보통 일이 아니었지요. 그래도 우체국에 가서 카드를 부치고 오는 마음은 기쁘고 홀가분했습니다. 독자, 가족, 친지들 외에도 제가 드나들던 문구사, 도장집, 그리고 수녀님도 잘 아시는 신기료 아저씨께도 카드를 전했지요. 그 허씨가 요전엔 구두를 고치러 간 제게 군고구마 한 봉지를 사주면서 들고 가라고 우기는 거예요. 그래서 많은 수녀님들과 그것을 나누어 먹었는데 전처럼 수녀님이 제 옆방에 계셨다면 틀림없이 제일 먼저 초대되었을 텐데요. 허드렛일을 하면서도 늘 명랑하고 소박하기 그지없는 그 아저씨가 카드를 받고 좋아하는 모습이 잊히지 않습니다.

 카드를 주고받는 일이 자칫하면 형식이 될 우려도 없지 않지만 사람들의 진실한 마음이 담겨 있다면 그 역시 자신을 나누어주는 사랑의 선물이 된다고 생각해요. 가까운 가족끼리도 마음을 나누지 않기 때문에 빚어지는 불행이 우리 주변엔 너무도 많은 것 같습니다. 서로의 진실된 마음을 나누기 위해선 무엇보다도 잘 들어주는 정성과 인내가 필요한데 현대의 바쁜 생활에서 오는 피곤함 때문인지, 무관심 때문인지 하여튼 우리에겐 늘 잘 듣는 자세가 결여되었음을 시시로 절감하지 않을 수 없어요. 제가 받는 다양한 편지 내용을 통해서도 사람은 저마다 자기 자신을 사랑으로 들어줄 대상을 찾고 있음을 역력히 보게 됩니다. 수도원 안에서도 이 들음의 관계는 가장 중요하면서도 또한 잊히기 쉬운 듯해요.

 예수님이 당신 제자들의 무딘 귀를 늘 한탄하시며 기회마다 잘 새겨들으라고 누누이 당부하신 그 말씀은 바로 오늘의 우리에게도 적용되는 것일 테지요. 결국 사랑하는 것은 잘 듣는 것이고, 잘 듣는 것은 사랑하는 것이라고 말할 수 있지 않을까요. 이기심, 무관심, 선입견, 고집, 열등감, 성급한 판단 등은 모두 다 잘 듣는 삶을 방해하는 요소임에도 불구하고 이를 벗어나기가 왜 그리 힘든지 모르겠습니다. 그러고 보니 수녀님은 저를 무척 잘 들어주던 분이셨어요. 소리로서의 말뿐 아니라 행동으로서의 말까지도 잘 듣고 헤아려 제게 필요한 도움을 주곤 했다는 것을 수녀님이 제 옆을 떠난 후에야 깨달으니 저도 참 어지간히 느린 사람이지요?

다가오는 성탄 전야에 수녀님은 예수아기에게 무엇을 드리고 또 청하시렵니까. 저는 아무리 생각해도 묘안이 떠오르질 않아요. 비록 허물투성이의 가난한 모습일지라도 이러한 제 자신을 또다시 사랑으로 봉헌하며, 사랑에 대한 충성을 예수께 선물로 드리려는 마음뿐이에요.

그리고 이 세상 모든 사람들이 새해엔 더 잘 듣는 삶을 살게 해달라고 청하고 싶습니다. 정치가와 국민, 부모와 자녀, 교사와 학생 사이에 말을 앞세우는 성급함보다 듣는 것에 유의하는 겸허함과 참을성이 우선된다면 우리가 사는 이 세상은 얼마나 더 평화로울까요. 토끼해인 새해를 맞아 우리도 청각이 유난히 예민한 토끼처럼 귀를 세우고, 주위의 모든 것을 예민하게 잘 들을 수 있도록 함께 노력해요. 참, 얼마 전엔 우리 유치원 토끼가 새끼 여덟 마리를 낳았는데 하도 귀여워서 식당에까지 내려온 날도 있었어요. 그리고 우리 집 까미와 루이 사이에서 강아지도 여덟 마리나 태어났구요. 이 소식을 88수녀(88번은 필자의 빨래 번호임)에게 먼저 알린다고 해서 웃었답니다.

새해엔 새로운 시를 쓰듯이, 노래를 부르듯이 새로운 마음으로 매일을 살고 싶습니다. 하느님, 이웃, 자신의 내면세계에도 깊이 귀기울이며 잘 듣는 사람으로 다시 태어나고 싶습니다. 노엘 수녀님, 지금껏 그랬듯이 우리는 서로를 사랑하고 신뢰하는 동행자로서 또 한해라는 새로운 길을 걷기로 해요. 성서의 권고대로 '듣기엔 빠르고, 말하기엔 더딘 자'가 되도록 애쓰면서 말입니다.

요즘 자료실 일은 수련자들이 돕고 있는데 자료들을 수집하고 정돈하는 일은 제 적성에 잘 맞고, 그런 일을 하는 동안 마음도 차분히 정리됩니다. 끝으로 수녀님의 축일이기도 한 성탄의 기쁨을 '노엘, 노엘'의 멜로디에 기도와 함께 담아 보냅니다. 늘 건강하시고, 새해에 복 많이 받으세요. 안녕히!

〈1986〉

시를 나누는 기쁨으로 —마르티나 수녀님께

시詩를 사랑하시는 마르티나 수녀님, 파푸아 뉴기니의 아름다운 새가 그려진 봉투에 넣어 보낸 수녀님의 새해 편지를 잘 받고도 이렇듯 연말이 가까워서야 소식을 전하는 저의 게으름을 용서하세요.

낯선 땅에서 선교사로 일하다 보면 때로는 '국물 없는 밥을 먹는 듯' 답답함을 느낄 때가 적지 않지만 빠른 시간에 결과를 보고자 하는 자신의 성급함을 반성하며 기쁘게 지낸다고 하셨지요. 몇 년 전 저의 첫 시집을 읽고 보내주신 수녀님의 그 정겹고 따뜻한 격려의 편지를 저는 늘 잊지 않고 있습니다. 이번에도 《엄마와 분꽃》 동시집을 즐겁게 읽었다며 제가 바쁜 직무 속에서도 시상詩想의 꽃을 항상 피워낼 수 있길 기도해 주신다니 고맙습니다. '시의 형제들을 더 많이 만들라'고 당부하신 말씀도 기억에 남습니다. 그러고 보니 저는 언제나 시를 읽고 나누는 기쁨으로 매일을 살아온 것 같고, 앞으로도 시를 쓰는 일에만 연연하기보다는 좋은 시를 꾸준히 읽고 배우는 독자의 자세로 살고 싶은 마음입니다.

제게 소녀 시절부터 지금까지 변하지 않는 취미가 있다면 그것은 다른 시인들이 쓴 아름다운 시들을 골라서 모아두었다가 친지들과 나누는 일입니다. 꽃밭에서 꽃을 고르듯이, 무늬 고운 색색의 조각보를 깁듯이 여러 시인들의 다양한 빛깔과 목소리의 시들을 한데 모아 읽고 맛들이는 기쁨에 좀더 많은 이들이 참여하면 좋겠다고 생각합니다. 그래서 저는 청소년이나 어른들을 대상으로 강의를 할 때마다 "씨엠CM송만 부르지 말고 동요도 좀 부르세요" "주간지만 보지 말고 시집도 좀 읽으세요" "시를 너무 어렵게만 생각지 말고 가까이 하다보면 차츰 좋아진답니다"라고 호소하며 대상과 장소와 주제에 맞는 시들을 골라 자주 읽어주곤 합니다. 젊은이들 모임에선 사랑과 희망의 시를, 어머니들 모임에선 일상의 시를, 수도자의 모임에선 기도의 시를, 그리고 이별이나 사별의 슬픔 속에 있는 이들에겐 깊은 슬픔을 노래한 시들을 읽어주거나 고운 카드에 적어 위로하기도 합니다. 조그만 수첩이나 지갑 속에 항상 시의 선물을 몇 개 넣고 다니면 거액의 지폐가 없어도 부자가 된 것 같은 느낌입니다.

실제로는 이루어질 수 없는 꿈인지도 모르지만 저는 가능하면 바다가 가까운 우리 수녀원 근방에 조그만 '시의 나눔터'를 하나 갖고 싶습니다. 요즘 밖에서 흔히 볼 수 있는 '선물의 집'만큼 화려하진 않더라도 누구나 와서 편안한 마음으로 휴식을 취하며 시의 향기에 취하고, 시를 이야기하는 동안 마음이 더욱 맑고, 곱고, 순수하고 어질게 되어 돌아가는 '시의 방'을 꾸며놓고 시의 잔치를 벌이고 싶습니다. 사계절 내내 방학이 없는 이 '시의 방'에선 공부도, 연구도, 숙제도 없고, 그저 좋은 시를 골라 읽고 나누는 즐거운 부담만이 있게 하고 싶을 뿐입니다. 이미 저는 수녀원의 제 방에서 시작을 했으니 수녀님도 수녀님의 자리에서 시의 선교사 노릇까지 겸해서 하시면 어떨까요? 저도 제가 새롭게 발견한 좋은 시들을 종종 수녀님께 보내드릴 테니 이웃과 나누세요. 우리가 매일 외우는 시편 기도 속에 수녀님을 기억하며 시를 나누는 기쁨을 새롭게 감사드립니다. 오늘은 이향아 시인의 〈콩나물을 다듬으며〉라는 시를 수녀님과 함께 나누면서 지나온 한해를 돌아보고 싶은 마음입니다.

콩나물을 다듬으며
나는 나란히 사는 법을 배운다
줄이고 좁혀서 같이 사는 법
물 마시고 고개 숙여
맑게 사는 법
콩나물을 다듬으며
나는 어우러지는 적막감을 안다
함께 살기는 쉬워도
함께 죽기는 어려워
우리들의 그림자는
따로 따로 서 있음을

콩나물을 다듬으며 나는
내가 지니고 있는 쓸데없는 것들
나는 가져서 부자유함을 깨달았다
콩깍지 벗듯 던져버리고픈
물껍데기뿐

내 사방에는 물껍데기뿐이다
콩나물을 다듬으며 나는 비로소
죽지를 펴고 멀어져 가는
그리운 나의 뒷모습을 보았다

　문득 고향의 콩나물국을 그리워하며 이 시를 읽으실 수녀님, 수녀님도 마음에 드는 좋은 시가 있으면 제게 보내주시겠지요? 시를 통해 만난 수녀님이기에 늘 시로써 이야기하고 싶고, 수녀님과 더불어 시처럼 아름답고 절실하게 농축된 삶을 살고 싶은 제 마음을 날려보냅니다. 〈1993〉

자신의 바로 그 자리가 —용욱 엄마에게

용욱 엄마, 안녕하세요?

봄이 일찍 온다는 남쪽 항구 도시엔 꽃바람 못지않게 바닷바람이 많이 붑니다. 오늘은 바닷가에 다녀오며 대합조개 조가비들을 여러 개 주워다 그 위에 내가 좋아하는 성경구절들을 적어두었는데 언제 만나면 하나 선물로 드릴게요. 이렇게 중년이 훨씬 넘은 나이가 되어서도 여전히 조가비와 꽃잎 모으는 일에 애착을 갖는 자신이 때로는 철없이 느껴지기도 하지만 어쩔 수가 없군요.

'여성이 된다는 것은 곧 수레바퀴의 중심에서 뻗어나간 살같이 어머니로서의 중심에서부터 모든 방향에 걸쳐 관심과 의무를 가진다는 것을 의미한다. 여성의 생활양식은 본질석으로 원형이다. 우리는 남편, 아이들, 친구들, 가정, 이웃 등 모두 받아들이지 않으면 안 된다. 그러나 제공하는 것이 여성의 기능이라면 여성 역시 보충을 받아야 한다'는 《바다의 선물》의 작가 린드버그 여사의 말도 새겨보면서 자신을 위한 고독의 틈도 없이 분주하게 살아가는 모든 여성들을 기억합니다. 용욱 엄마를 비롯하여 이 땅의 많은 여성들이 오늘도 얽히고설킨 가족 관계 속에서 더욱 완전한 사랑의 역할을 요구받고 있다고 생각하면 그 감당해야 할 힘든 몫을 위해 절로 기도하게 됩니다. 늘 바쁘고 고된 일상의 삶 속에서도 기쁨과 탄력을 잃지 않고 살아가려 애쓰는 이들의 모습은 얼마나 아름답고 귀해 보이는지요. 때로는 벗어나고 싶기도 한 자신의 바로 그 자리가 사실은 고마워해야 할 성숙의 층계이며 행복의 샘터라는 것을 받아들이는 데는 꽤 오랜 시간이 걸리는 것 같습니다. 며칠 전엔 결혼하고 나서도 막연히 수도자의 삶을 동경하던 어느 분이 여길 다녀간 후 '왜 허락받지 못한 길을, 자기 자신을 돌아보지 않은 채 바라보고 있었는지, 지금의 제 자리가 꼭 맞는, 하느님께서 제게 주신 꼭 하나의 자리라고 생각했지요. 이 깨달음은 수녀님 덕분입니다' 라고 쓴 글을 받고 기뻤답니다.

용욱, 용진이도 이젠 많이 컸겠지요? 요즘도 틈틈이 책을 읽고, 성서 공부와 봉사에도 열심이실 고르넬리아님, 가끔 좋은 책, 새 우표, 감명 깊은 글, 노래모음집 등을 멀리 있는 내게까지 챙겨 보내주는 그 세심한 배려와 정성에 늘 고마워합니다. 얼마 전에 보내준 헬렌 켈러의 〈내가 사흘 동안만 볼 수 있다면〉이라는 글은 주변의 많은 이들과 함께 읽었지요. 구구절절 다 외워두고 싶을 만큼 좋은 내용인데 그 중에서도 특히 '내일 갑자기 장님이 될지도 모른다고 생각하면서 당신의 눈을 사용하라. 눈이 멀게 되면 사람들은 그 눈을 눈이 멀지 않았던 전과 같이 그렇게 사용하지는 않을 것이다. 당신의 눈은 당신의 시야에 들어오는 모든 사람, 모든 사물을 빠짐없이 더듬고 품에 안으려 할 것이다. 그리고 마침내, 당신은 볼 수 있게 되고, 새로운 아름다움의 세계가 그 스스로를 당신 앞에 펼쳐놓을 것이다' 라는 말은 힘찬 종소리로 나를 흔들어 깨웁니다. 우리는 '이미 주어진 것'에 대한 고

마음을 너무 자주 잊고 사는 게 아닐까요?

　행복이 가까이 있어도 발견하지 못한 채, 먼 데 있는 것만 바라보며 눈 뜬 장님처럼 살고 있을 때도 많은 것 같습니다. 전에 어떤 가정을 방문했을 적에 '행복'이라고 써서 걸어둔 액자가 퍽 인상적이었습니다. 행복하게 살고 싶은 가족들의 마음이 걸려 있는 것 같기도 했고, 흔히 걸려 있는 교훈적인 내용의 글이 아니기에 더 기억에 남습니다. 우리는 모두 저마다의 자리에서 '행복이 가득한 집'을 그리는 디자이너라고 생각됩니다. 그러나 그 행복이 한낱 꿈이 아닌 실제가 되려면 우리의 끝없는 인내와 노력, 그리고 희생 또한 필요하다고 봅니다.

　꽃과 나무들의 숨소리가 더 가까이 들리는 새봄엔 나도 평범하고 작은 것에서의 행복을 더 새롭게 발견하는 '행복 수녀'이고 싶습니다. '나도 행복하다'라고 자꾸 되뇌다 보면 참으로 행복해지는 게 아닐까 싶어요. 믿음과 사랑 안에서 용욱 엄마도 '행복엄마' '행복아내'로서의 몫을 톡톡히 잘 해내리라 믿으며 가족 모두의 건강과 행복을 기원합니다. 우리 집 언덕길에 피기 시작하는 천리향千里香 꽃향기 속에 천리 밖의 봄을 담아 보내며 안녕.

〈1993〉

콜베 신부님을 기리며

―성인 탄생 100주년에 부침

'이웃을 네 몸 같이 사랑하라' 는
예수님의 간절한 가르침을
우린 그저 적당히
말로만 기억하며 살아가는데
일상의 삶에서 일어나는
조그만 사건 안에서도
스스로 손해보길 꺼려하는데

여기
깊고 어진 눈빛의 한 사제
아무 잘못도 없이 끌려가
창窓 없는 어둔 감방에서
고난의 어둔 시간을 보내야 했던 사제
16670번 수인囚人번호 가슴에 단

가난하고 겸허했던 막시밀리아노 콜베 신부님

한 사람의 도망병 때문에
여럿이 함께 불리어나간 자리에서
죽음의 덫에 걸려든 한 사람을 위해
그 대신 죽겠다고 선뜻
자신의 목숨을 내놓다니
그 놀라운 사랑법에 충격을 받아
우린 가끔 괴로워하며
가슴을 치네

차라리 빨리 죽기를 원한다는
지옥 같은 아사감방에서
목마름과 배고픔의 고통으로
서서히 죽어가면서도
동료들을 위로하고
기도를 멈추지 않던 그리스도의 사제

그분을 생각하면
단 한순간의 목마름과 배고픔도
참아내지 못하는 우리의 시간들
절제 없이 욕심만 무성한

우리의 오늘이 너무도 부끄럽네

이웃사랑도 선택적으로

골라서 할 때가 많은

우리의 편협한 마음이 부끄럽네

세상 모든 이를 위해

주님처럼 피 흘릴 수 있는 용기

모르는 이웃을 위해서도

기꺼이 죽을 수 있는

순교적 사랑의 용기

이 시대에 가장 필요한

'남을 위하는' 성인의 모습으로

콜베 신부님은 다시 오시네

신부님의 육신은

아우슈비츠의 처참한 가스실에서

한줌의 재로 스러졌지만

그분의 거룩한 정신은

아직도 활활 타오르는 불길이 되어

우리 모두를 '사랑의 길'로 부르시네

오직 사랑만으로

온 세상을 끌어안을 우리

'그리스도의 사도'로

한 형제 되고 싶은 우리 모두를

8월의 햇볕처럼 뜨겁게 부르시는 콜베 신부님

'사랑만이 승리한다'는 신부님의 말씀을

오늘도 가슴에 새기며

우린 더욱 새롭게 그분의 전구를 구하네

죽음보다 강한 사랑의 힘을 우리에게 주십사고―

〈1994〉

꽃삽

1판 1쇄 발행 1994년 10월 15일
2판 1쇄 발행 2003년 10월 13일
2판 29쇄 발행 2021년 12월 5일

지은이 이해인
그린이 하정민
펴낸이 김성구

주간 이동은
콘텐츠본부 고혁 송은하 김초록 김지용
디자인 이영민
마케팅본부 송영우 어찬 윤다영
관리 박현주

펴낸곳 (주)샘터사
등록 2001년 10월 15일 제1-2923호
주소 서울시 종로구 창경궁로35길 26 2층 (03076)
전화 02-763-8965(콘텐츠본부) 02-763-8966(마케팅본부)
팩스 02-3672-1873 이메일 book@isamtoh.com 홈페이지 www.isamtoh.com

ⓒ 이해인, 2003, Printed in Korea.

이 책은 저작권법에 따라 보호를 받는 저작물이므로 무단 전재와 복제를 금지하며,
이 책 내용의 전부 또는 일부를 이용하려면 반드시 저작권자와 ㈜샘터사의 서면 동의를 받아야 합니다.

ISBN 978-89-464-1396-2 03810

값은 뒤표지에 있습니다.
잘못 만들어진 책은 구입처에서 교환해 드립니다.